慧海拾珠

中华哲学千问

Classic Reading
And Collection

探寻华夏文明发展之路·解读中华千年璀璨历史

王永鸿　周成华◎主编

陕西新华出版传媒集团
三秦出版社

图书在版编目（CIP）数据

中华哲学千问/王永鸿，周成华主编. —西安：三秦出版社，2012.1（2022.6重印）

（慧海拾珠）

ISBN 978-7-5518-0071-6

Ⅰ. ①中… Ⅱ. ①王… ②周… Ⅲ. ①哲学史—中国—问题解答 Ⅳ. ① B2-44

中国版本图书馆 CIP 数据核字（2012）第 006043 号

慧 海 拾 珠
中华哲学千问

王永鸿　周成华　主编

出版发行	陕西新华出版传媒集团　三秦出版社
社　　址	西安市雁塔区曲江新区登高路 1388 号
电　　话	（029）81205236
邮政编码	710061
印　　刷	永清县晔盛亚胶印有限公司
开　　本	787mm×1092mm　1/16
印　　张	15
字　　数	400 千字
版　　次	2012 年 1 月第 1 版
	2022 年 6 月第 3 次印刷
标准书号	ISBN 978-7-5518-0071-6
定　　价	46.00 元
网　　址	http://www.sqcbs.com

前言

qian yan

哲学这一名词，起源于2500多年前的古希腊。清朝以前的中国从来就没有出现过哲学这个词，一直到19世纪末，黄遵宪将哲学一词传到了中国。"哲"，从字面上看可以分为"折"与"口"，也就是弯折的口，换句话说就是说话会拐弯就是哲学。"哲"在汉语之中的基本词义就是"明智"、"明理"，"学"有系统化、理论化的含义。哲与学两个词合在一起作为一个词语使用，具有使被遮蔽的理和道以系统化、理论化的形式显明出来的含意。

中国哲学是世界几大类型的传统哲学之一，它的主要研究方向是天人之间的关系和古今历史演变的规律，所以形成了自己独具特色的自然观、历史观、人性论、认识论和方法论，尤其非常重视哲学与伦理的联系。中国哲学大约萌芽于殷、周之际，成形于春秋末期，战国时代出现了第一个繁荣时期——百家争鸣。中国哲学从产生到1949年中华人民共和国成立，前后经历了3000多年的时间，大体上可以分为中国古代哲学和中国近代哲学两部分，中国古代哲学则可以分为奴隶制及其向封建制转变时期的哲学和封建制时期的哲学两部分。

中国封建时代的哲学主要是和经学相互结合，而不是像欧洲一样和神学结合。在中国，虽然佛教和道教有很多哲学思想，也是中国哲学的组成部分，但是儒学却从诞生之初就一直占据着主导地位。中国哲学还有一个重大的特点就是与伦理学的联系极为密切，本体论、认识论往往同道德论相互渗透，表现出浓厚的伦理色彩。本书按照中国历史的不同发展时期和朝代的变迁将中国哲学分别从先秦哲学、秦汉哲学、魏晋南北朝哲学、隋唐五代哲学、宋元明清哲学、近代哲学、现代哲学七部分进行介绍。

中国哲学和中国文化一样源远、深邃，不是三言两语就能解释清楚的，加上哲学特有的晦涩与文言文理解的差异，更使得许多青少年对于哲学向来是敬而远之。为了解决这个难题，本书特意采用了轻松诙谐的语气、一问一答的方式，搭配与内容相配的图片，使广大青少年读者阅读起来更加地轻松，增加广大青少年的阅读兴趣，使读者能够轻享这道哲学小菜。

哲学的精深使我们所能做的只是在现有的研究成果基础之上，尽可能精细、完美地将中国哲学这道满汉全席变成读者餐桌之上的可口小菜。限于编者的水平，本书难免有些不恰当或不完善之处，我们欢迎广大读者斧正。

目录

第一章　摸着石头过河的先秦哲学 1

先秦哲学是在什么样的社会背景下产生的？ 1
秦哲学可以分为哪三个不同的时期？ 1
夏商周时期哲学是在什么的社会背景下产生的？ 2
夏商周时期哲学思想经历了什么样的发展历程？ 2
先秦主要的哲学学派有哪些？ 2
哪些书被合称为儒家圣教十三经？ 3
四书五经分别指的哪些书？ 4
《大学》之中的三纲八目分别指什么？ 4
孔子所治六经为什么会变成五经？ 4
儒家八派分别是哪些派别？ 4
怎么从整体上看待道家？ 4
先秦道家的主要经典著作有哪些？ 5
墨家前期思想对中国哲学作出了什么贡献？ 5
名家的名称是怎么来的？ 5
法家的主要思想及其社会作用？ 5
法家学派的代表人物都有谁？ 5
战国中期法家分为了哪三个学派？ 6
如何从整体上认识韩非的法家思想？ 6
先秦儒家的主要代表人物有哪些？ 6
儒家五大圣人都有谁？ 6
孔子的儒家思想有什么重大贡献？ 7
以孝闻名的儒家宗圣是谁？ 7
曾子的学说有什么重大贡献？ 7

1

亚圣孟子在儒家学派之中占据着怎样的地位？..................7
为什么儒家学说会被称为孔孟之道？..................7
为什么荀子会不被儒家认可？..................8
先秦道家的代表人物的主要思想都是什么？..................8
庄子在道家哲学中占据着什么样的地位？..................8
被称为《南华经》的经书是哪部著作？..................9
庄子的哲学思想有什么特点？..................9
墨子为什么会弃儒自创学派？..................9
名家合同异派的代表是谁？..................9
提出白马非马论的名家哲学家是谁？..................9
先秦法家的集大成者是谁？..................10
提出了五德始终说的阴阳家是谁？..................10
被称为兵圣的哲学家是谁？..................10
周公"敬德保民"的宗教政治思想的主要内容是什么？..................10
《周易》的哲学思想可以概括为哪三个方面？..................11
什么是儒家思想？..................12
孔子正名思想的具体内容是什么？..................12
中国为什么会被称为"礼仪之邦"？..................12
为什么孔子的认识论存在矛盾？..................13
为什么中庸会被孔子看成是小人与君子的区别？..................13
中庸之道的三条原则是什么？..................13
孔子的天命论思想是什么？..................14
孔子的天命论有着怎样的重大意义？..................14
曾子持有什么样的政治观？..................15
作为孝子的曾子提出了什么样的孝道观念？..................15
孟子是如何看待仁的思想的？..................16

目录

孟子性善论论证分为哪三步？..........16
孟子认为毁掉本性之善的原因有哪些？..........17
孟子为什么会提出"仁政"学说？..........17
孟子的仁政思想体现在哪四个方面？..........17
荀子最著名的学说是什么？..........18
作为儒家学者的荀子为什么会重视法制？..........19
作为唯物论者的荀子提出了怎样的自然观？..........19
荀子为什么将天人之际严格区分开？..........20
荀子如何看待知识的来源？..........20
什么是道？..........20
老子的政治思想有什么特点？..........21
老子的小国寡民思想的具体内容是什么？..........21
庄子眼中的道是什么？..........22
庄子是怎样揭开事物的相对性的？..........23
追求心灵超越的庄子的理想生活是什么样的？..........23
墨子学说的特点是什么？..........24
墨家区别于其他学派的标志思想是什么？..........24
兼爱思想与儒家的仁义思想有哪些区别？..........24
墨子为反对战争而提出的思想是什么？..........25
为什么墨子的尚同思想会成为专制主义的工具？..........25
墨子的世界观是什么？..........26
墨子的三表法具体内容是什么？..........27
合异同派代表惠施的历物十事思想的内容是什么？..........27
公孙龙最著名的学说是什么？..........28
公孙龙所代表的名家的观点是什么？..........28
韩非的法治思想的特点是什么？..........29

韩非为什么将势、法、术三者结合起来？..................29
韩非为了论证法治适应时代提出的历史观是什么？..................30
阴阳家如何用阴阳五行解释宇宙和万物？..................31
邹衍的"五德终始"说的具体内容是什么？..................31
邹衍为什么会提出大九州学说？..................31
孙武的富国强兵思想的内容是什么？..................32
孙武的朴素唯物主义表现在哪些方面？..................32

第二章　武帝拍板、儒家独大的秦汉 33

秦汉哲学是在什么样的历史背景之下发展的？..................33
秦汉哲学是沿着怎样的路线发展的？..................33
秦汉哲学为什么会出现纷繁复杂的新局面？..................33
秦汉哲学为什么会有关于天人关系的讨论？..................34
关于形神问题的实质是什么？..................34
关于古今问题的讨论经历了什么样的变化？..................34
什么是黄老思潮？..................34
黄老思想的具体内容是什么？..................35
汉初儒学为什么会提出改革？..................36
汉初儒学改革的先驱和代表人物都有谁？..................37
古文家和今文家分别指的是什么？..................37
同为儒家学派的古文经学和今文经学为什么会出现对抗？..................37
今文经学与古文经学的不同具体表现在哪些方面？..................38
什么是谶纬之学？..................38
迷信的谶学为什么能够成为东汉的官方神学？..................39
为什么白虎观会议之后，今文古文经学的地位会出现逆转？..................39
东汉末年出现的批判思潮的特征是什么？..................40
西汉初期，两次说服赵佗的儒家学者是谁？..................40

目 录

《过秦论》的作者是谁？ 41
是谁改变武帝的想法将儒家推到了独尊的地位之上？ 41
谁同时位列三字经的五子和汉赋四大家？ 42
东汉的哲学家谁因为反对谶学而险些丧命？ 42
因为买不起书而在书市学习的东汉大儒是谁？ 43
虽然是庶出却大受皇甫规欢迎的思想家是谁？ 43
陆贾的天人思想是什么？ 44
陆贾的仁义学说是什么？ 44
陆贾的无为思想有什么特点？ 44
贾谊的治世思想的性质是什么？ 44
什么是春秋大一统思想？ 45
为什么董仲舒能够使儒家独尊？ 45
董仲舒大一统思想的根据是什么？ 45
董仲舒的大一统思想包含哪些方面？ 46
董仲舒大一统思想有什么重要意义？ 46
天人感应思想有什么重要意义？ 46
什么是性三品说？ 47
董仲舒为什么提出性三品说？ 47
董仲舒的历史观有哪些内容？ 47
什么是改制不易道思想？ 47
什么是文质互救？ 48
什么是三统三正的历史观？ 48
司马迁持有什么样的唯物主义自然观？ 48
司马迁的通古今之变的表现有哪些？ 49
司马迁持有什么样的道德观？ 49
什么是《太玄》？ 50
《太玄》是怎样按照三分法发展的？ 50

5

扬雄是如何将阴阳与四季联系起来的? 51
扬雄的辩证思想是如何反映到历史观之上的? 51
扬雄认为史学应该注意哪些问题? 51
扬雄的认识论包含哪些方面? 52
桓谭从哪些方面对谶纬提出批判? 52
桓谭以烛火比喻形神的论证有什么特征? 53
《白虎通》是什么? 53
什么是白虎观会议? 53
《白虎通》包含了什么样的天道观? 53
《白虎通》包含了什么样的五行观? 54
《白虎通》如何论证君权神授思想? 54
《白虎通》如何看待祥瑞灾异问题? 54
王充批判的思想有什么? 55
王充思想最重要的两个方面是什么? 55
什么是元气自然论? 55
王充如何看待万物和人的关系? 55
什么是精气? 56
王充是如何批判谴告说的? 56
王充的无神论思想的内容是什么? 56
《论衡》批判虚妄学说有什么特点? 57
王充如何看待认识与客观实在的关系? 57
王充如何看待感觉与思维的关系? 57
王充的认识论的缺点是什么? 58
王符融合道家和荀子的学说而得出了什么样的天道观? 58
王符是如何划分气的? 58
王符的天命思想有哪些进步性? 58
王符关于存在到认识的问题的看法是什么? 58

王符如何划分实在与虚华？...59

王符如何区别对与错的问题？...59

仲长统的什么思想标志着顺天思想的彻底转变？...............................59

仲长统对于其他思想的天道有什么看法？...59

仲长统的天道思想的目的是什么？...60

第三章　玄学一统、佛道萌芽的魏晋哲学.........................61

魏晋南北朝哲学是在什么样的社会背景下诞生的？...........................61

魏晋南北朝时期的哲学主要围绕哪四个问题展开？...........................61

魏晋玄学的特征可以从哪三个方面来考察？.......................................61

贵无派是什么性质的学派？...62

什么是正始之音？...62

玄学思潮的实质是什么？...62

贵无派学说的主要内容是什么？...62

竹林玄学主情派思想都有哪些表现？...62

竹林七贤思想为什么会出现区别？...63

魏晋玄学第三个重要的流派是什么？...63

向秀与郭象思想都有哪些特点？...63

魏晋时期反对玄学的思潮有哪些特点？...64

什么是佛玄？...64

两晋时期的佛教思想有着怎样的发展历程？.......................................64

南北朝时期北方佛学的代表是谁？...65

北朝时期南方佛学的代表是谁？...65

六家七宗都有哪些宗派？...65

即色宗的代表及思想是什么？...65

识含宗的代表及思想是什么？...66

幻化宗的代表及思想是什么？...66

心无宗的代表及思想是什么? ... 66
缘会宗的代表及思想是什么? ... 66
本无异宗的代表及思想是什么? ... 66
佛教的三种空观 ... 66
　"分破空"观的具体方法是什么? ... 67
　"观空"观的具体方法是什么? ... 67
南北朝为什么会出现反佛斗争? ... 67
南北朝反佛斗争的代表人物都有哪些? ... 67
道教为什么会出现性质的转变 ... 68
东汉时期道教经历了怎样的发展历程? ... 68
南北朝时期的道教思想出现了哪些转变? ... 69
南北朝时期道教的代表人物都有谁? ... 69
葛洪道教思想的主要内容是什么? ... 69
寇谦之的主要贡献是什么? ... 69
因为曹爽而被杀的玄学哲学家是谁? ... 70
王弼的主要哲学思想是什么? ... 70
高奏《广陵散》赴死的竹林哲学家是谁? ... 70
被称为阮步兵的竹林哲学家是谁? ... 70
谁的《庄子注》被视为权威? ... 70
著有《太玄经》的玄学反对者是谁? ... 71
谁的《崇有论》被《晋书》全文收录? ... 71
提出"言尽意"思想的哲学家是谁? ... 71
提出了因果报应论的高僧是谁? ... 72
慧远对佛学作出了哪些贡献? ... 72
被称为法中龙象的高僧是谁? ... 72
《神灭论》的作者是谁? ... 72

目 录

写出《抱朴子》的哲学家是谁? ……………………………………73
建立北天师教的道教改革者是谁? …………………………………74
寇谦之对于道教哲学做出了哪些贡献? ……………………………74
被称为"丹元真人"的道教哲学家是谁? …………………………74
以养生修炼理论而著称的道教哲学家是谁? ………………………74
名教本于自然的观点是在什么样的背景之下提出来的? …………75
名教本于自然思想是如何形成的? …………………………………75
王弼的自然观有哪些属性? …………………………………………75
王弼是如何建立以无为本的本体论的? ……………………………76
什么是得意忘象说? …………………………………………………76
嵇康为什么提出"越名教而任自然"的思想? ……………………76
嵇康持有什么样的世界本源思想? …………………………………77
嵇康"求之自然之理"的认识论思想的内容是什么? ……………77
嵇康的哲学有什么重要意义? ………………………………………77
阮籍的哲学经历了哪三个时期? ……………………………………77
为什么阮籍对魏明帝的弊政极度不满? ……………………………77
阮籍的名教本于自然思想的内容是什么? …………………………78
阮籍为什么会诋毁礼教? ……………………………………………78
阮籍的哲学有什么重要意义? ………………………………………78
向秀对于名教与自然有什么见解? …………………………………78
向秀的哲学系统存在什么矛盾? ……………………………………78
向秀的《庄子注》有什么重要意义? ………………………………79
郭象的独化论有什么特点? …………………………………………79
郭象如何看待有无问题? ……………………………………………79
郭象为什么会在论证天地万物的时候陷入神秘主义? ……………79
郭象如何看待事物的"性"与"命"? ……………………………80

9

郭象为什么强调必然？ 80
郭象是如何分析偶然与必然的问题的？ 80
郭象是如何否定事物的差别的？ 80
郭象是如何否定事物的因果的？ 81
郭象为什么将物质世界排斥在认识对象之外？ 81
郭象的"各安其天性"有什么重要特点？ 81
杨泉的元气思想是怎么提出来的？ 82
杨泉吸收了哪些思想构建自己的世界观？ 82
裴頠为什么反对贵无说？ 82
《崇有论》如何批判贵无论？ 82
欧阳建的主要思想有哪些？ 83
欧阳建为什么要正名、去言？ 83
慧远的报应理论有什么重要意义？ 83
为什么会有业力与因果报应？ 83
慧远的三报论的内容是什么？ 84
慧远的三报论可以从哪些层次来理解？ 84
慧远从哪些方面对神不灭思想进行论证？ 84
慧远如何看待生死？ 85
僧肇为什么被称为解空第一？ 85
僧肇的性空说的目的是什么？ 85
僧肇是如何批判心无、即色、本无三宗的？ 86
什么是不真空？ 86
不真空思想有哪两方面的含义？ 86
僧肇是如何运用名实之辩的？ 86
僧肇的不真空思想有什么重要意义？ 87
为什么说动静观是物不迁论的基础？ 87
僧肇持有什么样的时空观？ 87

《神灭论》的主要内容是什么？ 88
第二次反佛斗争的主要经过是什么？ 88
范缜如何看待形神问题？ 88
《神灭论》有什么重要意义？ 89
什么是玄本思想？ 89
葛洪认为应该如何去认识玄？ 89
为什么说葛洪的学说是道本儒末？ 90
葛洪吸收了哪些人的学说？ 90
葛洪的社会理想与人生理想是什么？ 90
为什么北魏太武帝会灭佛？ 91
寇谦之是如何对抗佛教的？ 91
寇谦之对戒律提出了哪些建议？ 91
陆修静的主要贡献有哪些？ 91
陆修静为什么要改革道教制度？ 92
陶弘景的主要贡献有哪些？ 92
茅山宗是怎么来的？ 92
为什么早期道教的神灵比较混乱？ 93
《真灵位业图》是如何排序的？ 93
陶弘景的著作有哪些？ 94

第四章　儒释道三教并行的隋唐哲学 95

隋唐时期三教哲学之间有着怎样的关系？ 95
隋唐佛教经历了什么样的发展历程？ 95
隋唐道教经历了什么样的发展历程？ 96
隋唐儒家哲学经历了什么样的发展历程？ 96
为什么隋唐道教哲学会成为道教的重大转折点？ 96
隋唐道教哲学有哪些成就？ 97

为什么隋唐时期佛教会前所未有的兴盛? 97
隋唐时期最为著名的宗派有哪些? 98
天台宗是什么样的宗派? 98
天台宗为什么会被建立? 98
天台宗对佛教哲学有什么影响? 99
法相宗的性质是什么? 99
法相宗的创始人是谁? 99
华严宗名称的由来? 99
华严七祖分别指哪些人? 99
华严宗的学说对佛教产生了什么样的影响? 99
禅宗名称有什么样的含义? 100
禅宗六祖分别是谁? 100
禅宗可以分为哪两脉? 100
禅宗对佛教有着怎样的影响? 100
隋唐时期儒家的主要代表都有哪些? 100
多次上书建议反佛的隋唐哲学家是谁? 100
被徵征赞为"学术之妙"的唐代唯物主义哲学家是谁? 101
被称为"随驾隐士"的唐代哲学家是谁? 101
提出道与众生思想唐代哲学家是谁? 102
提出静修正心思想的道教哲学家是谁? 102
提出"道统"说的唐代儒家哲学家是谁? 102
提出复性论的唐代儒家学者是谁? 103
对"天人感应论"进行批判的儒家哲学家是谁? 104
提出天人交相胜思想的唐代哲学家是谁? 105
傅奕认为佛教有哪些危害? 105
吕才是如何批判禄命思想的? 105

目 录

吕才是如何批判迷信埋葬风水的？ 106

卢藏用是如何批判命定论学说的？ 106

卢藏用是如何用历史事实批判迷信思想的？ 107

什么是重玄之道？ 107

在成玄英的眼中什么是道？ 107

成玄英为什么会认为是主客体相互作用形成认识？ 107

成玄英以理释道的观点的实质是什么？ 108

成玄英如何看待道与物的关系？ 108

成玄英为什么将德作为主体认识能力？ 108

人的认识能力被成玄英分为哪两种？ 108

什么是虚忘？ 109

成玄英虚忘的方法是什么？ 109

什么是遣有？ 109

什么是遣无？ 109

什么是遣中？ 109

成玄英认为如何才能抵达重玄之域？ 110

什么是道体？ 110

王玄览是如何划分道自体？ 110

王玄览如何证明道寓于万物？ 111

王玄览如何看待道与物的关系？ 111

王玄览如何证明众生与道的关系？ 111

王玄览如何从心境缘和的角度肯定主客体的存在？ 111

王玄览持有什么样的"有无"观？ 112

王玄览关于有无思想的讨论有什么重要意义？ 112

王玄览认为修行方法有哪些？ 112

王玄览认为如何才能坐忘？ 112

司马承祯思想有什么特点？ 112

司马承祯认为应该如何坐忘？ 113

李筌的天道唯物主义思想是什么？ 113

李筌对治国提出什么样的批判性建议？ 113

李筌是如何重视主观能动性的？ 114

李筌是如何批判区域宿命论的？ 114

什么是"性具"说？ 114

什么是"三谛圆融"思想？ 115

什么是"一念三千"思想？ 115

智顗的佛学思想的重要意义是什么？ 115

"阿赖耶识"论的内容是什么？ 115

法相宗认为人有哪八识？ 116

阿赖耶有哪三重含义？ 116

法相宗三性说的内容是什么？ 116

法相宗的四分说的内容是什么？ 116

为什么华严宗否认客观事物的存在？ 117

华严宗"法界缘起"的内容是什么？ 118

华严宗的"六相圆融"理论是什么？ 118

禅宗见性成佛思想有什么含义？ 118

为什么要进行禅定？ 119

禅宗的顿悟主张是什么？ 119

为什么禅宗会走入荒谬？ 119

韩愈道统说的内容是什么？ 119

韩愈如何将仁义与道德联系起来论证？ 119

韩愈认为应该如何实现仁义之道？ 120

韩愈的性三品说的具体内容是什么？ 120

李翱持有什么样的人性观？ 120

李翱认为应该如何复性？ 121

柳宗元的世界本原思想是什么？ 121

柳宗元是如何批判韩愈的唯心主义的？ 122

柳宗元是如何将无神论运用到历史领域的？ 122

刘禹锡的宇宙观有什么特点？ 122

刘禹锡总结天人关系有哪两种说法？ 122

什么是天人交相胜？ 123

刘禹锡如何严格区分天和人？ 123

刘禹锡认为应该如何认识、了解自然？ 124

第五章　封建尾巴、近代启蒙的宋元明清哲学 125

宋元明清哲学的特点是什么？ 125

宋元明清哲学是在什么样的社会背景下产生的？ 125

为什么宋元明清哲学会出现理学为主的情况？ 125

宋元明清时期主要的哲学流派和哲学家有哪些？ 126

宋元哲学为什么会出现儒学复兴、理学为宗的情况？ 126

为什么宋元时期的新儒学被称为理学？ 126

宋代哲学探讨的主要问题是什么？ 127

宋元时期的哲学家如何看待心性问题？ 127

宋元时期的哲学家如何看到知与行的问题？ 127

宋元时期的哲学家对古今问题有什么见解？ 128

宋元理学为什么会被分为两大学派？ 128

什么是功利之学 128

功利之学为什么会被提出来？ 128

永嘉学派的主要学说有哪些？ 128

明清哲学是在什么样的社会背景下产生的？ 129

明清哲学在哲学史上占据着怎样的学术地位？ 129

15

明清时期的主要哲学家有哪些? ………………………………………… 129
为什么明朝中叶会出现提倡气学的现象? ……………………………… 129
中国第一个真正意义上的思想启蒙学派是什么学派? ………………… 130
泰州学派有哪些突出的特点? …………………………………………… 130
学术界公认的理学鼻祖是谁? …………………………………………… 130
因为《皇极经世书》而闻名的哲学家是谁? …………………………… 130
开创气学的哲学家是谁? ………………………………………………… 131
什么样的生活塑造了哲学家张载? ……………………………………… 131
以改革思想而闻名的宋代哲学家是谁? ………………………………… 131
王安石为什么要进行变法? ……………………………………………… 131
王安石变法的主要贡献有哪些? ………………………………………… 132
开创洛学的两兄弟是谁? ………………………………………………… 132
什么样的生活经历塑造了理学大成者朱熹? …………………………… 132
什么样的生活塑造了心学的创始者陆九渊? …………………………… 133
什么是鹅湖之会? ………………………………………………………… 134
功利之学之中的永康学派的哲学家代表是谁? ………………………… 135
什么是永嘉学派? ………………………………………………………… 135
将程朱理学变为官学的元代哲学家是谁? ……………………………… 135
消除了古今经学区别的元代哲学家是谁? ……………………………… 136
提出天为道统之源思想的元代哲学家是谁? …………………………… 136
完善心学的明代哲学家是谁? …………………………………………… 138
对象山心学提出批判的明代哲学家是谁? ……………………………… 139
以教育思想闻名的明代唯物主义哲学家是谁? ………………………… 139
建立泰州学派的明代哲学家是谁? ……………………………………… 140
推动泰州学派发展的明代哲学家是谁? ………………………………… 140
自称为异端的明代哲学家是谁? ………………………………………… 140

目 录

将哲学、自然科学、社会科学研究结合起来的明清哲学家是谁? 141

以《明夷待访录》而闻名的明清哲学家是谁? 142

提出"天下兴亡匹夫有责"的明清哲学家是谁? 142

以启蒙思想著称的船山先生是谁? 143

提出"理存乎欲"思想的清代哲学家是谁? 143

周敦颐的世界构成观是什么样的? 144

对于万物的变化,周敦颐持有什么观点? 144

周敦颐人性说之中的诚是什么? 144

周敦颐持有什么样的修养观? 144

邵雍的世界构成观是什么? 145

邵雍是如何将宇宙形成归结到"象"、"数"的演化过程的? 145

邵雍推算世界兴衰的理论是什么? 145

什么是气本论? 146

张载的气本论有什么重要意义? 146

张载是如何解释"天"、"道"、"性"、"心"的? 146

什么是一物二体思想? 146

什么是"天地之性"与"气质之性"? 147

如何才能恢复"天地之性"? 147

王安石是如何看待道与万物的关系的? 147

王安石的认识论思想是什么? 148

王安石如何看待运动变化? 148

二程的学说为什么被称为洛学? 148

洛学是如何传承的? 149

洛学的理论思想是什么? 149

理学的中心问题是什么? 149

为什么理学被称为"道学"? 149

二程的天理论是如何划分层次的？ 150

什么是"格物致知"？ 150

二程认为应该如何去格物？ 150

二程持有什么样的经验论？ 151

二程持有什么样的人性论？ 151

二程如何看待恶的问题？ 151

朱熹是如何建立自己的理气论的？ 152

朱熹是如何论证理气统一的思想的？ 152

朱熹是如何论证"理一分殊"的思想的？ 152

朱熹认识的目的是什么？ 153

为什么朱熹的思想会走向形而上学？ 153

朱熹的人性论对中华文化产生了什么样的影响？ 153

朱熹哲学有什么重要贡献？ 153

陆九渊是如何构建心学的？ 154

什么是"心即是理"？ 154

陆九渊是如何完成从客观唯心向主观唯心过渡的？ 155

什么是自存本心？ 155

陆九渊认为应该如何理解本心？ 156

朱陆之争的内容是什么？ 156

什么是"道在物中"思想？ 157

陈亮如何看待质生活与精神生活？ 157

陈亮持有什么样的历史观？ 158

陈亮如何处理人欲与天理的关系？ 158

叶适的道物思想是什么？ 158

叶适是如何解释世界构成问题的？ 158

叶适如何看待事物对立统一问题？ 158

目 录

叶适如何看待主观与客观问题？	159
什么是所以然与所当然？	159
许衡天道思想有哪些辩证法的成分？	159
许衡的心性论思想是什么？	160
许衡的历史观思想是什么？	160
许衡在哲学史上占据着什么样的地位？	160
刘因的天道观思想是什么？	161
刘因持有什么样的心性观？	161
刘因的道物思想是什么？	161
刘因认为应该如何实现人生的最高目标？	162
吴澄持有什么样的天道思想？	162
吴澄的知行观思想是什么？	163
什么是学凡三变和阳明三支？	163
为什么王守仁采用委婉的方法开展自己的思想？	164
王守仁的主观唯心主义是如何形成的？	164
王守仁如何看待物与心的关系？	164
为什么说王守仁的主观唯心主义是为统治者服务的？	165
王守仁的良知思想是什么？	165
王守仁的"致知格物"思想有哪些方面？	165
王守仁是如何论证"知行合一"的？	166
罗钦顺在哲学上占据着什么样的地位？	166
罗钦顺的理气观是如何形成的？	167
罗钦顺持有什么样的天道器物观？	167
罗钦顺持有什么样的人性论？	167
王廷相持有什么样的宇宙生成论？	168
王廷相的"气"有什么特点？	168

在王艮的眼中，什么是道？ ... 169

王艮的"万物一体之政"的思想是什么？ ... 169

李贽思想有什么重要意义？ ... 169

李贽是如何批判封建正统思想的？ ... 170

为什么李贽的思想会陷入不可知论？ ... 171

李贽如何看待再婚问题？ ... 171

李贽是如何论证"致一之理"思想的？ ... 172

什么是任物情思想？ ... 172

方以智思想有什么重要意义？ ... 172

方以智的思想来源是什么？ ... 173

方以智的禅学有什么特点？ ... 173

为什么方以智的思想会有三教融通特点？ ... 174

黄宗羲的哲学思想占据什么样的重要地位？ ... 175

什么是气外无理，心即是气？ ... 176

顾炎武的爱国思想是什么？ ... 176

顾炎武的治学思想是什么？ ... 176

王夫之的思想是在什么情况下发展起来的？ ... 178

什么是太虚一实？ ... 178

王夫之持有什么样的自然观？ ... 178

王夫之的知行观是什么？ ... 179

王夫之如何看待历史问题？ ... 180

颜元思想有什么重要意义？ ... 180

颜元是从哪些方面批判传统教育的？ ... 181

颜元如何看待学校教育？ ... 181

颜元教育主张有哪些反传统性？ ... 182

什么是六府、三事、三物？ ... 182

颜元设置的六斋分别是什么？ ... 182

什么是"习行"教学法？ 182

颜元为什么重视"习行"教学法？ 182

颜元的"习行"教学法有什么不足？ 183

颜元为什么重视劳动教育？ 183

什么是理存乎欲？ 183

戴震的理学超验本体论思想是什么？ 183

戴震的伦理学思想是什么？ 184

第六章 循着"中国走向何方"寻找光明的近代哲学 185

中国近代哲学是在什么样的社会背景下产生的？ 185

中国近代哲学研究的核心问题是什么？ 185

五四运动以前中国近代哲学呈现什么样的特点？ 185

中国近代哲学可以分为哪两个时期？ 186

近代初期哲学是在什么样的社会背景下出现的？ 186

近代初期哲学的主要代表都有谁？ 186

近代资产阶级哲学的特点是什么？ 186

资产阶级改良派的代表都有谁？ 187

著有《己亥杂诗》的清代经世哲学家是谁？ 187

清朝农民革命思想的代表是谁？ 188

著有《盛世危言》的维新思想实业家是谁？ 189

著有《新学伪经考》的维新改革哲学家是谁？ 189

为改革而英勇献身的近代维新哲学家是谁？ 190

代表作为《天演论》的近代哲学家是谁？ 191

提出"三民主义"思想的近代革命哲学家是谁？ 192

从信奉转为怀疑科学进化论的近代哲学家是谁？ 193

如何从整体上认识魏源的思想？ 193

魏源的教育思想主要包括哪两个方面？ 194

魏源对于封建教育的目的和人才模式提出批评主要表现在哪四个方面？ 194

魏源的经济思想主要表现在那些方面？ 194

魏源是如何发展商品经济的？ 195

魏源如何看待现代工业？ 195

魏源为什么会提出"师夷长技以制夷"的思想？ 195

魏源如何看待国富与民富的问题？ 195

龚自珍的经济思想是什么？ 196

龚自珍的"公羊三世说"的内容是什么？ 196

龚自珍的世界本原与人性论思想是什么？ 196

龚自珍是如何批判五行与灾异关系的观点？ 197

为什么洪秀全的朴素平等思想会受到广大农民的欢迎？ 197

洪秀全的经济平等政策的表现有哪些？ 197

曾国藩从理学转向洋务思想的过程可以分为哪些阶段？ 198

郑观应的赋税思想是什么？ 198

什么是商战？ 198

郑观应对于商战提出了哪些建议？ 199

郑观应的哲学思想是什么？ 199

康有为的人权思想的内容是什么？ 199

康有为认为人们的苦难有哪些？ 200

天赋人权的核心是什么？ 200

康有为为什么会提出天赋人权观？ 200

康有为为什么要倡导民权？ 201

康有为是如何证明中国不能实行民主共和制？ 201

康有为"天道尚变"思想的内容是什么？ 201

康有为的"三世说"是什么？ 202

康有为认为人类应当如何实现大同？ 202

康有为的思想存在哪些弊病？ ………………………………………… 202
被誉为"佛学彗星"的两位哲学家是谁？ ……………………………… 202
谭嗣同是在什么时候转向佛学的？ ……………………………………… 202
谭嗣同的变法思想是什么？ ……………………………………………… 203
谭嗣同为什么会选择佛教作为精神力量？ ……………………………… 203
谭嗣同从哪些方面吸取了佛学思想？ …………………………………… 203
谭嗣同是如何改造"一多相容"和"三世一时"思想的？ …………… 203
谭嗣同的平等思想是什么？ ……………………………………………… 204
谭嗣同是如何改造"无我"思想的？ …………………………………… 204
严复批判封建旧文化与前人的区别是什么？ …………………………… 205
严复使用的思想批判武器是什么？ ……………………………………… 205
严复是从什么角度对封建文化进行批判的？ …………………………… 205
严复眼中的科学是什么？ ………………………………………………… 206
狭义科学与广义科学有什么区别？ ……………………………………… 206
什么是科学方法论？ ……………………………………………………… 206
什么是民权说？ …………………………………………………………… 206
严复如何看待自由？ ……………………………………………………… 207
严复的历史观思想是什么？ ……………………………………………… 207
对于中国的国情，严复如何看待？ ……………………………………… 207
严复眼中的科学与民主是什么？ ………………………………………… 207
孙中山将宇宙发展分为哪三个阶段？ …………………………………… 207
孙中山的"知难行易"认识论的内容是什么？ ………………………… 208
孙中山将人分为哪三类？ ………………………………………………… 208
人类的知行被孙中山划分为哪三个时期？ ……………………………… 208
在政治方面，孙中山提出了什么改善民生的措施？ …………………… 209
孙中山如何看待民生与人民政治上当家作主的问题？ ………………… 209

孙中山的民生史观有什么重要意义？ 209
章太炎的思想可以分为哪两个时期？ 209
章太炎为什么会反代议制思想？ 209
章太炎从哪两个方面论证中国不适合民主代议制的观点的？ 210
章太炎为什么会反对中国实行议员选举？ 210
章太炎的五权分立思想存在什么缺点？ 210
为什么章太炎的地方政治思想会接二连三的发生转变？ 211
章太炎晚期持有的地方政治思想是什么？ 211

第一章　摸着石头过河的先秦哲学

先秦哲学是在什么样的社会背景下产生的？

先秦哲学指的是公元前221年秦始皇建立统一的中央集权制国家之前的中国哲学，属于中国奴隶社会时期和由奴隶社会向封建社会过渡时期的哲学。

中国从公元前21世纪的夏代开始进入奴隶社会，殷商和西周是奴隶社会的发展期，奴隶社会的特点是保留了公社共同体的形式，以血缘关系为纽带，土地属于奴隶主国家所有，奴隶被强迫集体耕作。春秋至战国初期，因为铁器和耕牛的使用，用个体生产代替集体耕作、用地主土地私有制代替奴隶主土地公有制的经济条件产生，宗族奴隶制在奴隶和平民的反抗斗争之中逐渐崩溃。战国时期，新兴地主阶级和没落奴隶主阶级在经济上和政治上进行了反反复复的斗争，最终奴隶制败在了封建制的刀下，先后建立了以魏、赵、韩、齐、楚、燕、秦7个封建国家为主的封建社会，7个国家先后都曾经有过辉煌繁荣的鼎盛期，而秦国地处西北，是实行封建化改革最晚，但却是最为彻底的一个，商鞅变法的成功使秦国一跃成为战国后期的强国，为后来统一中国奠定了基础。封建制度的确立促进了社会经济的繁荣，生产的发展又促进了科学技术的发展，人们有了闲暇的时间可以去思考人生与世界的问题，于是哲学也随之产生。

秦哲学可以分为哪三个不同的时期？

先秦哲学大体上可以分为三个时期：

第一，和原始宗教相联系、表现为相信灵魂不死和崇拜自然物的自发观念的萌芽时期。殷商统治思想为帝王神权论，周朝则提出"以德配天"的思想，早期的阴阳、五行等哲学观点也没有能够完全走出神学的框架。

第二，西周末至春秋时期出现的疑

夏朝文字

天、责天思想，出现了对自然变化作出唯物解释的五行和阴阳观点的诸子准备时期。代表人物有伯阳父、史伯、管仲、医和、子产、晏婴、史墨等。

第三，春秋末年，以孔子创立儒家学派为标志进入百家争鸣的诸子时期。各个学派围绕着天人之际和古今之变以及名实、礼法等问题展开了激烈的哲学论辩，学派之间既互相斗争又互相吸取，每个学派内部也不断分化和发展，使这个时期的思想斗争呈现出错综复杂的情况，进而促进了哲学的繁荣。

夏商周时期哲学是在什么的社会背景下产生的？

大约出现在公元前2000多年的原始群向氏族制度的过渡在创造了社会的同时，也推动着人类思维能力的发展。在原始社会之中，因为生产力低下，人们虽然想尽办法企图克服自然力带来的灾祸，但是人类的力量是有限的，所以产生了对捉摸不定的自然力和自身构造的各种错误、幻想的观念，于是灵魂不死的观念或灵魂崇拜就成为最原始的哲学唯心论的萌芽。与此同时，原始社会的人们在生产实践中和在与自然界的斗争中，也逐渐地积累了一些实际经验，对自然界的一些简单规律、物质现象也有一些朴素的了解，对客观世界在一定程度上采取现实的态度，这些观点成为无神论、唯物主义思想发展的萌芽。

夏商周时期哲学思想经历了什么样的发展历程？

在原始社会的后期，人类进入奴隶社会阶段，奴隶制社会的特点是经济上奴隶主贵族占有土地和奴隶，通过井田制和分封制分给各亲族和同盟的民族或部落。政治上，周朝以血缘关系为纽带的宗法世袭制度，实行奴隶主贵族世卿世实禄的等级制。受到社会制度的影响，夏朝出现了"有夏服（受）天命"的思想，商奴隶主贵族为了论证自己统治的合理性，炮制出一个天上和人间、社会和自然的最高主宰"帝"或"上帝"，周继承了商奴隶贵族的祭天祀祖、敬事鬼神和政权神授的宗教迷信思想，并在此基础上，使宗教迷信思想更加系统化、理论化，为了加强对被征服种族的绝对权威，从而提出了"天命说"，证实自己统治的合理性。为了坚持"君权神授"的思想，为了维护自己统治的永恒性，从思想上征服商奴隶贵族，周奴隶主贵族抬出了"德"和"以德配天命"的理论。

先秦主要的哲学学派有哪些？

儒家、道家、墨家、法家、名家、阴阳家，此外还有一些小的学派比如兵家、农家、纵横家、杂家等。

儒家是创立最早、影响最大的学派，孔子之后，儒家分为八个学派，其中以荀子和孟子的影响最大。

道家创始人老子提出了既有唯心主义又有唯物主义的道为核心的系统完整的宇宙观，庄子继承老子思想，通过相对主义，走向怀疑论和不可知论；稷下道家则提出"精气"说，对老子的"道"作了唯物主义的解释；战国时期道家的一派还和名家、法家互相融合，发展成为黄老之

第一章 摸着石头过河的先秦哲学

战国战车

学，被后来的汉初统治者所推崇。

墨家的创始人墨子的哲学之中包含了非命尚力和尊天事鬼的矛盾。墨子死后墨家分为三个学派，战国后期，墨家传人去除了墨子学说之中的迷信成分，在唯物主义认识论、逻辑学以及自然科学的研究方面作出了较大贡献。

管仲与子产是法家的先驱，真正的奠基者则是战国时期的李悝、商鞅、申不害等人。战国末期的韩非是法家的思想的集成者，他继承了老子和荀子哲学之中的合理因素，提出了法、术、势相结合的完整的法治理论，形成了自己的唯物主义体系。

名家是战国时期专门讨论名实关系和概念同异、离合问题的一个学派，代表人物是惠施和公孙龙，他们对事物的同一性和差别性问题作了探讨，对古代逻辑学的发展作出了一定贡献。

阴阳家以邹衍为代表，他将阴阳五行说加以神秘化，用五行生克的理论来说明王朝的更替，提出"五德终始"说，为新兴封建政权的建立提供理论根据。

哪些书被合称为儒家圣教十三经？

通常所说的儒家圣教十三经指的是

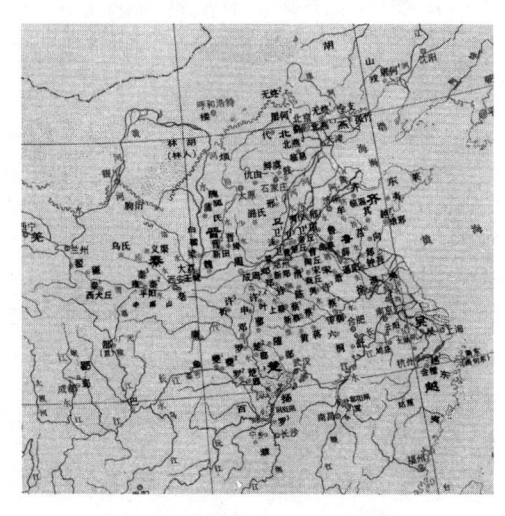

诸子百家时期的诸侯分布图

3

《易经》、《诗经》、《尚书》、《礼经》、《春秋》五经，《左传》、《公羊传》、《谷梁传》三传，《礼记》、《孝经》、《论语》、《孟子》四记，训诂之作《尔雅》。

四书五经分别指的哪些书？

四书五经是四书和五经的合称，是中国儒家经典的书籍。四书指的是《论语》、《孟子》、《大学》和《中庸》；五经指的是《诗经》、《尚书》、《礼记》、《周易》和《春秋》，简称为"诗、书、礼、易、春秋"。

《大学》之中的三纲八目分别指什么？

三纲八目是曾子在《大学》之中提出来的，具体地说三纲分别是明明德、亲民、止于至善，八目分别是格物、致知、诚意、正心、修身、齐家、治国、平天下。

三纲八目学说体现了中国古代思想家中儒家学派的对人的教育的根本思想，其充分肯定了人的社会属性，强调人在社会中的作用和对人的教育，总结出了一个人的修养（大约是今天我们所说的综合素质）是成就事业大小的衡量标准，并且对一个人要成就如何的事业，走什么样的方向提供崇高的指导。正是这种思想造就了中国后世知识分子"达则兼济天下，穷则独善其身"的光辉思想。

孔子所治六经为什么会变成五经？

通常所说的孔子治六经的六经指的是诗、书、礼、乐、易、春秋，也就是《诗经》、《尚书》、《礼记》、《乐经》、《周易》和《春秋》，但是后来因为《乐经》丢失，所以就只剩下了五经流传下来，四书五经是南宋以后儒学的基本书目、儒生学子的必读之书。

儒家八派分别是哪些派别？

战国时期儒家内部分化而形成的八个学派。孔子因为弟子众多，思想学说体系所涉及的范围又相当广泛，他的弟子对其言论和思想的理解不尽相同，于是就产生了歧见。所以，孔子逝世以后，孔门弟子就开始逐步分化。在战国的中后期，儒学在成为"显学"的同时，在儒家内部也形成了八个不同的派别，这八派分别是子张之儒、子思之儒、颜氏之儒、孟氏之儒、漆雕氏之儒、仲良氏之儒、孙氏之儒、乐正氏之儒。

怎么从整体上看待道家？

道家，先秦时期的重要思想流派，代表人物是老子和庄子，道家思想的核心是"道"，认为"道"是宇宙的本源，也是统治宇宙中一切运动的法则。道家思想崇尚自然，有辩证法的因素和无神论的倾向，同时主张清静无为，反对争斗。

先秦道家哲学大体上可以分为三个阶段：第一个阶段以杨朱为代表，第二个阶段以老子为代表，第三个阶段以庄子为代表。但是杨朱的生平和思想没有详细的史料记载，只在其他思想家的作品之中有些许的描述，所以我们就不再

第一章 摸着石头过河的先秦哲学

详细介绍。

先秦道家的主要经典著作有哪些？

先秦道家的代表著作分别是三位主要代表人物的名篇，具体地说分别是老子的《道德经》、庄子的《庄子》、列子的《列子》，这些著作在后来被引为道教的立教著作。

墨家前期思想对中国哲学作出了什么贡献？

墨子铜像

墨家前期思想主要涉及社会政治、伦理及认识论问题。前期墨家在战国初即有非常大的影响，和杨朱学派并称为显学。它的社会伦理思想以兼爱为核心，提倡"兼以易别"，反对儒家所强调的社会等级观念。它以尚贤、尚同、节用、节葬作为治国方法，它还反对当时的兼并战争，提出非攻的主张。前期墨家在认识论方面提出了以经验为基础的认识方法，主张"闻之见之"、"取实与名"，提出三表作为检验认识正确与否的方法。

名家的名称是怎么来的？

名家，也被称为名辩学派，是先秦以思维的形式、规律和名实关系为研究对象的学派，战国时期称成为"刑名家"或"辩者"，西汉才开始称为"名家"。名家主要活跃在先秦的春秋战国时期，以善于辩论、善于语言分析而著称于世。名的意思是事物的名称、概念，该派通过对日常语言的思维逻辑和内在意义的分析来指出对方言语的错误与矛盾，虽然先秦诸子各家都很注重辩名，但是名家的概念却专指从逻辑上探讨名言和命题的辩者。

法家的主要思想及其社会作用？

法家是先秦诸子百家之中对法律最为重视的一派，他们出自古代的司法官，管仲和子产都是法家的先驱。法家以主张"依法治国"的"法治"而闻名，他们提出了一整套的理论和方法，这为后来建立的中央集权的秦朝制定各项政策提供了有效的理论依据，汉朝继承了秦朝的集权体制以及法律体制，这就是我国古代封建社会的政治与法制主体。

法家学派的法治思想对春秋战国时期进行的封建化的改革和秦始皇一统六国、建立中央集权专制的封建国家起到了重大的作用。西汉建立之后，独立的法家学派逐渐消失，学派的法治思想被吸收到儒学的体系之中，德刑并用成为新的维护地主阶级专政的有力工具。

法家学派的代表人物都有谁？

法家的真正创始者是战国前期的李悝、吴起等人，后来分为三派：商鞅重法，申不害重术，慎到重势。战国末期的韩非子是法家思想的集大成者，他建立了完整的法治理论和朴素唯物主义的哲学体系。

战国初期，封建制在各诸侯国相继建立，根据经济、政治、思想领域全面变革奴隶制的需要，产生了新兴地主阶级的法家学派。齐国的稷下学官之中的法家学者继承了管仲的思想，汲取黄老之学，主张法礼并重、先德后刑、因道生法，形成了一套较为温和的法治理论。《管子》之中的法家著作和帛书《经法》、《十六经》、《称》、《道原》等是他们的代表作。同时期的秦晋两国的法家却主张严刑峻罚，反对礼义说教，专重于法、术、势，奖励耕战、富国强兵、力并天下，他们是法家中激烈而彻底的一派，政绩非常明显，而历史上通常说的先秦法家指的就是秦晋法家。

战国中期法家分为了哪三个学派？

商鞅是重法的代表，申不害是重术的代表，慎到是重势的代表。

商鞅是战国中期的法家代表，他在秦国实行了两次变法主要内容是：开阡陌封疆，废除井田制度；承认土地私有，奖励农战，凡勤于耕织而多缴粟帛者可改变原来身份；有军功者可授以爵位；实行郡县制；主张用严刑重罚杜绝犯罪。但是商鞅有一个缺点就是排斥道德教化，轻视礼仪文化的作用。

慎到是法家之中强调"势"治的一派，他主张君主可以"握法处势"，"无为而治天下"。他以法为最高准则，强调"法"必须和"势"相结合，将君主的权势看作行法的力量。他承认"法"也不应该是一成不变的，提出遵守法律，但是长久不变就会衰落的思想。

如何从整体上认识韩非的法家思想？

韩非是战国末期集秦晋法家思想之大成的人物，他将"法"、"术"、"势"三者融合为一，又吸收了道家的思想，将法治理论系统化。他主张加强君主集权，翦除私门势力，"以法为教"、厉行赏罚、奖励耕战。在历史观方面，他将历史的发展分为上古之世、中古之世、近古之世和当今之世。在哲学之上，他用唯物主义观点改造老子关于"道"的学说，认为道是万物发展的总规律，理是个别事物的特殊规律，强调人必须遵循客观的规律进行活动。在认识论方面，他提出"参验"的方法，以"功用"的实际效果检验人的言行。韩非地将"参验"作为判别知识真伪的思想，对中国古代唯物主义认识论的发展具有重要意义。

先秦儒家的主要代表人物有哪些？

先秦期的儒家思想还没有完全的成型，虽然有一定的规模，但是却没有达到后世的那种主流程度，主要的代表人物有孔子、孟子、荀子、曾子四人。

儒家五大圣人都有谁？

儒家五圣是对儒家创始人孔子、颜子、曾子、子思和孟子的合称。

孔子字仲尼，被尊称为至圣；颜子，

第一章 摸着石头过河的先秦哲学

即使颜渊、颜回，是孔子最得意的弟子，被尊称为复圣，山东曲阜有复圣庙；曾子，就是曾参，在儒家文化之中起着承上启下的作用，被尊为"宗圣"；子思，就是孔伋，孔子的嫡孙，孟子的老师，被尊称为"述圣"；孟子，名轲，仅次于孔子的儒家宗师，被尊为"亚圣"。

孔子的儒家思想有什么重大贡献？

曾子画像

儒学的创始人孔子是中国历史上第一个打破旧有的统治阶级垄断教育局面的人，所以也有人将他称为第一个教师，他将官学变为普学，使传统文化教育波及整个民族，儒家思想也因此而有了坚实的民族心理基础，为全社会所接受并逐步儒化全社会。

以孝闻名的儒家宗圣是谁？

曾子，名参，字子舆，出生于现在的山东省济宁市嘉祥县。曾参是黄帝的后代，夏禹王的后代，鄫国太子巫的第五代孙，孔子的弟子，子思的老师，五大圣人之一，被尊称为宗圣，出生于公元前505年，在公元前435年去世，主要著作有《大学》、《孝经》等。

曾子的学说有什么重大贡献？

曾参在16岁的时候就拜孔子为师，孔子的孙子、孟子的老师子思就是他的弟子，所以说曾子在儒家学派之中起着上承孔子之道，下启思孟学派的作用。他在孔子的儒家学派的思想的基础之上，进行了发展。他所提出的修齐治平的政治观，省身、慎独的修养观，以孝为本、孝道为先的孝道观影响了中国两千多年，直至今日依然有着宝贵的价值。他和孔子、孟子、颜子、子思比肩共称为五大圣人。

亚圣孟子在儒家学派之中占据着怎样的地位？

孟子，原名孟轲，中国古代著名思想家、教育家、政治家和散文家，战国时期儒家代表人物，鲁国庆父后裔，孔子之孙子思的门人的弟子，孔子第四代弟子，儒家理想主义代表，被后世皇室被加封为亚圣公，思想和孔子的思想被合称为"孔孟之道"，出生于约公元前372年，约在公元前289年去世。

为什么儒家学说会被称为孔孟之道？

孟子时期的齐国有几代齐王非常的喜欢学术，于是就在齐国首都西门——稷门附近建立了一个学术中心，被称为"稷下"。孟子曾经也是稷下的著名学者之

7

中华哲学千问

一，曾经代表齐国游说各国诸侯，但是各国诸侯都不愿意听从他的王道学说，最后他只好回来和弟子们写了四书之一的《孟子》。孟子是战国中期百家争鸣高潮之中的儒家学派的主要代表，当时的社会墨家、道家兴起并且非常流行的情况使儒家遭受严重挑战，为了维护和发展儒家学说，孟子积极应战，花费大量的心血来对抗攻击儒学的杨朱学派和墨家学派。我们可以说，正是因为有了孟子的积极应战，才有了后来大成的儒家，儒家学派和儒家思想是因为孟子才真正地发扬光大，这也是后来的儒家文化被概括为孔孟之道的原因。

为什么荀子会不被儒家认可？

荀子的思想偏向经验以及人事方面，是从社会脉络方面出发，重视社会秩序，反对神秘主义的思想，重视人为的努力。荀子提出"礼"的思想，他重视社会上人们行为的规范。荀子认为人与生俱来就想满足欲望，若欲望得不到满足便会发生争执，因此主张人性本恶，须要由圣王及礼法的教化，来"化性起伪"使人格提高。他的强调礼学，使得自己的思想有向法家转变的趋势，所以后期法家代表人物韩非子、李斯都出于荀子的门下，也不是一种偶然，同时也因为他教出了两位法家的代表而被一直诟病。

先秦道家的代表人物的主要思想都是什么？

道家的理论是由老子奠定的，他的《道德经》总计五千余字，书中广论道的形上学义、人生智慧义，提出一种有物混成且独立自存之自然宇宙起源论，也提出世界存在与运行原理是"反者道之动"的本体论思想，对于存活于其中的人类而言，其应学习的就是处世的智慧，同时老子也提出了众多的政治、社会与人生哲学观点，但是重点都在保身修身而不在文明的开创，可以说他是以一套宗本于智慧之道的社会哲学与理论来应对混乱的世局，而无意制造社会的新气象，因为那些都不是大道之本。

庄子是老子之后道家理论的最重要的开创者，甚至可以说，道家哲学基本上就是由老庄来完成的，著作《庄子》分为内篇、外篇和杂篇，一般认为内篇是庄子本人的作品。

列子是战国时期的道家继承者，他的著作《列子》是由东晋张湛所编辑，公认的观点是该书反映了战国至魏晋间的思想。

在列子之后，秦汉时期道家被转以黄老之学的形态而存在，但是在汉代中期却被儒学所取代。三国与魏晋时期，因为社会政治一直在动乱与不义之中，知识分子开始转向玄学清谈的风气，由王弼继承老子的思想开始了魏晋玄学之风。

庄子在道家哲学中占据着什么样的地位？

庄子，原名庄周，字子休，出生于现在的安徽亳州蒙城，战国时期著名的思想家、哲学家、文学家，道家学派的代表人物，老子哲学思想的继承者和发展者，先秦庄子学派的创始人，楚庄王的后代，大

约在公元前369年出生，约在公元前286年去世。

庄子原来是楚国的贵族，因为受到战乱的影响而迁居到位于现在的蒙城的当时非常小的蒙国，在那里过着隐居的生活。他被视为道家的始祖，和老子并称为"老庄"。庄子的哲学和老子并称，但是他的文采却远胜老子。

被称为《南华经》的经书是哪部著作？

被唐明皇封为《南华经》的《庄子》是庄子的代表作，全书分为"内篇"、"外篇"、"杂篇"三部分，现在流传的33篇《庄子》是由晋代的郭象整理的。通常认为内篇为庄子所著，外、杂篇为他的后学所作，但是包含有庄子的思想。《庄子》之中最为著名的是《逍遥游》、《齐物论》等。

庄子的哲学思想有什么特点？

庄子的哲学涵盖了当时社会的所有方面，但是他的根本精神还是源于老子的哲学。庄子曾经做过漆园吏，生活贫穷困顿，却鄙弃荣华富贵、权势名利，力图在乱世保持独立的人格，追求逍遥无恃的精神自由。对于当时剧烈的政治斗争，庄子采取批判与回避的态度，他消极厌世，对人生取虚无主义的态度，幻想摆脱一切外物和肉体的束缚，追求一种个人精神上绝对自由的境界。

墨子为什么会弃儒自创学派？

墨子，原名墨翟，鲁国人或者宋国人，春秋末战国初的著名思想家、教育家、科学家、军事家、社会活动家，墨家学派的创始人。大约公元前468年出生，公元前376年离世。

墨子最开始的时候也是学习的儒家之学，但是因为不满儒家的政治主张而自创学派，与儒学并称为显学。墨子和孔子一样，在成年之后，曾经四处游说，宣传自己的主张，希望能够济世救危。但是，因为他的主张没有被当权者采用，所以自始至终都没有得到重用。晚年的时候，墨子主要从事授徒讲学的活动，并以自己的声望向各国统治者举荐弟子出仕，用这个方法来推行他的政治理想。

名家合同异派的代表是谁？

惠施是强调联系与统一的合同异派的代表。惠施，公元前390年出生在今河南商丘，战国时政治家、辩客和哲学家，名家的代表人物，公元前317年去世。

惠施是战国时期的宋国人，但是他的主要行政地区是魏国，他是合纵抗秦的最主要的组织人和支持者，他主张魏国、齐国和楚国联合起来对抗秦国，并建议尊齐为王。他作为合纵的组织者，受到各国的欢迎，他曾经为魏国制定了法律，曾经因为和张仪不合而被驱逐出魏国，在家乡宋国和庄子成为好友。

提出白马非马论的名家哲学家是谁？

公孙龙，传说字子秉，战国时期哲学家，名家离坚白派的代表人物，最著名的思想就是白马非马论。

中华哲学千问

公孙龙，战国末期的赵国人，曾经担任过较长时间的平原君的门客，他的著作西汉的时候有104篇，北宋的时候遗失了8篇，流传到今天的只有6篇，其中最重要的就是《白马论》和《坚白论》。

公孙龙提出了"离坚白"、"白马非马"等命题，他强调视觉与触觉的差异所以"坚白石二"，又分析了一般与个别的关系，强调"白马"（个别）与"马"（一般）的区别，得出"白马非马"的结论。

先秦法家的集大成者是谁？

韩非，出生于现在的河南新郑，战国晚期思想家、哲学家，法家思想的集大成者，韩王室诸公子之一，李斯的同门，荀子的弟子，出生于元前280年左右，公元前233年在秦国监狱之中去世。

韩非是战国时期的韩国人，他是战国末期最后一位重要的思想家，他精通刑名法术的学问，却因为口吃而不擅长言语，但是他的文章却非常出众，李斯自认为自己不如他。韩非是战国末期带有唯物主义色彩的哲学家，但是古代很多人因为他的大部分著作都是关于阴谋的而将他定义为阴谋学家。韩非身为韩国的贵族，自然是替韩国着想，当时秦国的势力已经非常大，而韩国正好处于积弱积贫的状态，为了改变当时韩国治国不务法制、养非所用、用非所养的情况，他多次上书韩王，可惜的是却都没有被采纳，他于是就选择退而著书，写出了《孤愤》、《五蠹》、《内外储》、《说林》、《说难》等十万多字的著作。

提出了五德始终说的阴阳家是谁？

邹衍，约公元前324年出生于现在的山东中部，战国后期思想家，阴阳家的代表，公元前250年去世。邹衍和公孙龙是同时代的人物，他曾经在稷下学宫学习儒学，后来改学攻阴阳五行学说。邹衍学习的目的是在寻求经世致用的学问，这充分体现了他匡世济民的入世精神。阴阳家出于方士，刘歆将方士的术数分为六种：天文，历谱，五行，蓍龟，杂占，形法。邹衍是公元前3世纪最为重要的阴阳家，他的著作虽然都已经遗失，但是司马迁对他的学说做了详细的说明。

被称为兵圣的哲学家是谁？

孙武（约公元前535年—？），字长卿，别名孙子、孙武子、兵圣、百世兵家之师、东方兵学的鼻祖，出生于现在的山东省广饶县。

孙武曾经用《兵法》十三篇拜见吴王阖闾，受任为将。领兵打仗，战无不胜，与伍子胥率吴军破楚，五战五捷，率兵6万打败楚国20万大军，攻入楚国郢都。北威齐晋，南服越人。所写的《十三篇》是我国最早的兵法，被誉为"兵学圣典"，置于《武经七书》之首，被译为英文、法文、德文、日文，成为国际间最著名的兵学典范之书。

周公"敬德保民"的宗教政治思想的主要内容是什么？

周公为了巩固周朝的统治，创立了以德配天的宗教政治思想，认为商灭亡因为不能"敬德保民"，从而提出"皇天无

第一章 摸着石头过河的先秦哲学

周公泥塑

亲，唯德是辅"的宗教政治伦理思想。

周公提出"天命靡常"和"天视自我民视，天听自我民听"的思想。在这个基础之上，他提出了"保民"才能"享天之命"。"敬德保民"的基本精神是要求统治者要"常典"、"正刑"来"治民"，达到"保民"的目的。"保"就是占有，"保民"就是保持对奴隶的占有。因此，以"德政"来巩固民周奴隶主贵族的统治是"敬德保民"的一种意义。

周公的敬德保民思想的另一个方面的意义是在伦理道德之上，他要求"父慈子孝，兄友弟恭"，并且说这是"天与"的"民彝"必须遵守的；同时要求人们从饮宴、服饰、婚丧直至征伐等国家大事，都要遵守礼制规范。前者的目的在于"亲亲"；后者的目的在于"尊尊"。礼，本来是婚、丧、衣食住行的规则，但是经周公整理修饰后，就成了奴隶社会的等级名分制度，乐也从此成为这一制度的服务工具。

《周易》的哲学思想可以概括为哪三个方面？

《周易》之中的思想可以概括为三方面的观点：

第一，观物取象的观念。从自然界中选取八种东西作为说明世界上其他更多东西的根源。《易经》中六十四卦由八卦重叠演变而来，八卦又是由阴阳两爻排列组合而成。所以《易经》是把阴阳两爻作为一切具体事物共同的、两个最基本的"对立"势力来看待的，并用"——"、"— —"两个抽象符号表示。

第二，万物交感的观念。所谓的"吉"卦，一般是上下两卦具有交感性质的。吉凶的根据是变和不变，交感和不交感，具有朴素的辩证法思想。《易经》中关于"对立"的思想，也反映在某些卦象相反的卦的吉凶对立上。如泰卦和否卦；剥卦和复卦都是在卦象上相反，在卦辞上相对立。

第三，发展变化的观点。比如说乾卦：初九为"潜龙勿用"；九二为"见龙在田，利见大人"……九五为"飞龙在天，利见大人"上九为"亢龙有悔"。爻辞借"龙"的地位不同，说明由低到高的发展变化过程，且发展到顶点上九"亢龙有悔"体现了物极必反的辩证法思想的萌芽。

什么是儒家思想？

儒家思想是一种奉儒家的创始人孔子为宗师的学说，所以也被称为孔子学说。在儒家出现之前，儒家学派之前，古代社会贵族和自由民通过"师"与"儒"接受传统的智、信、圣、仁、义、忠六德，孝、友、睦、姻、任、恤六行，礼、乐、射、御、书、数六艺的社会化教育。儒家在吸收了这些文化思想的基础之上，将其上升到理论的高度。儒家的学说简称为儒学，是西汉以后的主流意识流派。

孔子画像

孔子正名思想的具体内容是什么？

春秋末期，频繁的战争导致了原本奉行的礼加速地崩坏，名存实亡的现象非常的普遍。按照周礼来说，君之"实"要符合君子的"名"，臣之"实"要符合大臣的"名"。但是当时的君根本就做不到周礼所规定的君之"名"所应当有的职分；臣已不安于周礼所规定的臣之"名"所应尽的职分。孔子认为社会的混乱是由"名"、"实"的混乱引起的。他提出，每一个名，比如"君"、"臣"、"父"、"子"等，都有着一定的意义，这些意义就代表这个名所指的事物所应该如此的标准。事实上处于君、臣、父、子的地位的人，如果都合乎君、臣、父、子的"道"，就是"天下有道"；不然就是"天下无道"。他认为，"无道"就是"乱"，也就是说，像周礼所规定的正常的社会秩序不能维持。为了对付这种情况，孔子提出的办法，不是改变旧的名及其所代表的条条框框来符合实际的情况，而是用旧的名及其所代表的条条框框来纠正当时他所认为是不正常的实际情况。这就是他所谓"正名"，"正名"就是"复礼"。

中国为什么会被称为"礼仪之邦"？

在中国，最早的礼是用来规定祭祀神的时候的器物和仪式程序的，到了周代，就形成了包括礼义、礼仪或礼节、礼俗三个层面的比较完备的礼的制度。礼义是抽象的礼的道德准则；礼仪或礼节是具体的礼乐制度，概括了政治、军事、穿衣、吃饭、摆设等所有的方面。这些礼仪的目的是为了区别人与人之间的贵贱和长幼。孔

第一章 摸着石头过河的先秦哲学

子推崇的礼，非常注重日常交往的基本规则，对中华文化产生了非常深远的影响，这也是中国被称为"礼仪之邦"的一个重要原因。礼不同于法，法是强制性的行为，而礼通常是因人之情，根据实际情况和心态而来行礼的。

为什么孔子的认识论存在矛盾？

孔子的认识论存在"生而知之"与"学而知之"的矛盾，但是从他多年的教育从政的实践中，总结出了"学而不思则罔，思而不学则殆"和"君子讷于言而敏于行"的学思观和言行观。孔子是中国最早的系统的先验论的鼓吹者，他认为存在一种人，他们的知识是生来就有的，是先于经验、先于实践而存在的，这种人就是他口中的尧、舜、文王、周公之类的圣人，他将人分为"生知"、"学知"、"困学"、"不学"四等。他肯定生而知之的人，也肯定学而知之的人，一个人要想获得知识，既要取得直接经验，也要善于吸收他人传授的间接经验，他支持多听多看，对有怀疑的地方要保留，在言行中要谨慎，这样就可以少犯错误。

在强调耳闻目睹，亲身见闻的同时，孔子也提出思考的重要性，主张思考要在已有知识的基础上，否则就是空想。这在一定意义上已经接触到感性认识和理性认识的关系，并且相当重视理性认识。他提出，"闻一以知十"、"下学而上达"等求学的方法，懂得一件事情，可以推演而知十件事情，学习基础的知识，进而领会高深的知识，也就是理性演绎的方法。

在具体的教学过程中，他主张启发式教学，主张因材施教。

为什么中庸会被孔子看成是小人与君子的区别？

孔子认为中庸是一种至高的德性，是小人和君子的区别之一，是处世做事的最佳标准和尺度。中庸之道要求遵守一定的标准，但是又反对不顾一切地拘守某一固定标准，这个灵活原则，完全服从于孔子所要达到的道义原则。中庸之道是儒家修己治人的内圣外王之道。内圣方面，首先是性情的中和修养。孔子关于中庸思想可以分为时中、中正、中和三种。时中就是因时变化以求其中。中正有两层意思，一个是认识论，要客观；一个是思不出其位。中和是一个外在的和谐状态，但是，中、和有主次，中是内，是本，是体；和是外，是末，是体，没有中，就没有和。这是中庸之道的全部内容。

中庸之道的三条原则是什么？

中庸之道的主要原则有三条——慎独自修、忠恕宽容、至诚尽性。

慎独自修原则要求人们在自我修养的过程中，坚持自我教育、自我监督、自我约束。这个原则是在《中庸》的第一章提出的。在别人听不到自己讲话的地方要十分谨慎，不说违背道德的话；在别人看不见自己做事的地方，也要时刻坚守中庸之道。

忠恕宽容原则要求人们将心比心、互相谅解、互相关心、互不损害、忠恕宽容、体仁而行、并行而不相悖。

孔子的天命论思想是什么？

殷周的贵族将"天"人格化、神圣化，将它理解成一个操纵人间万物命运的活灵活现的主宰，自己是受命于天，天在人间的代理人。春秋时期，因为社会有许多不平等、不合理的现象，人们开始怀疑天命的至善性和主宰性。在这种思想的影响之下，孔子对传统的天命观有了转折。他在按照传统的观念将天命看作最高主宰的同时，理性地将天命看成一种客观必然性或者某种神秘的因果联系。他曾经提出了"三畏"思想，第一条就是"畏天命"，他自称"五十而知天命"说明这种天命是神秘的、难知的，只有深入研究社会问题而且有了足够的实践经验的大思想家才能了解天命。天命是儒家思想中的重要概念，指的是不是人力所能改变的神秘的客观必然性。

孔子哲学之中的"天"是"自然"的天，"命"指的是自然的发展规律，是一种自然的、社会的、人目前还不能理解的支配力量。因为"天"是自然，"命"是自然的发展规律，所以就有了"知天命"的问题。虽然他认识到了人生的无奈，但是却并不消极，也不迷信，他一生都非常繁忙，周游列国，游说诸侯，但是他的政治抱负和主张，却根本无法实现。在对待命的问题之上，他告诫弟子必须要知命，否则就不是君子。"知天命"是孔子在认识上追求的较高理想。他知道天命的不可违，所以就在态度上摆正了认识：不消极地接受天命的安排，而是乐观地，积极地"顺命"、"乐天"，在内在心理上有了宽和康健的有力保证。

孔子的天命论有着怎样的重大意义？

孔子的天命观，标志着古代思想开始从神权的束缚中解脱出来。孔子将人和现实生活提到重要的地位，从人的实际生活的需要，观察和了解一切问题，教导人们对现实生活采取积极的态度，并且并建立了一个自觉的世界观。

他的天命鬼神观具有明显的过渡性，这既仅体现在孔子哲学思想的内部，也就是从相信传统的天命观到怀疑以至对传统天命观的否定上，还体现在从殷周到战国这一整个历史时期的哲学思想的发展过程之中。孔子的"天命"概念，到了荀子阶段得到了比较完善的发展。殷周奴隶主认为"天命"是一种超自然的精神主宰；孔

孔子汉白玉雕像

第一章 摸着石头过河的先秦哲学

子认为"天命"是一种人们目前还不能支配的自然力量或客观必然性，同时它还具有社会伦理意义；荀子则认为"天命"是一种可以被人支配的客观必然性，从而具有规律性。

曾子持有什么样的政治观？

孔子的"仁"学体系是以政治为轴心，以伦理道德为本位来构筑的。他的弟子也没有超脱出这个范围，曾子作为孔子的后进弟子，入学时间的延误和天资的鲁钝，使他思想成熟的时间远远落后他人，但是也因为如此才造就了他极具耐力和深邃的特点。在孔子去世之后曾子花了几十年的时间来消化孔子的教诲，并且结合自身的经验，进行了一定的改进。

曾子的一生虽然曾经做过一段时间的官，但是因为他躬守孝道、不苟同权贵的思想品格使他得以在政治漩涡之中独善其身，保全了自己的孔子式知识分子的形象。曾子在与政治权势的交往之中保持着无私无畏、议而不从的态度，并且他对现实政治形势总是给出批评性的看法。

作为"四书"之首的《大学》，在开篇就提出了三纲(明明德、新民、止于至善)，八目(格物、致知、正心、诚意、修身、齐家、治国、平天下)，儒家学者用这三纲八目构建了一整套的封建伦理道德的政治哲学体系。"至善"是道德修养的最高境界，更是政治上的最终理想。"诚意、正心、修身"是道德修养，"齐家，治国，平天下"是政治实践。通过道德修养实现政治抱负，道德与政治完全融合的现象是儒家思想以至中国传统文化的一个

曾子庙

重要特征。在描述"治国平天下"宏伟蓝图的时候，曾子然后说的是得众、慎德、生财、举贤。"得众"就是说想要做天下之王的就应该做百姓的父母，这个思想孕育着孟子的"民本"思想；要赢得民心，就必须"慎德"；同时"生财"也很重要，但是他又反对"聚敛之臣"。"治国平天下"的要务在于"举贤"。要举贤，首先要知贤、好贤、容贤，然后才能用贤。绝不能让妒贤嫉能的"小人"担当治国平天下的重任。

作为孝子的曾子提出了什么样的孝道观念？

政治伦理道德是儒家思想文化的核心，但是每个人都有不同的侧重点，孔子贵仁，曾子重孝，孟子主仁义，荀子隆礼。曾子以孝为一切道德的根本和总和，以孝统帅一切伦理道德，认为孝不只是个人行为和治理家庭的准绳，也是治国平天下的基本纲领，是天经地义、永恒普遍的基本原则。

孝是中华民族的传统美德，在甲骨卜辞之中就出现过"孝"字，对于父母的生

育培养，作为子女后代，自然要生出一种还报之心、孝顺之情，也就是人类学家通常所说的"反哺"现象。幼年侍奉父母，爱护父母给予的身体，这是行孝的第一步；中年移孝作忠，奉文君王，服务社稷；老来顶天立地，扬名后世。孝是一切德行之本，是一切教化产生的根源。即使孝道思想再庞大，却总是以受之父母遗体为开端，以父母遗训为准则。在这种人类对父母的自然恭敬之情的基础之上，曾子学派以及后世统治者发现"孝亲"在家庭团结稳固、社会秩序安定中的决定意义，进而将孝道演变为一个充满政治内容的道德范畴。

曾子还有一点和大多的儒家学者不同，那就是他不仅口头上宣扬孝道，而且还身体力行。而孔子只是大力提倡"孝"，这也许和他父母早亡有一定的关系。曾子的一生可以说是围绕着父母的影子而转移，关于他行孝的故事更是举不胜举，其中最为著名的就是被列入二十四孝的"曾子耘瓜"。他不小心伤了瓜苗，心甘情愿被父亲打到休克，醒来后第一件事是问父亲有没有因为生气而伤身，然后还抚琴唱歌，表示自己没事，不希望父亲担心。他对待后母也非常的孝顺。

孟子故居

孟子是如何看待仁的思想的？

作为儒家学派的开创者的孔子对于"仁"的思想作了很多的解释，关于"义""利"之辨的问题他也说得非常清楚，认为儒家学者都应当绝不犹豫地去做应该做的事情，但是他却没有给出这样做的理由，这个理由是由孟子来给出的，他在给出理由的过程之中，提出了人性本善的学说。

在孟子生活的时期，社会上流行三种人性学说：第一种是同时期告子提出的人性无善无恶说；第二种是人性可善可恶说；第三种是性善论和性恶说。孟子认为，性善可以通过每一个人都具有的普遍的心理活动加以验证。既然这种心理活动是普遍的，所以性善就是有根据的，是出于人的本性、天性的，孟子将其称为"良知"、"良能"。

孟子性善论论证分为哪三步？

孟子的性善说，并不是认为每个人生下来就拥有完善的善，就是圣人，而只是具备善的潜质，实际上他的学说和第二

第一章 摸着石头过河的先秦哲学

种情况有些类似,因为他同样认为人性除了潜在善的成分,还有本身不分善恶的、人与动物共有的成分,但是他认为这些是人生命之中的"动物"面,不应当认为是"人性"的部分。

孟子论证性善论的过程可以分为三步:

第一步,以"不忍人之心"论证"本心",确立性善论;

第二步,从由本心论证本性,由不忍人之心得出"四端"说,所以人才有"仁义礼智"四德,也就是他将善的本性看成是生来就有的先验;

第三步,尽心、知性、知天。孟子认为只有尽自己的道德本心去行事,才能够认识了解到自己的本性是善的,在内心上不会抗争,进而知道本性与本心,了解了自己的本心是善的就知天。

孟子认为毁掉本性之善的原因有哪些?

如果说善是天生本性,那么为什么很多人不能行善反而作恶呢?孟子认为人的本质是善的;人的不善都由于"不能尽其才",才将自己的善性毁掉。毁掉本性之善的原因大体可以分为三种:

第一,因为外力的作用,这些外力主要是指外界境遇,这个时候孟子已经意识到,人作为社会的动物,注定无法摆脱环境的制约。

第二,因为自暴自弃,外界的境遇有时候不一定就会产生影响,但是人如果自己抛弃自己,不肯向善,那就注定无药可救。

第三,因为"以小害大以贱害贵",也就是所"养"不对。

孟子的性善论思想,充分表达了对个人主体性的重视,世界要由自己把握,人生也要自我创造,在同样的环境下,不同的人会作出不同的选择。个人必须为自己的行为负责,而不能归结到外界因素之上。

孟子为什么会提出"仁政"学说?

在孟子生活的时代,部分地主阶级的激进派推行严刑峻法的政治措施,针对这种情况,孟子提出了他的"仁政"学说。

孟子认为人和禽兽有区别的原因就在于有人伦和建立在人伦之上的道德原则,国家和社会都起源于人伦。他认为只有在人伦关系之中,人才能得到充分的实现和发展;只有在国家和社会之中,这些人伦关系才能够充分发展。国家是一个道德的组织,国家的领袖必须是道德的领袖,所以孟子大力提倡效法先王,极力推崇尧舜,认为只有圣人才可以成为真正的王,因为在他看来,只有德行达到了作天子的地步的人担任国君,百姓才会受益无穷,如果国君没有圣君必备的道德条件、暴虐无道,人民就有革命的权利。在这种情况下他认为即使是弑君也不能算是弑君之罪。

孟子的仁政思想体现在哪四个方面?

孟子的仁政制度思想大体上可以分为四个方面:

第一,民为贵,君为轻,以民为本。

孟母教子

孟子认为君可换而民不可换，民意取代天意而决定君主的选择。民贵君轻思想是孟子民本思想的集中体现，是对西周"以德配天"的君权神授说的突破，但是他却将等级制度的存在视为天经地义，并且提出了"劳心、劳力"说。孟子更是试图效仿周公"制礼作乐"，设计一套从天子到庶人的"君臣，臣民"上下等级制度，但是当时"礼崩乐坏"已经是时代潮流，所以他的做法就是不合时宜的。

第二，养民政策，不论是哪个时代或者哪个国家，经济基础是从事一切活动的根基，在中国大多数情况下占据压倒性优势的是土地问题，所以孟子认为王道最重要的经济基础在于平均分配土地，他的理想的土地制度，被称为井田制。井田制具体地说就是每平方里土地分成九个方块，每块为一百亩。中央一块叫做"公田"，周围八块是八家的私田，每家一块。八家合种公田，自己种私田。公田的产品交给政府，私田的产品各家自留。九个方块安排得像个"井"字，所以被称为"井田制"。

第三，倡王道反霸道。对于当时的制度，孟子将其划分为两种——"霸道"和"王道"，"王道"是推崇仁政圣人为王，"霸道"是推崇暴力崇尚功利。圣王的治道通过道德的培养和教育；霸主的治道通过暴力的强迫。王道的作用在于德，霸道的作用在于力。王道相当于现在说的民主政治，代表着人民的自由结合；霸道就是专制统治，因为它的统治是靠恐怖和暴力。

第四，义利之辨。孟子认为仅仅使百姓"养生送死无憾"是不够的，还需要使人人受到一定的教育，懂得人伦的道理，"谨庠序之教，申之以孝悌之义"。

荀子最著名的学说是什么？

性恶论是荀子最著名的学说，从表面上看，荀子低估了人，但是实际上他的哲学却是教养的哲学。他的观点是：凡是善的、有价值的东西都是人努力的产物；价值来自文化，文化是人的创造。

荀子反对孟子宣扬的天赋道德观念的性善论，提出了针锋相对的性恶说。他首先界定了"善、恶"的含义，认为"善"就是行为符合封建道德规范；"恶"就是用心险恶，犯上作乱，违背封建秩序。他认为人性"善"之说是荒谬的，因为人不可能生来就符合道德规范；相反，人生来就有许多不好的习性，需要经过圣人君主对其教化约束才能去恶归善。这也是荀子的哲学非常重视教化的原因。在荀子的眼中，人的本性只是一种原始的质朴材料，而人为的善则是经过礼义道德加工的结果，离开了原始的质朴之性，礼义就无所附着；反过来，没有礼义的加工，质朴的人性也不能变得完善。

虽然在人性论的观点之上，荀子和孟子正好相反，但是他也同意人人能够成为圣人的观点，实际上虽然表面上看起来相同，但是实质上却有着很大的不同。孟子认为，仁、义、礼、智的"四端"是天生的，只要充分发展这四端，人就成为圣人。而荀子却认为，人不仅生来没有任何的善端，反而倒是具有实际的恶端。荀子企图证明，人生来就有求利求乐的欲望。同时他也肯定，除了恶端，人同时还有智能，可以使人向善。所以说孟子说人都可以为尧舜，是因为人本来是善的；荀子论证所有人都可以为禹，是因为人本来是智的。

作为儒家学者的荀子为什么会重视法制？

荀子之所以重视法制是因为他处于战国后期，当时商鞅变法使秦国强大起来的事实，使他认识到法制对于国家富强的作用，所以荀子采用了"礼""法"并举的态度。在他的眼中，礼和法是一致的。他主张将礼扩大到士，但是他认为对百姓必须用法律强制手段，却反映了他的阶级立场。从整体上来看，荀子的"礼法"或"礼义制度"就是指封建的等级制度和统治秩序。

在"王霸"问题之上，荀子主张完全实行礼法就叫王，不完全实行礼法就叫霸，而完全背弃礼法就要亡国。荀子没有将王霸对立起来，而是主张由霸发展为王，由"重法"而"隆礼"，把礼与法、德与力统一起来。荀子从当时齐、秦等国的兼并站中得出结论：用武力兼并是容易的，困难的是巩固兼并的成果。国家强大统一的形成要同时从礼和法两方面下手。

作为唯物论者的荀子提出了怎样的自然观？

荀子是一名唯物论者，在阴阳五行、星相卜筮之说盛行，而且越加趋于神秘化，将自然界的各种现象与社会上的纷纭人事牵合在一起的时代，荀子首先提出要"明于天人之分"思想，这不仅批判了当时的异端邪说，而且先知性地驳斥了天人感应论。

荀子认为"天行有常"是自然界的运行规律，是不因政治的治乱而改变的。国家的兴衰存亡与天象没有任何的关系。自然界虽然有水旱之灾、寒暑之变、怪异之象，但是人的主观能动性是起决定作用的。

荀子反对主观主义，重视客观尺度。主观主义者抛弃客观尺度，就不能正确地认识客观事物，所以是颠倒了轻重祸福。荀子认为礼制就是治国平天下的客观尺度和标准。他所说的"道"，实际上是指"礼"。荀子揭示，认识既要全面，又要有发展变化的观点。抛弃主观蒙蔽，客观地实事求是地辨析事物，才能掌握枢要，认识真理。先王与后王所依据的道是一致的，永恒的，这叫"体常"；但是时异事异，政治措施随之不断改变，这叫"尽变"。

荀子为什么将天人之际严格区分开？

荀子将天人之际严格区分开来，认为天象与人事吉凶无关，但是这并不意味着天地生成万物之理不可以运用到人事中来。"天地合而万物生，阴阳接而变化起"，这是自然界的法则，用这个法则来观人事，就"性伪合而天下治"。性与伪之相合，和天地相合、阴阳相接一样，缺少一方便不成其事。荀子的自然观阐明人性是先天的自然本体，必须等待后天的学习、修养和实践方能成器。他广泛地观天地以察人事，进而应用到礼制中来，目的就在于使广大众生"群居和一"，实现郅治境界。

天人有分在荀子看来，第一分在阐明天与人、自然与人事各有自己的职分和规律，天有天的运行规律，人有人的活动规律，不能互相代替："天能生物，不能辨物；地能载物，不能治人。"正因为这样，人们应当自己为自己所从事的活动负责。第二分表现在人与自然的相分还在对万物的超越上。

荀子如何看待知识的来源？

荀子生活在名家学说繁荣的时代，因此他从孔子那里继承来的正名学说既有伦理的兴趣，更有逻辑的兴趣。荀子首先表达了自己的认识论理论，认为人所有的认识能力叫做"知"，认识能力与外物相合者叫做"智"，也就是知识。换句话说就是人的认识事物和掌握技能的能力，只有和客观事物相接触才能构成知识和才能。他肯定了知识才能来自客观世界。他认为人的认识能力有两部分。一个部分是"天官"，例如耳目之官。另一个部分就是心。天官接受印象，心解释印象并赋予意义。

荀子将名分为共名、别名两种。共名是我们推理的综合过程的产物，别名是分析过程的产物。在名分类的基础之上，他探讨了名和实的关系，认为一定的名，如果经过约定应用于一定的实，那就只能附属于这些实。

什么是道？

"道"是老子学说的基础，它被老子视为哲学的最高范畴。道，原意是人走的

老子的印章 道法自然

第一章 摸着石头过河的先秦哲学

道路，暗含有四通八达的意思。可以引申为方法、途径，已初步具有规律性、普遍性的意思。在提出"道"的思想的时候，老子吸收了当时天道的一般含义，将其概括为事物存在和变化的普遍原则，分为物质实体和规律这两方面的含义。

老子的"道"是原始未分的混沌状态，是产生天地万物的总根源，是无形无象，无法用语言去描述但是又真实存在的。作为宇宙的本源的道是独立的、恒常的、超越的存在，不依赖任何外在因素。它不仅是万物产生的总根源，而且还是万物赖以存在的总依据，前者是宇宙生成论，后者则具有宇宙本体论的意义。

在老子之前的天道观都将天看成是一个有意志、有知识、能喜能怒、能作威作福的主宰，但是老子因为亲眼目睹了国破家亡等惨祸，所以认为如果真的存在一个有意志知觉的天帝，就绝对不可能有这种惨祸。万物相争相杀，人类相争相杀，就是无道无知的根本证据，所以老子说："天地不仁，以万物为刍狗。"这仁有两种说法：第一，仁是慈爱的意思；第二，仁就是"人"的意思，不仁便是说不是人，不和人同类。

老子认为道的作用，并不是有意志的作用，只是一个"自然"。自是自己，然是如此，"自然"只是自己如此。老子说道的作用，只是万物自己的作用，所以说："道常无为。"

老子的政治思想有什么特点？

老子所处的那个时代，是个纷争不断的乱世，国破家亡的事情老子亲身经历和亲眼目睹的非常多，他自然而然地就受到了一定的影响，所以他的思想，完全是时代的产物。

老子反对有为的政治，主张无为无事的政治。他认为凡是主张无为的政治哲学，都是干涉政策的反动，因为政府用干涉政策，却又没干涉的本领，越干涉越糟，故挑起一种反动，主张放任无为。老子的无为主义是因为当时的政府不善有为，偏要有为；不善干涉，偏要干涉，所以弄得天下一片混乱，所以才提出的。老子对于那种时势，发生激烈的反响，创造出一种革命的政治哲学——"小国寡民"。

老子的小国寡民思想的具体内容是什么？

老子期望建立一个理想国来缓解当时经济制度剧烈转变和政治剧烈动荡，诸侯

老子过关浮雕

国征战不已，劳动人民痛苦不堪的社会状况。他所期望建立的理想国许多的特征，在当时来说是非常进步的，甚至还有消极复古的嫌疑，他所向往的社会和远古社会接近，类似于未开化的人类居住的社会结构体系。主要有以下几个方面的特征：

国家组织方面，有国土，但是很小；有人民，但是人民很少；有国君作为主权的象征。

行政政策方面，没有教化，不实行德育、智育；没有国防，不设置军队；没有外交（人民老死不相往来，无国际问题，所以没有外交）；没有刑法，百姓如果作奸自有天来处理；没有税务，国君自给自足，不向人民征收赋税；没有交通，人民安土重迁，不欲远徙；有简陋的手工业，没有商业，国君施行绝巧弃利的政策，杜绝了技艺的发展、财货的追求，同时也就阻断了手工业的发展；没有文字，文字是认为教化的工具，是文化传播的工具，而人为的教化与文化，在理想国中已然被摒弃，所以文字也就无用武之地。

人民方面，大都没有知识，头脑单纯，结绳记事；无欲无求，生活简朴诚实真挚，忠厚自然；正道无邪；全部都是小自耕农自给自足，生活富裕安定；安土重迁，不想要到别的地方去；好静勿动，与他人老死不相往来；风俗质朴。

老子主张愚民政策，反对人为教化，将一切文化的东西视为罪恶的根源的思想非常的偏激，他没有看到文化开启民智的积极方面，只是强调消极的一方，所以在他期望的理想国之中，有浓重的避世之风。在军事政策方面，反战的思想，非常符合构建和谐社会的要求，在战乱四起的中东地区，老子的思想也就具有非一般的现实意义。

庄子眼中的道是什么？

"道"，是道家思想的核心，最早由老子提出，庄子继承了老子的思想并且进行了一定程度的发挥，两者的区别在于，老子认为道是一种客观独立自存的精神实体；庄子认为道是主观认识的东西。

第一，在庄子看来，产生世界万物的不是物，而是道。任何有形的事物甚至是"五行"之实、阴阳之气，都摆脱不了具体实物性，都还是"不得先物"而存在的有限之物。只有使万物成为万物的那个"非物"的绝对，也就是自本自根的道才能先于物而存在并成为万物的根本。所以，庄子认为要寻求宇宙的本根，就必须向先于"物"的地方寻找，但是宇宙的终极原因是永远无法推知的。老子的"有生于无"的观点也没有说明世界的起源问题，这就导致庄子对于物质世界的客观存在持绝对怀疑的态度。

第二，"道"的自本自根性。在庄子看来"道"是万有的终极原因。虽然道无形无象，但是却是真实无妄的实在，是化生万物的终极原因，是先天地而独立自在的本根。

第三，"道"遍在万物，无所不在，道不仅存在于天地日月之中，而且存在于所有的事物之中。在庄子看来道与物没有分界，有分界的是物，没有分界的分界，是分界中的无分界。

第四，道自然无为。庄子认为宇宙万

物的生化，无非一道也。道的运作，非有意制造，而是自然无为。

庄子是怎样揭开事物的相对性的？

庄子的"齐物论"既揭露了经验事物的相对性、不确定性，也暴露经验知识的相对性、不确定性。

庄子和老子一样，将"道"作为最高范畴，并且大量的接触到经验世界、经验事物存在的矛盾性问题，但是老子将事物的矛盾性转化成人生处世的技巧，而庄子却指出事物之中存在的相对性，不确定性，引出"齐物"论。为了说明事物的相对性，庄子举了两个例子，第一个例子是优良的木材，第二个是猫头鹰视物。优良的木材被用于建造城楼的时候是栋梁之才，但是用来堵塞小洞的时候却只是一根废料。猫头鹰的眼睛可以察秋毫，但是在白天却什么也看不到。通过举例，庄子得出一切事物，其功能、属性，都是在相对的状况下才出现、才获得的，也都会随着相对的状况的变化而变化的结论。这就说明事物及其存在的相对性、不确定性。

庄子强调经验世界、经验事物的相对性的原因，是有感于社会的急剧变动，从社会变动的角度看，人们以往拥有的知识，特别是价值性的判断，就必须失去实施的依据。庄子从这个点出发来揭露人的认知的相对性。庄子从"道"生万物出发，将万物视为"道"的暂时形态，万物的形态变动不居，转瞬即逝，并非真正的存在，而只是不同"形"的相禅，它们循环变异，最后又回归于道。

追求心灵超越的庄子的理想生活是什么样的？

庄子的道论的问题是讨论心灵的境界，追求精神上对世俗的超越。

追求精神自由，是庄子的人生理想。庄子认为一般人无法摆脱世俗的观念和生活，是谈不上自由的，即使能够像列子那样"御风而行"的人，也谈不上真正的自由，因为他还要依赖风。他认为真正的自由必须是无条件的。这种无条件的自由只能是一种心灵上的自由，庄子追求的就是这样一种自由。

庄子的精神追求，首先表现在出世追求之上。他认为形成人生苦恼和不自由的根本在于"有待"和"有己"。有待指的是人的某种愿望和要求的实现，需要具备一定的主客观条件；有己指的是由自我意识，也就是意识到自身和环境的对立和差异。唯有无己（不执著于个我），"无功"（不留恋功业），"无名"（彻底舍弃名位）才可以超越一切对待关系，与道合一而逍遥游。

庄子以出世为最高精神追求，但是他又意识到，人如果成为人，就不可以不生活在世间，庄子虽然力图从精神上超越现实，但是事实上离不开现实，所以想出了一套"不遣是非，以之与世俗处"的办法。他以齐同万物、齐同是非论道而不以本源论道，就与这一意识有关。在以道为最初本源的情况下，引发的出世追求为避居山林的遁世追求，庄子认为这种隐之是小隐，小隐把世间和出世间、闹市和山林区别分割对待。

在中国思想史上，庄子开启的这种对自然——本然、对本真与自由追求，给后来的学者的精神心理产生了深刻影响。在魏晋风度、明末士风之中，人们都可以体会到庄子的神韵。

墨子学说的特点是什么？

墨子学说的平民性特征非常的明显，他以"兼爱"为核心提出了"兼爱"、"非攻"、"尚同"、"尚贤"、"节用"、"节葬"、"非乐"、"非命"、"天志"、"明鬼"等"十论"。

墨子是第一个对孔子提出批判的人，儒家的学说说的是"什么理想"，而墨子说的是"怎么实现这个理想"，在做任何事情的时候墨子都要问"为什么"，他认为知道了那事物的用处，才可以知道事物的是非善恶，他从小生产者的利益出发提出了善恶的评判标准——"兴天下之利，除天下之害"，简单一点说就是"善"的就是能"用"的，这就是墨子的"实利主义"。儒家认为凡是应该如此做的，就是"义"。墨家认为凡事如此做看就有利的就是"义的。"墨家的实利主义的"用"和"利"都是指人生行为。

墨家区别于其他学派的标志思想是什么？

兼爱是墨子思想的核心，也是墨家区别于其他各家的标志。

兼爱的基本含义是视人如己，不分亲疏远近，贫富贵贱的同等程度的爱一切人。虽然从表面上看和儒家的"仁爱"思想有类似，但是两者有着名明显的不同。实际上，墨子对于儒家的仁、义思想并没有提出批判，因为他也经常谈论仁、义，只不过他的仁、义和儒家所指有着很多大的不同，他认为仁、义就是指兼爱，仁人、义人就是实行这种兼爱的人。

兼爱思想实际上是游侠的职业道德的逻辑的延伸，这种道德和侠客常说的"有福同享，有祸同当"思想完全相同，墨子以这个思想为基础，并且用兼爱思想来极力地扩大它。坚持兼爱的人被墨子称为"兼士"，坚持爱有差别的人被他称为"别士"。

兼爱思想与儒家的仁义思想有哪些区别？

兼爱思想和儒家的仁义思想的差别可以从以下三个方面来探讨：

从爱的范围和程度上。儒家依据宗法伦理，承认有亲疏远近之别、贵贱差等之分。墨子坚决反对宗法伦理，主张爱无差，他认为差等之爱的出发点实际上就是自私自利，所以在最终结果上与极端的利己主义并没有不同。

从爱的先后顺序上。儒家主张推己及人，先爱自己之亲，再爱别人之亲；墨家却正好相反，要求人们首先去爱别人的父母，如果人人都能做到这一点，那么自己的父母就会得到相应的回报。

从爱与被爱的问题上。儒家主张尽心，不言回报，只问职责，不问权利。墨子却提出了对等互报的主张，所以儒家的仁义学说是一种彻底的义务论，而墨家的兼爱学说则带有功利主义。

第一章　摸着石头过河的先秦哲学

墨子纪念馆

墨子的兼爱有力的批判了传统的宗法等级制度的不合理，同时暴露了儒家伦理的局限。

墨子为反对战争而提出的思想是什么？

非攻是在兼爱基础之上的延伸。兼爱要求人与人互爱、互利，依照兼爱的要求去做为义，否则就是不义。不义的形式多样，最大的不义就是攻打他国。所以，要兼爱就一定要非攻。

墨子认为一切的战争都是不义的，战争没有胜利者，只有受害者，被侵略的国家的人民生命和财产遭到极大的破坏，发动战争的国家的百姓也深受战争的危害。某些国家认为发动侵略战争可以开拓疆土，进行兼并，有利可图。分析一下绝大多数发动侵略的国家都是人口不足而土地有余，那么即使取得暂时的胜利，也是损失超过获得，所以，墨子认为侵略国对被侵略国是不仁不智的行为。

非攻实质上的重点仍是"非战"，这和他的兼爱思想完全一致，反映了幻想过安居乐业的小生产者的要求，对封建地主之间所从事的兼并战争也存在一定程度的不满。在先秦诸子百家之中，除法家之外都反对战争，墨子比较独特的地方在于他更偏重于从战争的实际后果来分析其危害，认为攻伐对于战争双方都是有百害而无一利的，这种分析体现了墨家的功利主义色彩。

为什么墨子的尚同思想会成为专制主义的工具？

尚同的意思是一切有关善恶是非的意见都必须统一，服从于上级。这个思想是在尚贤的基础之上提出来的。

墨子的尚同思想包含两方面的含义：思想的统一。思想的统一要求人们在思想采纳一个标准，不能一人一义；政治的集中，要求人们在行动上和上级保持完全的一致，不准自行其是。

墨子提出尚同思想的主张隐含着当时的社会背景：一家一户式的独立而分散的经济格局正在逐渐形成。面对这种变局，社会的管理体制，必然是从氏族血缘制转向区域郡县制。官吏的选任用也由世袭转为选拔。

但是墨子的尚同说的专制色彩太过浓重，他将个人的自由和权利完全剥夺，以

墨子

墨子画像

最高统治者所谓的是非为是非，加强了统治者的专制统治，虽然他设想的各级官长都是贤人，尽管他的目的在于实现政治稳定，但是尚同思想的结果只会是集权和暴政，所以墨子的尚同论经过法家的吸收和改造，成为中国古代极为盛行的专制主义思想的理论源头之一。

墨子的世界观是什么？

"天志"、"明鬼"、"非命"是墨子十大主张的最后三条。其中，天志和明鬼主要论证的是天鬼的实有以及他们对现世生活的干预，想要在通过民间信仰改造传统的天命观，为人的行为制定一个外在的标准。"非命"极力反对命定论，目的是为了高扬人的能动精神。

在中国哲学之中，天的含义包括物质之天、主宰之天、命运之天、自然之天、义理之天等，墨子却将几乎已经被遗忘的"主宰之天"重新进行论证。他认为天有意志、有欲恶，是万事万物的主宰；天是全知全能，无所不在的；天对人的行为能够进行赏赐和惩罚。

实际上，墨子所说的"天意"是他将自己的主张转换到天命之上，使自己的主张具有终极的正当性的意义，同时也对传统的天命论作了改造和发展。

除了尊天志之外，墨子还承认鬼神的存在，鬼神的特征、作用与天大体上相仿，不同的是天是最高的主宰，鬼神则是天的辅佐，天、鬼一起承担劝善惩恶的功能。墨子承认天意和鬼神的存在的目的是要求天子也必须依天意行事。

有"命"论是墨子生活的时代仍然广泛流行的一种世界观。从内容上来说，这种世界观可以分为两类：一类是"天命论"，一类是"时命论"或"定命论"。"天命论"是说天有赏善罚暴的能力，它

根据人们行为的善恶来决定具体的赏罚，所以，统治者必须修德以配天命。

对于天命论和定命论这两种思想，墨子不反对天命论，但是却极其的厌恶定命论，主要原因是：第一，定命论使人相信命运而不强力从事，所以使赏罚失去作用，人伦遭到破坏，社会出现混乱；第二，定命说宣传天、鬼之外还有另一种力量存在，这与天、鬼的绝对权威矛盾。

墨子的观念之中，虽然存在着天意思想，但是决定人最终命运还是人本身，人们只要努力从事，最终都能获得富足、安宁和幸福。墨子思想之中显示的人的主体性，和孔子那种向内求善的价值主体性有着很大的区别，他的思想是向外求知并付诸于力作的行动主体性。墨子的这种理念，充分反映了墨家及其所代表的阶层积极向上、乐观进取的人生态度。

墨子的三表法具体内容是什么？

三表法是墨子正面论证自己思想观点的基本方法。表有时又被称为法、仪或法仪，含义大体相同，都是指标准和方法。墨子认为，言论必须适合一些标准和仪法。墨子认为判断一种言论是否正确的标准一共有三个：本之、原之、用之。

本之，主要是根据前人的经验教训。因为前人的经验教训主要记载在书籍之中，所以本之的依据也经常求助古代的典籍。

原之，主要是诉诸百姓耳目之实。也就是说，从普通百姓的感觉经验中寻求理论的根据，所以这种原之仍属于归纳法的范畴，与本之不同的地方在于前者是间接经验，后者属于直接经验。墨子将历史上的传说和记载全部看做是真实可靠的东西。

用之，是将言论应用于实际政治，看其是否符合家国家百姓的利益，符合者为真，反之为假，这一标相当于现在的验证方法。

三表法是一个相当完备的彻底的经验主义的方法论系统。虽然这个系统相对忽视了理性的作用，但是作为一种方法，它在论证许多问题上是有说服力的。

合异同派代表惠施的历物十事思想的内容是什么？

惠施没有著作流传下来，他的哲学思想只能通过其他人的转述而了解，他的最主要的思想是庄子的著作之中提到的"历物十事"，此外《荀子》、《韩非子》、《吕氏春秋》等书中也有对他思想的记载。

惠施是名家"合同异"派的代表，思想特征是"合"，强调联系与统一。他主张广泛地分析世界上的事物来从中总结出世界的规律。

惠施的"历物十事"分别是：

（1）至大无外，谓之大一；至小无内，谓之小一。

（2）无厚不可积也，其大千里。

（3）天与地卑，山与泽平。

（4）日方中方睨，物方生方死。

（5）大同而与小同异，此之谓小同异，万物毕同毕异，此之谓大同异。

（6）南方无穷而有穷。

（7）今日适越而昔来。

（8）连环可解也。

（9）我知天下之中央，燕之北越之南是也。

（10）泛爱万物，天地一体也。

第一个命题，"至大无外"是大到无所不包，"至小无内"是小到能不断有所分割，这两个命题包含了宇宙空间的大与小都是无限的意义。惠施离开具体的大小而只从抽象的大小概念上来论证，这样他说的无外和无内，同时也可能意味着至大之外再没有大，至小之内也再没有小，这种观点否定了宇宙空间的大小的无限性。他从论证空间大、小无限性中也看到了大、小有相对性。

第五个命题，谈论的是"同"和"异"的关系。事物有"大同"，也有"小同"，"大同"就是小异，"小同"就是大异，这两者是不同的，但是无论不同如何，它都只是"小异同"而已，因为这些同和异都只是具体事物之间在互相对比之中的"同""异"；如果从事物的根本来讲，万物既可以说是"毕同"，也可以说是"毕异"，这才是事物的"大同异"。在一定程度上讲同和讲异的相互联系，讲同异之间有统一性。

第十个命题，万物既有"毕同"的方面，那对万物就应当同等看待，无差别地，普遍地爱一切东西。

其余七个命题都是从这三个命题之中推演出来的：二、三、六、九等四个命题是讲空间上的相对性的；四、七是讲时间上的相对性的；命题八是对当时流传的连环不可解说法的一种反驳。

惠施的思想包含了一定的辩证法的因素，他在一定程度上直观地猜测到了事物运动中包含着矛盾。

公孙龙最著名的学说是什么？

公孙龙是著名的诡辩者代表，他最出名的一次辩论就是"白马非马"论。

在公孙龙生活的时期，有一回赵国一带的马匹流行烈性传染病，导致大批战马死亡。秦国战马非常多，为了严防这种瘟疫传入秦国，于是秦国就在函谷关口贴出告示："赵国的马不能入关。"这一天，公孙龙骑着白马来到函谷关前。关吏说："你可以入关，但是马不能入关。"公孙龙说："白马非马，怎么不可以过关呢？"关吏说："白马是马。"公孙龙说："我公孙龙是龙吗？"关吏愣了一下，但是仍然坚持说："按规定不管是白马黑马，只要是赵国的马，都不能入关。"公孙龙慢慢地说："'马'是指名称，'白'是指颜色，名称和颜色不是一个概念。'白马'这个概念，分开来就是'白'和'马'或'马'和'白'，这也是两个不同的概念。比如说要马，给黄马、黑马都可以，但是如果要白马，给黑马、给黄马就不可以，这证明，'白马'和'马'不是一回事！所以说白马就不是马。"守关的关吏更是越听越糊涂，不知该如何对答，无奈只好让公孙龙和白马都过关去了。

公孙龙所代表的名家的观点是什么？

关于离坚白的命题是公孙龙的第二个重要命题，这个命题的证明分为两部分：

第一章 摸着石头过河的先秦哲学

第一部分，假设有坚而白的石头，公孙龙说，用眼看，只能得到它是白的，用手摸只能知道它是坚的，感觉白的时候不能感觉到坚，感觉到坚的时候不能感觉到白，所以从知识论方面说，只有"白石"或"坚石"，没有"坚白石"。

第二部分，坚、白二者作为共相，是不定所坚的坚，不定所白的白。坚、白作为共相表现在一切坚物、一切白物之中。当然，即使实际世界中完全没有坚物、白物。而坚还是坚，白还是白。这样的坚、白，作为共性，完全独立于坚白石以及一切坚白物的存在。坚、白是独立的共相，这是有事实表明的。这个事实是实际世界中有些物坚而不白，另有些物白而不坚。所以坚、白显然是彼此分离的。这部分的论证是形上学的辩论。

韩非的法治思想的特点是什么？

韩非重点总结了商鞅、申不害和慎到的思想，将商鞅的法、申不害的术和慎到的势融为一体。他推崇商鞅和申不害，同时指出，申商学说的最大缺点是没有将法与术结合起来。他按照自己的观点，论述了术法的内容以及二者的关系，他认为，国家图治，就要求君主要善用权术，同时臣下必须遵法。他还认为，国君对臣下，不能太信任，还要"审合刑名"。在法的方面，韩非特别强调了"以刑止刑"思想，强调"严刑"、"重罚"。他认为只有法和术还不行，必须有"势"作保证。

韩非是中国第一个明确提出"法不阿贵"的思想的哲学家，他主张赏罚不因为是大臣就避过，赏赐不因为是贫民就遗漏，这个观点是对中国法制思想的重大贡献，对于清除贵族特权、维护法律尊严，有着重大的影响。

韩非的法治思想适应了中国一定历史发展阶段的需要，在中国封建中央集权制度的确立过程中起了一定的理论指导作用。

韩非为什么将势、法、术三者结合起来？

韩非继承了商鞅的法、申不害的术、慎到的势，认为三者都是君主手中的工具，三者缺一不可，他将三者有机地结合起来，构成了自己的君主专制的法治思想体系，为大一统服务。

韩非认为实行法治，必须"以法为本"。法是体现国家利益的，如果不重视

《韩非子》局部

法，国家的利益就要受到损害。重视了法，就能富国强兵，建立超过五帝三王的功业。他又认为要明法，就必须要树立法令的绝对权威，成为判断言行是非和进行赏罚的唯一标准，不能够再有其他标准，所以他禁止儒家主张的"仁政"、"德治"，希望达到统一思想的要求。

对于"术"，韩非认为"术"是实现法治的手段，君主为了掌握政权和使臣属贯彻法令以实行法治，就必须有驾驭臣属的术。"法"、"术"对于君主来说必须结合起来才能实行法治。因为只有"法"而没有"术"君主就不能防止臣下阴谋篡夺、损公肥私和阳奉阴违。反过来如果只有"术"而没有"法"，君主就失去判断察奸的标准和给予赏罚的依据。

韩非认为，君主能够立法和行赏罚，是以掌握权势为前提的。君主失去权势就不成其为君主，这样，法、术就无从谈起了。韩非将势分为"自然之势"与人为之势。自然之势指的是在客观的既成条件下掌权和对权力的运用；人为之势指的是在可能条件下能动地运用权力。对君主来说，自然之势不是主要的，因为它是继承事实。真正的势应该是人为之势。韩非所说的人为之势包括两方面的含义：一为"聪明之势"，君主没有必要拥有超人的智慧，只要善于化天之聪明为己之聪明，使天下人的耳目成为己的耳目；二为"威严之势"。"势"必需牢牢掌握在君主手里，韩非提醒君主注意臣子时时在窥视权力，要特别注意拍马者，拍马是为了骑马。韩非认为，只要掌握了"聪明之势"与"威严之势"，君主不必是圣人，只要

是中人就可以。他特别强调人为之势，意在鼓励君主把全部权力掌握在自己手里，成为真正的最高绝对权威。

韩非为了论证法治适应时代提出的历史观是什么？

韩非将人类的历史分为四个时期，也就是"上古"、"中古"、"近古"和"当今"四世。上古之世指的是传说中有巢氏构木为巢、燧人氏钻木取火的时代。中古之世指的是鲧、禹治水的时代。近古之世指的是汤、武征伐的殷、周之世。当今之世指的是他所处的战国时代。韩非认为，人类历史的发展是进化的，守成不变、复古倒退，必定会失败的。他以为，时代变了，治国的方法也要随之而改变，来适应时代的要求。如果在当今之世，仍然用先王之政来治理当世之民，就是蠢人。

韩非对历史进化的原因作了探索。他从物质生产方面来说明历史进化的原因，而物质生产的发展，又促使人们之间的关系和观念的变化。他认为上古竞于道德，并不是人人都好，而是由于当时物多人少；今天人们互相争夺，不是人的思想退步变坏，而是财少人多造成的。

韩非的历史进化思想和他探索历史发展的原因，既指出了变化的必然性，又指出了实行法治的必要性，说明在"当今争于气力"的条件下，只有用赏罚的手段进行统治，才能维持社会秩序和富国强兵，才能实现大一统。所以，他的历史进化思想是他法治主张的理论

基础。

阴阳家如何用阴阳五行解释宇宙和万物？

五行学说解释了宇宙的结构，但是没有解释宇宙的起源。阴阳学说解释了宇宙起源。阳字本是指日光，阴字本是指没有日光。到后来，阴、阳发展成为指两种宇宙势力或原理，也就是阴阳之道。阳代表阳性、主动、热、明、干、刚等等，阴代表阴性、被动、冷、暗、湿、柔等等。阴阳二道互相作用，产生宇宙一切现象。

数是除了阴阳之外的重要观念，阴阳家试图用数将五行与阴阳联系起来——天之数，一，生水；地之数，六，成之。地之数，二，生火；天之数，七，成之。天之数，三，生木；地之数，八，成之。地之数，四，生金；天之数，九，成之。天之数，五，生土；地之数，十，成之。

邹衍的"五德终始"说的具体内容是什么？

邹衍在总结早期阴阳、五行学说的基础上，提出了"五行生胜"的观点，他以五德转移来解释历史的变化，阴阳家认为，五行按照一定顺序，相生相克。他们还认为，四季的顺序和五行相生的顺序是一致的。木盛于春，木生火；火盛于夏，火生土，土盛于中央；土生金，金盛于秋；金生水，水盛于冬；水又生木，木盛于春。他们还认为朝代的顺序，也是和五行的自然顺序一致的。以土德王的黄帝，被以木德王的夏朝所克。以木德王的夏朝，被以金德王的商朝所克。以金德王

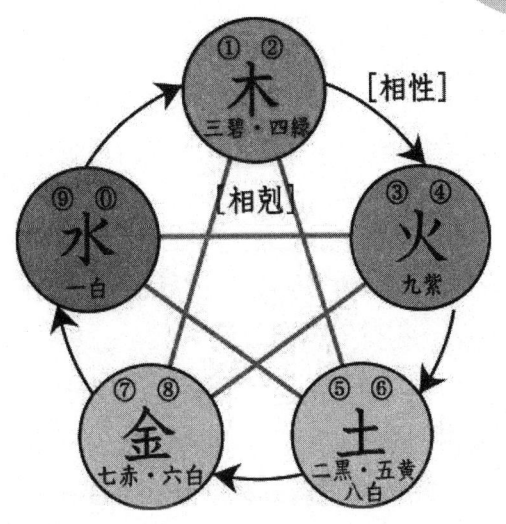

五行相生图

的商朝，被以火德王的周朝所克。以火德王的周朝，将会被以水德王的朝代所克。以水德王的朝代，又将被以土德王的朝代所克。《史记》之中就有秦朝因为取代以火德为胜的周朝而以水为德，将黄河改名"德水"，汉朝也认为皇帝是承五德转移之运而王，虽然在刚开始的时候有争论，但是公元前104年。汉武帝决定正式宣布汉以土德王，在汉朝之后人们就不大关注这个问题，但是实际上皇帝的正式头衔——"奉天承运皇帝"里的"承运"，就是承五德转移之运。

邹衍为什么会提出大九州学说？

大九州说是邹衍试图将宇宙各部分连贯为一个整体，并且进行总的说明而提出的学说。他认为中国名为"赤县神州"，内有九州；和"赤县神州"一样的州，共有九个。中国是大九州中的一州，而这样的大九州共有九个，中国不过占全世界的

八十一分之一而已。对于这种学说的提出，邹衍采用的是"先验后推"的方法，也就是以直接经验为基础，由近及远，由已知推及未知，以至于闻见之所不能及的无限广阔世界。

邹衍"先验后推"的方法，虽然克服了狭隘经验论的局限性，但是他用幻想代替真实的联系，又以符端感应、"五德终始"来沟通天人关系，最后终于陷入了神秘主义。

孙武的富国强兵思想的内容是什么？

法家的最高目标是雄霸天下，富国强兵是历代法家的共同主张，而中国古代是标准的以农业为本的国家，所以法家特别重视发展农耕，采取各种手段和措施来发展农业。但是，法家也注意到，商贾的巧取豪夺通常是农业的大敌，所以他们都千方百计地抑商助农，传统的"士农工商"阶层排行榜就清晰地反映了这种认识。法家认为，只有注重农耕，发展经济才能富国，富国之后才能强兵，然后才能论及王霸之业。

从整体上来说，孙武是一个站在新兴地主阶级立场上的军事家。他拥护封建制度，主张进一步实行封建制的革命，希望达到富国强兵的目的。在田亩制度之上他拥护初税亩，在税收制度之上他支持赞同赵氏实行的无税制。在军事制度之上，孙武认为"置士少"，有利于经济基础稳固，军队的供应充足，才可以达到精兵强兵的目的。孙武认为实行"富民少士"的政策就可以富国强兵，还可以因为这些经济方面制度的改革，在政治上取得人民普遍的支持，进而达到人和。

孙武认为战争的胜利取决于"五事"——"道"、"天"、"地"、"将"、"法"，他看重战争，但是反对轻率用兵。

孙武的朴素唯物主义表现在哪些方面？

孙武的朴素唯物主义思想主要表现是他反对相信鬼神灾异的无神论思想，主张从实际出发，主张"知己知彼百战不殆"。他认为："先知者，不可取于鬼神，不可象于事，不可验于度，必取于人，知敌之情者也。"他要求在战争之中在了解客观实际情况的基础之上，充分发挥主观能动性，主动创造利于己而对敌不利的形势，以取得胜利，争取主动权。

他认为在战争之中取得主动的办法有两个方面：第一是"避实击虚"，第二是"以患为利"，就是将不好的变成对自己有利的情况。这就是要充分的发挥主观能动性，在战略上达到"以一击十"的目的，战胜优厚兵力的敌人。

第二章　武帝拍板、儒家独大的秦汉

秦汉哲学是在什么样的历史背景之下发展的？

公元前221年，秦始皇一统全国，建立了中国历史上第一个统一的专制主义中央集权国家。为了巩固自己的封建政权，秦始皇在经济、政治和文化等方面施行了一系列有利于社会生产力发展的措施。但是，沉重的赋税徭役剥削和残酷的法治统治，迅速激化了封建统治者和广大人民的矛盾，秦王朝仅仅存在了15年就被农民起义推翻。大汉的统治者刘邦借着农民起义的机会建立起汉朝政权。汉朝的统治者吸取了秦朝覆灭的教训，采取了一些缓和社会矛盾的措施，使社会经济得到逐渐恢复和发展，并且出现了"文景之治"的繁荣。到了汉武帝登上帝位的时候，封建经济文化更是出现了高度繁荣的局面，但是这种繁荣的背后却潜伏着深刻的社会危机。两汉时期，土地兼并不断发展，官僚贵族巧立名目、巧取豪夺，激化了农民和地主、封建地主阶级内部寒门庶族和豪强地主之间的矛盾。农民革命的不断爆发、各种社会矛盾的持续加剧，在推动着社会前进的同时，也影响着哲学思想的发展。

秦汉哲学是沿着怎样的路线发展的？

秦王朝的首任宰相、法家代表李斯独尊法家，禁废私学，片面地强调法制的作用，这也导致了秦王朝酷刑昌盛，更是间接加速了秦王朝的灭亡。汉初的统治者吸取了秦王朝的教训，采取了与民休息的政策，崇尚黄老的无为思想，代表人物有盖公、曹参、司马谈；而早期的儒家学者以陆贾和贾谊为代表。社会稳定之后，随着社会政治和经济的发展，汉武帝采取了董仲舒的"罢黜百家，独尊儒术"的思想。为了适应巩固中央集权的需要，董仲舒建立了以天人感应思想为核心的神学哲学体系，成为汉代占统治地位的官方哲学，后来他的学说吸收刑名法术，并且和阴阳家相结合，逐渐发展为谶纬之学。东汉时期由皇帝钦定的《白虎通义》一书进一步发展了董仲舒的宗教神学思想。两汉时期，和天人感应目的论对立的是以扬雄、桓谭、王充等人为代表的唯物主义思潮，他们将"天"还原为"自然之天"，将"人"规定为"倮虫之长"，将世界的统一性归于物质性的"气"。王充对天人感应目的论和谶纬迷信等进行了系统的批判，他所建立的天道自然的朴素唯物主义体系，是这个时期哲学思想的最高成果。

秦汉哲学为什么会出现纷繁复杂的新局面？

秦汉时期多次出现儒法或儒道对立

与斗争的局面，但是，从统治阶级的角度来说，"崇尚黄老"和"独尊儒术"，实际上都是兼采名法、阴阳等各家学说，采取了以霸王道杂之"的基本原则，都是为了维护自己的统治。黄老之学是对老子思想的发展和改造，并且还吸收了法家的思想，属于温和的法家，这有利于暂时缓和汉朝初期的阶级矛盾与恢复经济的发展。汉武帝采取的"独尊儒术"的政策、神秘的谶学、王充等人的反正统派哲学思想的出现以及佛教的传入、道教的建立，使哲学思想呈现出复杂的新局面。

秦汉哲学为什么会有关于天人关系的讨论？

关于天人关系的讨论。先秦的新兴地主阶级为了取得政权，用唯物论动摇了奴隶主贵族制造的天命鬼神观念，汉代的封建统治阶级为了巩固自己的政权，又创立了崇信天命鬼神的新形式。天人关系的问题是秦汉哲学的中心问题，董仲舒以儒学为宗，吸收阴阳五行学说，建立了以"天人感应"为核心的神学唯心主义思想体系，宣称天是百神之大君。认为人本于天；天人相类，人副天数，天人相互感应；"王道之三纲，可求于天"。董仲舒的这种天人思想为流行于两汉的谶纬之学迷信提供了理论基础。以王充为代表的唯物主义思想家对谶纬迷信进行了强烈的抨击。王充在《论衡》之中系统分析批判了当时流行的各种迷信。他以"天道自然"的观点反驳"天地故生人"的神学目的论，指出天地生人生物都是自然而然的，天没有意志也没有情感。

关于形神问题的实质是什么？

关于形神的问题实际上是讨论人的肉体与灵魂、生理与心理的关系问题，最早起源于先秦，汉代思想家则在先秦理论的基础之上进一步进行了讨论，桓谭提出烛火之喻，认为形神关系犹如烛火的关系，火不能离烛而独存，神也不能离形而不灭。王充在桓谭的观点的基础之上进行了发展，以比较充足的理由，证明"人死不为鬼"。

关于古今问题的讨论经历了什么样的变化？

关于古今之变的问题是从汉初的陆贾和贾谊开始的，他们都十分重视总结历史经验。司马迁提出"通古今之变"，把它作为哲学思想应解决的重要问题。董仲舒认为历史本质上是不变化的，虽然形式上按"黑、白、赤"三统循环变迁，周而复始，但是"王者有改制之名，无易道之实"。扬雄认为历史有因有革，肯定继承和变革都是必要的。王充反对复古主义，提出今胜于古、汉高于周的观点，认为历史的发展有必然性。东汉末，仲长统否认君权神授，认为任何王朝都有其由盛至衰、至灭的过程，把这视为历史演变的"大数"。从整体上来说，汉代进步思想家，大多数都承认历史是变的、进化的，并且对影响历史发展的经济因素和百姓的作用有所探索。

什么是黄老思潮？

黄老之学是战国时期的哲学、政治思

第二章 武帝拍板、儒家独大的秦汉

想流派，该学派因为尊称黄帝和老子为学派创始人而得名，出现于战国兴盛于西汉初期，虽然假托黄帝和老子的思想，但是实际上是道家和法家思想结合，同时吸取了阴阳、儒、墨等诸家观点而成，刚开始的代表人物是河上丈人、安期生等。

黄老之学假借传说之中的黄帝之名的意图是更好地进行整治改革，从思想实质上来说，黄老之学实际上是以老子的学说为基础，是老子哲学在政治社会现实面所运用的典型。但是黄老之学和老庄哲学所代表的道家思想不同，该派的思想体现于《黄帝四经》，集成于《淮南鸿烈》。在《黄帝四经》之中有许多引用范蠡的话，所以黄老之学的起源和范蠡有着很深的关系，除了范蠡之外，对于黄老之学的发展起作用的还有齐国的稷下学宫，因为齐国的王族田氏尊黄帝为高祖，所以稷下学宫成为黄老之学的发展中心就没什么值得奇怪的，并且因为稷下学宫在当时的影响力非常大，所以聚集了一大批黄老学者，对于黄老之学的发展规模及影响作用非常大。黄老之学的发源地在齐楚，《史记》之中就有记载：慎到、田骈、接子、环渊都学习黄老之术，而除了慎到是赵国人之外，剩下的三人都是齐楚两国的人，并且近代出土的黄老之学的文献也大多在齐楚之地，这也为黄老之学发源于齐楚提供了证据。

西汉是历史上极为推崇黄老思想的时代，继承的主要是稷下学宫所衍生出来的北派的黄老思潮，这一派的传承顺序是河上丈人——安期生——毛翕公——乐瑕公——乐臣公——盖公——曹参。安期生是齐国人，毛翕公是齐国附近的鲁国人，乐瑕公、乐臣公是乐毅家族之后裔，是由赵国逃到齐国的人，盖公和曹相国曹参也是齐国人，而曹参是汉初倡导黄老的首要人物之一。从刘邦登基到董仲舒提出罢黜百家、独尊儒术的思想为止，前后共计69年的时间，是汉代黄老思想盛行的时期，最具代表性的著作是《淮南子》一书。

黄老思想的具体内容是什么？

黄老思想提倡无为而治，具体到律法和政策之上，就是依法治国。西汉初年的律法是萧何精减秦律后的律法，也就是萧何制定的汉律九章，删除了秦法的苛繁、严酷，使法令更加的简明，这个时候已经和秦时的严刑峻法有了很大的区别，更适合人们的休养生息。在宽松的律法基础之上，只要不触犯律法，官府就不会干预民间生产生活。法律是天子与庶民共同遵守的法律，这个时期曾经发生了两著名的贵族案件——"犯跸"案和"盗取玉环"案，汉文帝同意了廷尉张释之公平裁决的决定。

黄老之学无为而治是以法律严明前提之下的君无为，而臣子有为。具体到西汉初年的政策之上，就是皇权和相权分开、皇室和朝廷分开。皇帝是国家唯一最高统治者，是国家的象征。朝廷主掌国家的实际政权，负责一切的实际责任。朝廷的最高首领为丞相，其次便是主掌军权的太尉，太尉为国家的最高武职，有带兵权，没有调兵权，再往下就是主掌监察权的御史大夫。丞相、太尉、御史大夫就是汉初的三公，而皇权和相权也由此分开。皇帝

中华哲学千问

信奉黄老的曹参

作为国家最高统治者，权力有限。汉初皇帝有六尚，分别为尚衣、尚食、尚冠、尚浴、尚席和尚书。尚是掌管的意思，相当于秘书，而尚书台相当于秘书处。六尚之中，只有尚书是管理文书，是真正的秘书，这个时候皇帝只有六尚组成的秘书处，皇权相对比较小。黄老之术的无为，皇权和相权分开，皇室和朝廷分开，是以"有为"前提下的无为，是君无为，而臣有为，是一种君主驭臣下的统治之术，也可以说是无不为。

黄老之学无为而治，是以民为本的主旨，与民休养生息的国策。轻徭薄赋和与民休养生息，就是要减轻民的负担，西汉初年采取了历史上少有的低税政策。

汉初儒学为什么会提出改革？

从秦始皇接受李斯的建议，焚毁了记录百家言论的书籍，又在咸阳郊外坑杀了四百多名诽谤他的儒生开始，儒家的势力开始显现颓废之势，出现了法家独大的局面。秦始皇没落之后，天下大乱，楚汉争霸最后由刘邦取得了胜利，他靠着儒生叔孙通和他的一班弟子制定了汉王朝的典章制度和礼仪规范，同时授予了他们博士官的官职，这个时候看起来儒家应该再次兴起，但是因为当时特殊的社会环境和统治者的心态问题，黄老之学的无为而治思想逐渐地成为统治的主流。虽然儒生在当时只是为汉王朝提供了一套礼仪规范，在出身流氓的统治者刘邦的眼里是没有多大用处的，虽然表面上看他也启用了一批儒学，但是都没有得到重用。汉初的社会

叔孙通

第二章 武帝拍板、儒家独大的秦汉

情况，使儒学要想成为主流就必须要改革。

汉初儒学改革的先驱和代表人物都有谁？

被司马迁称为"汉儒之宗"的叔孙通是促成汉初儒学变通的一个重要人物。他原来是秦朝的博士官，后来投奔了刘邦，成为刘邦手下的一名重要谋士，汉朝建立之后，他利用自己的专长，参与制定了汉家的典章制度和各项礼仪，而且推荐了他的弟子们担任博士官，自己担任太傅，进而使儒家拥有了一席之地，对儒学的生存和发展功不可没。

陆贾是和叔孙通同时代的人物，他是促成汉初儒学变革的关键性人物，他首次将儒家的思想与道家的思想融合起来。陆贾总结了秦亡的教训，向刘邦提出了"马上""马下"攻守异术的建议，认为汉王朝在建立政权后应该根据"守"的需要，以儒家的道德、德教作为政府政策的指导思想。

文景时期，儒家学者除了吸收黄老之学的无为思想之外，还吸收了阴阳家们的"五德终始说"的内容。这个时候儒学和儒生们的地位已经稳定下来，同时因为地方诸侯王势力尾大不掉，中央为稳固统治而有意采取一些主动的措施，进而影响到了学术方面。文帝时期，儒生贾谊先后向文帝上了《过秦论》、《论积贮疏》、《治安策》等文章，主张强干弱枝，削弱地方王侯势力，改变服色和正朔等。文帝非常赞成贾谊的意见，但是却因为受制于朝中大臣，而没有能够实施这些措施，没有多长时间，贾谊又被外放为长沙王太傅。但是这个时候儒学已经在黄老之学占据统治地位的朝廷之中形成了一定的影响力。

古文家和今文家分别指的是什么？

今文经学和古文经学是西汉末年形成的经学研究中的两个派别。"今文"和"古文"在刚开始的时候指的两种字体。"今文"指的是汉代通行的隶书，"古文"指的是秦始皇统一中国以前的古文字。从战国到西汉，中国文字发生了两次大的变化，战国时流行的是大篆，但是各国所用差异非常多，秦始皇统一六国之后，将文字统一为小篆。汉代又将小篆简化为隶书。传授经典的学者，所持书稿是用秦代以前的古字写的就是"古文家"，用隶书写的便是"今文家"。

同为儒家学派的古文经学和今文经学为什么会出现对抗？

古文今文争论的实质问题在于谁是经学的正统和如何统一经学的思想，而两者的不同表现在许多方面，不仅经书的字体、文字、篇章等形式上不同，在经书中重要的名物、制度、解说等内容上都不相同。今文经学接近哲学，强调"经世致用"；古文经学接近史学，讲究考据。在东汉时期，两者之间还有有神论与无神论、政治与学术的区别。今文古文两派的溯源可以追溯到先秦儒家的两派，今文学派是先秦儒家理想派的继续，古文学派是先秦儒家现实派的继续，换句话说就是，今文学派出于孟子学派，古文学派出于荀子学派。

在西汉前期，文帝、景帝时确立的齐鲁韩三家的《诗》为博士都是今文，汉武帝立五经七博士、兴太学之后，今文经成为官学。读今文经出身的官员成为封建政权主体，影响非常巨大。古文经学在西汉末期崛起，东汉光武帝排除众异设立《左氏春秋》为博士，到章帝颁行《白虎通议》的时候，标志着古文经学逐步跻身显学之列。

今文经学与古文经学的不同具体表现在哪些方面？

第一，六经内容的不同。

《诗》的不同：今文经三家——《鲁诗》、《齐诗》、《韩诗》；古文经一家——《毛诗》；

《尚书》的不同：今文经三家——伏胜、大夏侯（胜）、小夏侯（建）；古文经一种——《古文尚书》；

《礼》的不同：今文经三家——大戴（戴德）、小戴（戴圣）、庆氏（庆普）；古文经两种——《逸礼》、《周官》（周礼）；

《易经》的不同：今文经四家——施雠、孟喜、梁丘贺、京房；古文经两家——费氏《易》、高氏《易》；

《春秋》的不同：今文经三家——严氏（严彭祖）《公羊春秋》、颜氏《公羊春秋》、《谷梁春秋》；古文经三家——《春秋左氏传》、《邹氏传》、《郏氏传》；

六经之中的第六经《乐经》，一般被认为只有乐谱，没有文字，并且毁于秦火，所以只有五经。

第二，六经排序的不同。

今文排序：《诗》、《书》、《礼》、《乐》、《易》、《春秋》；

古文排序：《易》、《书》、《诗》、《礼》、《乐》、《春秋》。

第三，对待孔子和五经的态度不同。

今文经学尊孔子为给后世制法的"素王"；古文经学认为孔子是"先师"。今文经学家认为《六经》皆为孔子所作；古文经学家认为六经是古代史科。今文经学家认为汉代五经均为全本；古文家认为五经是秦火残余，其传述多不可靠。

今文经学的代表人物有董仲舒、司马迁等，古文经学的代表有刘歆、班固、扬雄、桓谭以及东汉绝大部分儒学大师。

什么是谶纬之学？

谶纬，是中国古代谶书和纬书的合称，主要出现在两汉时期，尤其是东汉更是成为官方神学。

谶纬是由谶和纬两部分组成的：谶是秦汉间巫师、方士编造的假托神仙圣人预示吉凶的一种隐秘的语言，谶书就是占验书；纬是相对于"经"来说的，它是汉代附会儒家经义而衍生出来的一类书，被汉光武帝刘秀之后的人称为"内学"，而原本的儒家经典反而被称为"外学"。所以谶纬之学实际上更多的是一种将经学神学化的学说。

谶与纬作为神学预言，在实质上两者没有特大的区别，但是从产生的先后顺序来说，就是谶先于纬。汉代以前在燕齐一带的方士中就造有"谶语"。秦始皇的时

第二章 武帝拍板、儒家独大的秦汉

有依靠图谶而称帝，取得政权之后，发诏颁命、施政用人也引用谶纬。公元56年，汉光武帝还正式"宣布图谶于天下"。谶纬之学于是就成为东汉统治思想的重要组成部分，具有高度的神圣性。那个时候朝廷用人施政和各种重大问题的决策，都要依靠谶纬来决定；对儒家经典的解释，甚至也要向谶纬看齐。谶纬在汉代的流行，是与汉代思想界天人感应、阴阳灾异泛滥有着重大的关系，而谶纬与经学的结合，更是加快了汉代经学神学化的脚步。

谶纬之学在东汉政治、社会生活与思想学术方面都产生了十分重大的影响，在东汉末年逐渐呈现衰败之势，这是因为谶纬本来就是人为制作的，可以被一些人利用来散布改朝换代的政治预言，统治者也因此而逐渐认识到其中的危险，魏晋以后就多次对其进行禁止。隋炀帝正式禁毁之后，谶纬之书大量遗失。

谶学之学充满了非常浓重的神学迷信色彩，所以它注定不可能和儒家经典长期并行，所以很快就从经学之中被剥离出来，但是实际上，谶纬之学中还有许多的天文、历数、地理等方面的古代自然科学知识，谶纬之学具有哲学意义的理论主要是易纬之中的象数之学。

天象图谶

候，方士卢生入海求仙，带回了《图录》一书，中有"亡秦者胡也"的谶语。《史记》之中也载有《秦谶》。

谶纬之学主要以古代河图、洛书的神话、阴阳五行学说及西汉董仲舒的天人感应说作为理论依据，将自然界的偶然现象神秘化，并看成是社会安定的决定因素。它适应了当时封建统治者的需要，所以在当时非常的流行。谶纬之学在魏晋后日渐衰落，宋朝之后谶纬之书更是受到历朝查禁，所以保存下来的只有非常少的残篇，有明《古微书》、清《七纬》等辑本存世。

迷信的谶学为什么能够成为东汉的官方神学?

在两汉交替之际，王莽和光武帝刘秀

为什么白虎观会议之后，今文古文经学的地位会出现逆转?

白虎观会议之后，经过董仲舒和众多儒生的努力而居于官学地位的神学经学（也就是和谶纬迷信相结合的今文经学）盛极而衰、逐渐没落，同时，处于私学地位的古文经学的势力却日益强大，越来越占据优势

39

主持白虎观会议的汉章帝

地位，并且最终取代今文经学而上升到支配地位。古文经学和今文经学的这种地位的转变的原因有两个：第一，东汉士子入仕的时候，不再通过今文经学的途径，而是通过察举和征辟的途径，所以，他们对今文经学也就失去了以前的那种激情；其二，今文经学太繁琐，并且从西汉谈论灾异发展到谈论谶纬，迷信成分越来越多，使它越来越缺少学术性，所以，对于严肃的学者来说今文经学逐渐丧失了吸引力；反之，古文经学不仅迷信成分较少，甚至于斥责今文经学讲"谶纬"的做法，同时还十分强调研究文字训诂对治经的重要性，加上古文经学的训诂简明不繁、学术性强，所有这些对试图远离腐朽政治的知识分子来说无疑具有巨大的吸引力。

东汉末年出现的批判思潮的特征是什么？

在官方神学走下坡路的时候，东汉的学术界、思想界兴起了一股强大的怀疑神学经学的社会批判思潮。这股思潮的主要特征有：第一，它代表了当时社会以下层知识分子为主体的思想倾向，与流行于朝廷官场上层的传统经学相对立；第二，它继承了王充"疾虚妄"，无情揭露和大胆批判神学唯心主义、天人感应目的论的批判精神，重点放在揭露和批判社会政治的阴暗和弊端之上；第三，它没有以某种学说为中心而形成一个统一的意识形态，是和群众性的社会舆论息息相通的、自发性的各抒胸臆各自成家的杂多思想的汇合；第四，它积极地维护封建秩序和纲常名教，与传统经学貌离神合；第五，因为它集中关注社会政治问题，所以哲学思想显得相当的零碎杂乱，而当时的时代正好是战乱不断的时期。

西汉初期，两次说服赵佗的儒家学者是谁？

陆贾，楚国人，西汉政治家、文学家、思想家，大约出生于公元前240，平定了南越，参与诛灭诸吕、迎立文帝，劝说赵佗废去帝号，使刘邦改变了对儒生的轻视态度，在公元前170年去世，他的代表作是《楚汉春秋》、《新语》。

陆贾，早年的时候跟随刘邦平定天下的儒学之一，非常擅长口才，经常替刘邦出使诸侯国。刘邦在刚刚建国的时候，非常重视武力而轻视诗书，自认为自己"居马上得天下"而骄傲自得，陆贾当面劝谏他重视儒学，提出"行仁义，法先圣"的观点和"逆取顺守，文武并用"的统治方略。刘邦虽然出身流氓，但是为人还是非

第二章 武帝拍板、儒家独大的秦汉

陕西陆贾墓

常聪明，他看到陆贾说得严重就让陆贾总结秦朝灭亡的原因，陆贾写了12篇文章，每一篇都得到了刘邦的赞赏，所以他的书就被命名为《新语》。

《过秦论》的作者是谁？

贾谊，别名贾长沙，西汉初年著名的政论家、文学家，公元前200年出生于现在的河南省洛阳市东，公元前168年英年早逝，代表作有《过秦论》、《论积贮疏》、《陈政事疏》等。

贾谊，18岁的时候就已经是名声在外，20岁的时候经过河南郡守吴公的推荐成为博士，不到有一年就被提升为太中大夫，但是因为他升职升得太快而遭到了群臣的嫉恨，结果就被贬到长沙担任长沙王的太傅，后来又担任梁怀王太傅，梁怀王坠马而死之后，贾谊深深自责，一直到33岁的时候死于忧郁。

贾谊生活的时候已经是西汉立国二十多年的时候，当时国力逐渐强大，但是诸侯的权利越来越大、土地兼并问题越来越严重。对于当时非常流行的黄老思想，贾谊抱着审视的角度去查看，他主张用儒家"治国安邦"的政治思想去明礼义、定制度，健全封建上层建筑，加强中央集权，进而弥补黄老不干涉主义政治思想的不足。

是谁改变武帝的想法将儒家推到了独尊的地位之上？

董仲舒，汉代思想家、哲学家、政治家、教育家，今文经学大师，公元前179年出生于现在的河北省景县，他概括儒家思想为"三纲五常"，并且使其成为官方哲学，公元前104年离开人世。

董仲舒是西汉著名的唯心主义哲学家，他在汉景帝的时候担任博士，负责讲授《公羊春秋》，在汉武帝时期他先后担任江都相和胶西王相。汉武帝登基之后，下诏征求治国方略，董仲舒在著名的《举贤良对策》之中系统地向武帝奉上"天人之策"，以"天人相与"的观点回答了汉武帝关于政权的正当性问题，又以"罢黜百家，独尊儒术"的主张为正致力于对汉初的"无为而治"进行"更化"，以使中央集权获得强化的汉武帝的赏识。董仲舒在公元前121年从胶西王相的职位上辞职回家，专心立书，但是朝廷每次有大的议事，都会让使者及廷尉到他家询问。

董仲舒以《公羊春秋》为依据，将周代以来的宗教天道观和阴阳、五行学说结合起来，吸收了法家、道家、阴阳家思想，建立了一个全新的思想体系，对当时社会所提出的一系列哲学、政治、社会、历史问题，给予了较为系统的回答，被官方视为统治哲学，他的教育思想和"大一统"、"天人感应"理论，为后世封建统治者提供了统治的理论基础。

谁同时位列三字经的五子和汉赋四大家？

扬雄，字子云，西汉末年重要的思想家、哲学家、文学家，三字经之中的五子之一，汉赋四大家之一，公元前53年出生于现在的四川成都郫县友爱镇，公元18年离世。著作有《太玄》、《法言》、《方言》、《训纂篇》。

扬雄，本名杨雄，因为好奇而标新立异改姓扬。他年少的时候非常好学，博学多才，但是却有口吃的毛病，所以非常擅长深思。40岁的时候，扬雄开始到京师游历，被大司马王音召为门下史，推荐为待诏，后来经过同乡的推荐而被喜欢辞赋的成帝召入宫廷。扬雄的官位一直非常低，历经成帝、哀帝、平帝三朝而没有变换过官职，王莽篡政之后，他被命令在天禄阁校书，后来受到他人的牵连，即将被捕的时候选择跳楼自杀没有成功，后来被征召为大夫。

扬雄是古文学派的成员，他的观点是自然主义宇宙观，他的著作《太玄》在很大程度上充满了"反者道之动"的思想，《法言》是他攻击阴阳家的作品，这两部作品都具有非常明显的唯物主义和无神论倾向。

东汉的哲学家谁因为反对谶学而险些丧命？

桓谭，字君山，东汉哲学家、经学家、琴家，公元前23年出生于现在的安徽濉溪县西北，公元50年离世，代表作有《新论》。

桓谭，爱好音律，擅长演奏琴和鼓，精通五经，喜欢批判庸俗儒生，在汉哀帝和汉平帝在位期间，职位从来没有超过郎官，王莽的时候担任掌乐大夫，刘秀即位之后，担任议郎给事中，但是因为坚决反对刘秀喜欢的谶纬神学，被光武帝斥为"非圣无法"，险些遭到处斩，后来被贬出京，病死在去六安郡任职的路上。

桓谭将烛干比作人的形体，将烛火

扬雄故里

第二章 武帝拍板、儒家独大的秦汉

的精神，提出了"以烛火喻形神"的著名论点，断定精神不能离开人的形体而独立存在，就像烛光之不能脱离烛体而存在一样。他的思想对后来的无神论思想发展产生了深远影响。

因为买不起书而在书市学习的东汉大儒是谁？

王充，字仲任，东汉著名思想家，公元27年出生于现在的浙江上虞，大约在公元100年去世，著作为《论衡》。

王充在非常小的时候就表现出非凡的智慧，他8岁的时候就能一字不差地背诵《论语》、《尚书》等典籍。15岁的时候，王充来到京都洛阳深造，系统地研究了儒学的经典篇章，之后因为出身卑微，并且多次和上级争论而愤然辞职回家潜心著书，终于成为中国少数的古代唯物主义思想家之一。

王充年少的时候就成了孤儿，他在京城求学期间，曾拜班彪为师。因为买不起书，所以他就经常在洛阳集市上的书店闲逛，因为他有过目成诵的本领，所以他就逐渐地精通了百家之言。

虽然是庶出却大受皇甫规欢迎的思想家是谁？

王符，字节信，东汉政论家、文学家、进步思想家，大约在85年出生于现在的甘肃镇原，于公元163年左右去世。他的代表作是《潜夫论》。

王符，是庶出之子，在汉朝嫡庶分别非常明显，庶出子弟是没有任何地位的，更不能继承任何的家产，所以史书之中对

王符雕像

于他的记载是"无外出"，就是没有亲戚的意思。

王符的一生都隐居著书，崇俭戒奢、讥评时政得失。因为"不欲彰显其名"，所以将所著书命名为《潜夫论》。王符思想深刻、观点鲜明、文笔犀利，给人一种淋漓畅快的感觉。王符和张衡、马融、皇甫规等人是好友，皇甫规解官回乡的时候，冷落退职太守，而热情欢迎王符。

王符的《潜夫论》和王充的《论衡》，都是私家著作，不属于石渠阁或白虎观里的经院学术。但是却开启了抨击社会黑暗之风的风气，在他之后出现了许多的政论家，最出名的有王符的好友，涿郡崔瑗的儿子崔寔，著作题名就是《论政》；还有兖州仲长统，著作题名《昌言》，魏晋时代，人们可以纵谈古今的风气，基本上可以说是可以归功于王符的启迪。

王符的思想，从整个系统方面来说，和王充的思想有着前后继承关系的。从天道天命与人性，经过知识论与逻辑，甚至是对于社会政治的批判，王符都建立了自己的理论。

43

陆贾的天人思想是什么？

陆贾在哲学之上提出了宇宙万物都是"天地相承，气感相应而成者"，反对神仙迷信思想，但是同样有圣人"承天诛恶"和天人感应的神秘思想。陆贾的思想从整体上来说以儒家的仁义为本，带有较浓的折衷色彩，并且是从一开始就提出了根本性的转变指导思想的问题。

陆贾的仁义学说是什么？

陆贾的仁义学说是从总结秦朝灭亡的原因展开的。他认为秦朝的失败主要在于将"法治"运用到了极端，使老百姓没有办法生活，而生怨、反抗。在他看来，法令只能诛恶，不能劝善。要真正使百姓顺服，必须要用仁去感化百姓。

陆贾著作《新语》之中的12篇文章都是为了论证仁义是治国之本，圣王就是因为实行仁义德化而使国家大治。仁义是万世不变的法则，是治理国家最好的指导原则。但是陆贾并不完全否定法的作用，他主张将法用作仁义的调剂和补充，为汉天下作长久计，认为应当威德并施，施行宽舒的政策，就可以达到不治之治的效果。陆贾是西汉之初第一个总结秦朝灭亡的经验教训，明确主张革秦苛法，化为仁义之治的思想家。

陆贾的无为思想有什么特点？

受到西汉初年流行的黄老思想的影响，陆贾《新语》的每篇文章都带有"无为"的色彩。陆贾的"清静无为"主张和"至德之世"理想和道家老庄思想有着很大的不同，老庄哲学立足于自然，否定道德文化和教育的作用，倾注于成败、祸福、得失的研究；而陆贾思想的根本点是创造和前进，实行仁义之治。虽然吸收了黄老之学的思想，但是陆贾本身没有被黄老的无为所左右，他用儒家的道德仁义抽换和修正了黄老学说消极的一面。他建议统治者应多考虑民心的向背，减轻剥削，减轻刑罚。他要求统治者靠"德"去争取民心，不要用刑罚去招致怨恨。

贾谊的治世思想的性质是什么？

贾谊的治世思想是基于对亡秦之弊的反思。他认为秦始皇、李斯的"事统上法"和急政暴刑的治国模式应当彻底抛弃，汉初黄老的"清静无为"也不适应现在的情况，也应当放弃。在反对黄老无为的同时贾谊提出一系列的治国主张，而这些几乎涉及从政治法律制度到伦理道德观念等治世方略的所有层面，核心思想就是属于儒家。

贾谊塑像

第二章　武帝拍板、儒家独大的秦汉

什么是春秋大一统思想？

董仲舒的全部哲学都是为了汉王朝的封建专制统治而提出的，为了适当时形成的封建一统的政治局面，他提出了一系列的主张，措施，这些思想被称为"春秋大一统"思想。

董仲舒的政治统一和思想统一的观点，是在总结前人的经验教训的基础之上，尤其是秦朝灭亡的经验教训的基础之上而提出来的，他充分认识到政治统一是历史发展的必然和思想统一对于政治统一的作用与意义，同时也充分估计到思想统一不是用简单粗暴的办法就能完成的事情。所以，董仲舒用非常慎重和小心的态度妥善地处理了政治统一和思想统一的问题，巩固了地主阶级封建统治，完成了春秋战国以来所提出的历史任务——中国必须统一与建立地主阶级专政。

为什么董仲舒能够使儒家独尊？

董仲舒和孔子、朱熹并列为中国历史上三位大思想家。他使儒学从诸子百家之一而成为独尊，由一家融汇百家，在承前启后的过程之中起了非常关键的作用。他的学说之所以能够产生如此深远的影响，最大的原因就是他适应了当时的时代及社会背景。

西汉取代秦朝建立了中央集权制国家之后，在经过了早期的黄老之学指导之下的调整之后，社会开始趋于稳定，出现了"文景之治"的良好局面，但是统治阶级内部集团之间争权夺利的斗争却是接二连三地发生，从刘邦时期的代相国陈希造反，到诸吕作乱，再到文帝时期诸侯更是竞相扩大实力，各自为政，威胁着中央集权。贾谊、晁错都纷纷上书要求削藩，可惜却致使吴楚七国谋反，晁错反倒成了替罪羊。在政局不稳的情况下，董仲舒认为要用一种学说来统一思想，巩固中央集权制度，稳定政局。

董仲舒大一统思想的根据是什么？

为了达到自己的目的，身为儒家学者的董仲舒开始从儒学经传中寻找"大一统"的根据。他在《春秋》之中找到了"元"这个字眼，并且根据《公羊传》的解释得出大一统是宇宙间普遍的原则，无处不在，无时不有的结论。大一统到底是什么意思呢？董仲舒认为王介于天人之间，人统一于天，必先统一于王。董仲舒认为国家人民是国家的身体，一国之君就是"一体之心"，换句话说就是全国人民都有要服从国君，国君顺从上天。整个国家先统一于国君，然后再统一于天。在人世间，天子有至高无上的权威。这是典型的君权天授的思想。

董仲舒读书剪纸

45

董仲舒的大一统思想包含哪些方面？

董仲舒的大一统思想包括政治和思想两方面。他将一切统一于天的思想加以衍化，变成了"王道三纲"理论，将整个封建社会组织在一个严密控制的系统里，皇帝是这个系统的主宰者，也是控制肢体的"心"。对于思想方面，董仲舒认为也要实行"大一统"。他在《天人三策》中说：统治者没有统一的思想作为指导思想，法令、制度、政策，就不能保持一贯性，出现朝令夕改的现象。法令和制度是要人民遵循的，如果经常变动，人民就不知道要怎么遵循，社会就会混乱。他认为思想应该统一于孔子为代表的儒家，这样就可以有统一的指导思想、明确的法度，人民就知道应该遵循什么。

董仲舒大一统思想有什么重要意义？

董仲舒建议独尊的儒家，是"霸、王道杂之"的儒家，是融合了各家各派思想的儒家。也是因为这样，儒家是吸取了各家各派之长作为自己的组成部分，而各家各派的有用思想，也都在儒家的名义下保存了下来。儒学能够独尊和统一各家各派的原因还有《六经》以教育为主，也被称为"圣化"。同时《春秋》的一个重要思想就是仁与义，也就是严于律己、宽以待人。这些情况综合起来使董仲舒的"罢黜百家，独尊儒术"的主张，既能为各家各派的知识分子所接受，又能得到汉武帝的赞赏和支持，于是，真正实现了思想上的统一。

从董仲舒开始，孔子就被封建社会奉

董仲舒像

为圣人，具有绝对的权威。儒家思想也取得了意识形态中主流派的正统地位。儒家的思想在两千年的历史发展中处于主流地位，和汉朝统治者对其的神化与抬高有着极大的联系。

天人感应思想有什么重要意义？

董仲舒对于天人关系的见解是董仲舒由其世界观过渡到其历史观、伦理学、政治论及政治主张的桥梁。首先，董仲舒以为人类的存在是宇宙自身完成的不可或缺的基本构成部分。在这里他提出了著名的"人副天数"的命题，也就是人的形体骨肉、耳目、经脉、喜怒哀乐,等一切都和天相对应，比如说耳目对应日月，经脉对应山川河谷。同时宇宙的主宰者天，按照自

己的构造，创作了人类，使之灵长万物，代行自己的意志。作为天的创造物的人类，在宇宙中的位置是异常重要的。人类虽是天之骄子，有"绝于物而参天地"的特权，但是却只能顺天之命，而不能逆天之志。

董仲舒的天人感应论有丰富的系统思维，也有简单的比附，但是应当注意他的目的在于论证封建伦理纲常的合理性与合法性，论证封建法统的神圣性、合法性。天人感应论将儒家学说和阴阳家的学说结合起来，为两汉时期谶纬思想提供了理论基础。

什么是性三品说？

性三品学说是董仲舒提出来的人性论，他将先秦时代孟子的性善论与荀子的性恶论的两大学说体系融合起来，认为人性从总体上分为仁（善）和贪（恶）两大特性，造成这种善恶区分的是因为"天副人数"，也就是天意造成的。天赋的仁和贪按照不同的比例附加到不同的人身上，于是就形成了三种人、三种品性：第一种是先天性善、不教而成的上品"圣人之性"；第二种是先天性恶、教也不善的下品"斗筲之性"；第三种是先天有善有恶、教而后能善的中品"中民之性"。

在董仲舒的性三品论之中，他用有善有恶的中民之性将孟子的先天性善和荀子的后天性善比较完美地融合，先天性善配合他的天人感应学术，共同维护封建纲常人伦的绝对属性，后天性善说明了明君统治和教化的必要性，两者是缺一不可的。董仲舒的性三品以更加系统化方式奠定了

中国人性论的核心价值，这一理论对于中国人的集体人性和人格的养成有着非常深远的影响。他的德治思想，是对以孔、孟为代表的先秦儒家的政治思想的继承；这种思想，也是我国自汉唐至明清封建统治阶级的政治思想的主流。

董仲舒为什么提出性三品说？

董仲舒认为人性仁而人情贪；人的仁性是天的阳的方面的体现；人的贪情是天的阴的方面的体现。然后他根据"天人之际，合而为一"的天人同道原理，指出人应该像天禁御阴那样，禁御其情欲。禁御情欲必须靠施行道德教化。在董仲舒看来，人虽有仁性而可以为善，但是，难免会受到社会的影响，所以一定要实行教化，对于谁来教导的问题，他提出了性三品说。

董仲舒的历史观有哪些内容？

从董仲舒的思维方向来看，他是以维护既成的社会秩序为目标，以"奉天法古"为旗帜，在"守成"的前提之下，而实行必要的改良，也就是说既要"改制"，又不"易道"，这种改制不易道的历史观，集中表现为三统循环论，其中，又以新王必改制、文质互救、五德终始和三统三正为主要内容。新王改制、文质互救都是历史发展的总体框架不变的三统三正原则下进行的。

什么是改制不易道思想？

董仲舒就是在新王必改制思想的基础之上，提出了"改制不易道"的思想。

首先，董仲舒举起了"奉天法古"的旗帜，要求新王改制。他强调要鉴往察今，改革制度，这样才能符合天命。通过改革制度，来表明君主"受命于天"所以，新王必须换新居，改年号，换服色。这也是改制的主要内容。然后他又强调"改制"不"易道"。他声明大纲、人伦、道理、政治、教化、习俗、文义这些就没有必要改了。董仲舒的这种改制不易道的思想，在国家统一、政权稳定的时代条件下，较好地解决了思想文化、制度文化的继承与变革的关系。保存基本的思想文化、制度文化的同时，根据时代条件的变化，改革旧制，注入新的生命力，以增强固有体制的活力。更重要的是它还可以约束、激励统治者，缓解以至消融社会矛盾，安定社会秩序。

什么是文质互救？

文质互救是在董仲舒的思想之中和新王改制紧密联系的问题。按照一般的理解，文指文采，质指质性、本质，二者间的关系是形式与内容的关系。董仲舒说的文质范畴是用来解释政治变革和王朝兴废的。他赋商朝以质，赋夏朝以文，通过商质夏文的比喻，演绎出质文互变并且互救的原理，进而为其新王改制、三统循环的历史发展观张目。根据这种质文互变的原理，董仲舒宣传王朝的新旧交替，制度的前后嬗变，就非常合乎情理了。

什么是三统三正的历史观？

"三统""三正"的学说是董仲舒为了论证汉王朝统治的必然性和合理性而提出了复古主义的循环论的历史观。

三统三正的理论，来源于公羊为论证"大一统"的合理性而创立的"三世"说。"三世"，也就是"所见"世，"所闻"世，"所传闻"世。三世自有其治乱兴衰的内在秩序和必然性，分别是太平、升平、衰乱社会。而由衰乱到升平再到太平，是历史演进的必然规律。在这个三世说的基础之上，董仲舒提出了"三统"、"三正"的学说。三统，是夏商周三代的正朔的合称。夏正建寅，以正月为岁首，称为人统；商正建丑，以12月为岁首，称为地统；周正建子，以11月为岁首，称为天统。每一统崇尚的颜色不同，夏商周三代分别崇尚黑、白、赤，所以三统也是黑统、白统、赤统的代称。三正，是我国古代历法周正、殷正、夏正的合称。三正分别以建子、建丑、建寅三个月的朔日为岁首。建，指"斗建"，也就是北斗所指的时辰，由子至亥，每月迁移一辰。

董仲舒的三统说吸收了五德终始说的思想成分，将五行与阴阳扭结为一，作为其思想体系的理论骨架，主张汉代以"土德"受命，这一观点后来为统治者和思想界所认同。

司马迁持有什么样的唯物主义自然观？

司马迁从来没有将自己的哲学观点概括成体系完整的学说，但是这并不妨碍我们理解他的唯物主义思想。司马迁除了文学家、史学家的身份之外，还有一个身份，那就是自然科学者，更确切地说是天文学者。他对于天文星历有一定的研究，

第二章 武帝拍板、儒家独大的秦汉

并且参加了武帝时代修订历法的科学工作。正是因为这种身份的影响，司马迁的唯物主义的世界观是和他的科学知识联系在一起的。汉武帝时期，阴阳五行的怪诞的神学非常流行，并且形成了专门为汉代统治阶级服务的合法的欺骗理论。坚持唯物主义观点的司马迁于是就和这些迷信的宗教观展开了斗争。他反对天人感应的神学世界观，主张掌握自然规律的唯物世界观，这就是"原始察终"和"究天人之际"的最好注脚，他运用了这条理论，批判了阴阳家邹衍，贬斥他的神学是助长了秦汉之际崇尚巫祝的迷信思想。他接受了荀子的传统，否认远古的神话。

司马迁的通古今之变的表现有哪些？

在《儒林列传》之中，司马迁委婉地记述了同样是今文经学代表、汉代神学大师董仲舒治《公羊春秋》的目的：用阴阳灾变的迷信取悦武帝。虽然字里行间并没有明白地显露对公羊学的批判，但是在《伯夷列传》之中，他却对这种神学天道观做出了深刻的讽刺。他首先谈到古代的好人有的饿死、有的灭亡，为什么一定要说成是"天之报施善人"？古代的坏人杀人竟然长寿，这又是根据什么来得到果报呢？然后他就说"近世"的汉代，坏人无所顾忌地做坏事，却一辈子享受富贵并传给子孙，但是好人言行拘谨，却大多都遭了祸灾。司马迁是依据唯物的自然史观攻击了当时居于统治地位的神学观点。这一点也是他通古今之变的最好例证。

司马迁的"形（物质）神（精神）离

司马迁

则死，死者不可复生，离者不可复反"的命题，既集中表现了他的唯物观点，而且为后来论究"形"和"神"的关系的无神论思想开创了先河。

司马迁持有什么样的道德观？

根据司马迁的朴素辩证法理论，统治阶级的法律并没有维持"盛世"，反而是"见盛观衰"，财产的集中和阶级斗争的危机就凸显出来。司马迁在《平准书》中说明了大地主没收居民的财产、土地和奴婢，使平民大量破产的情形，说明了少数特权豪强地主"贪财役贫"，使农民陷入水深火热之中的同时，还在《酷吏列传》之中最后指出了农民起义已经广泛地出现，著名的大暴动和不可胜数的暴动交织成一副汉代"盛世"的群众火山。

司马迁的道德观点也表现了他揭露

49

司马迁画像

社会矛盾的唯物观点和辩证法思想,他指出有两种道德,一种是有财富有权势者的道德,它以权力的窃取和财富的掠夺为标准。另一种是被压迫者被统治者的道德,它以平等的设施和患难的恤救为标准。

什么是《太玄》?

《太玄》在形式上是模仿《周易》的一部占筮的书。秦汉时期一些阴阳家用"象"包括所有的道来说明世界变化的法则,汉代的时候更是和阴阳五行家的学说结合起来,发展为"象数之学",提出了一套更加复杂的世界图式,说明世界的变化。扬雄的《太玄》基本上可以说成是汉代"象数之学"的改造。他批判地吸取了汉人谈论《周易》的许多说法,加入了当时天文、历法方面的知识,创造了一个世界图式,进而和官方的正统哲学对立起来。

《太玄》是怎样按照三分法发展的?

《太玄》中的"玄",在地位上相当《周易》中的"易"。但是"易"是按二分法发展的,而"玄"却是按三分法发展的。一玄分而为三,被称为方,有一方,二方,三方,总共为三方,一方为天玄,二方为地玄,三方为人玄;三方又各分为三,名之为州,每方有一州、二州、三州,总计九州;每州又各分为三,名之为部,每州有一部、二部、三部,总计二十七部;每部又各分为三,名之为家,每部有一家、二家、三家,总计八十一家。某方内的某州,某州内的某部,某部内的某家,《太玄》将其称为"首",相当于《周易》的卦。《太玄》模仿《周易》的爻象,第一方、第一州、第一部、第一家,都用"—"表示;第二方、第二州、第二部、第二家都用"――"表示;第三方、第三州、第三部、第三家,都用"―――"表示。每一首都由表示方、州、部、家的符号组成。这样的配合,总计有八十一首。每首有"首辞",相当于《周易》的卦辞。每首有九"赞",相当于《周易》的爻辞,这样总计有七百二十九"赞"。在《太玄》之中所用的数目,都是三和三的倍数。这就是"以三生"。扬雄认为,一玄、三方、九州、二十七部、八十一家和他们构成的八十一"首",及其中之七百二十九"赞",就构成一个世界图式。他认为,这个图式是事物发展和运动的纲领,事物都是一个本源分化出来,分化以后的事物虽有不同,但又是互

相联系的。

扬雄是如何将阴阳与四季联系起来的？

扬雄认为，在一年的循环之中，阳生于子（中首，十一月，冬至，正北方），极盛于巳（四月，东南）。但是极盛的时候，也就是开始衰微的时候，所以将其称为"终"，实际是只有至亥（十月，西北）才完全不发生作用。在阳气开始衰微的时候，阴气就开始发生作用。阴生于午（应首，五月，夏至，正南方），极盛于亥（十月，西北）。在阴气极盛的时候，也就是开始衰微的时候，所以将其称为"终"，实际是只有至巳（四月，东南）才完全不发生作用。在阴气开始衰微的时候，阳气就开始发生作用，阳又"生于子"。西北是阴气最盛的方位；东南是阳气最盛的方位。根据扬雄的这个思想，从天玄第一首（中首）到人玄最后一首，也就是第八十一首（养首），是一个阴阳二气消长的循环过程。一年中间，万物的兴衰，主要是因为阴阳二气的消长。

扬雄认为太玄的八十一首的次序既表示阴阳的消长，也表示五行的生克。世界的变化，不仅是阴阳二气消长的表现，也是按照五行的机械的性能进行。世界不是按着"天"的意志而发展，而是取决于阴阳、五行等物质力量的对比。这个图式和当时的天文历算的知识有密切的联系。

扬雄的辩证思想是如何反映到历史观之上的？

扬雄的历史发展观和他推崇阴阳交易的辩证思维有着极大的关系。他认为，世界上的一切事物都包含阴阳、刚柔等对立面的交互作用，进而形成了循环的永恒的变化过程。这个过程是一个新陈代谢的过程，在这个过程之中，处于上升阶段的正在发展的事物，虽然它微贱、弱小，但是却是极有生命力的；处在下降阶段正在衰退的东西，虽然它很显贵、强大，却是走向灭亡，是让人鄙视的东西。他特别重视事物更新的发展，提出了"好其所新"的崭新观点，他的辩证思维，反映到历史观之上，就形成了他关于历史发展的前进性和曲折性相统一的观念。扬雄还认为，在历史发展过程中存在着因与革的问题。他认为社会历史的发展总是有因有革，有因袭有扬弃，只要是符合时代要求的东西，就要继承保留下来，不能盲目抛弃；反之，凡是不再符合时代需要的过时的东西，就要坚决加以改革，不能固守陈规。他提出治理国家的根本制度、措施和规范，并不是固定、不可改变，而是依据时势变化的要求而制定、修改和不断完善的。

扬雄认为史学应该注意哪些问题？

扬雄认为，史学应该注意三个方面的问题：立事就是叙事；品藻就是对历史人物的品评；实录就是说要有文献及事实的根据、不虚美、不隐恶，秉笔直书、实事求是。其中以实录直书最为珍贵。扬雄主张实录直书，重视对史事和人物进行褒贬，对历史作出公正的评论，这就是他所说的"品藻"。《法言》之中他用大量的篇幅来品评人物，甚至专门辟出了《重黎》、《渊骞》两篇。《法言》的人物品评，可以分为两个部分，一是从学术史的角度所作的批评，一是从政治立场出发所作的历史性评价，但是其中都贯穿着一条准则——以儒家思想为标准。

扬雄的认识论包含哪些方面？

扬雄的认识论具有唯物主义倾向，具体内容包括以下几个方面：

第一，扬雄肯定了世界是可知的，人类有认识客观事物及其规律的能力。

扬雄认为神就是心，"神"是心的神妙功能，"潜"就是潜心研究。潜心研究天就知天，潜心研究地就知地。社会人事，都可以测知，心能够"照知"一切事物，所以世界就是可知的。人可以认识世界，运用"心"，体现出心的作用，不运用，心的功能体现不出来。

第二，扬雄认为要了解自然规律，也要善于观察，并且依照客观世界的本来面貌来认识世界，说明世界。

扬雄非常推崇"智"，并且认为"智慧"是通过观察而了解事物，所以主张要多闻多见，闻见也要有正确的原则指导，多闻见归纳于正道，这就是正确的认识。看了很多最后归结于邪道，那就是错误的认识。

第三，扬雄肯定了教育的重要性。

扬雄认为人是未经加工的材质，材质虽然好，如果没有加工就没有用，经过加工之后，材质的优点就显现出来了。这就是说，人必须经过学习，人的天生智能才可以体现出来。他认为要用明显的来检验幽暗的，以切近的检测深远的，以微小的来检验显著的。

总之，要用已知经验和事物去检验未知的道理。没有经过检验的这种言论那是"妄言"。判断言论是非以圣人为准扬雄提出来，判断言论是非应该以圣人为准。在这一点之上，他的观点有点夸大了圣人的作用，但是这是因为汉武帝以后独尊儒术孔子思想的地位得以大大提高，到了他的时代已经成为一种普遍的观点。扬雄认为最上等的学者是学了就去做，其次是学了就去宣讲，再其次是学了就去教育别人，如果学了什么也不干，那就是庸碌。

桓谭从哪些方面对谶纬提出批判？

桓谭人生最伟大的壮举就是就是当着刘秀的面批判他起兵夺权和巩固统治的谶纬之学，结果险些丧命。

光武帝刚刚起事的时候，根本就是一个早就被刘姓皇室遗忘的支脉儒生子弟，而他就是靠着预言未来事象的文字图录的谶纬之学起兵夺权和巩固统治。谶纬之学可以说是他笼络人心、夺取天下的工具。桓谭却上《抑谶重赏疏》，劝谏光武帝，谶纬的预言虽然有时候是对的，但是实际上它就像占卜一样只是一种偶然性，不足为信。同时，他还向光武帝建议，在进行统一战争的时候，应当重赏将士，使他们尽心效力，不可以听任他们勒索百姓，使兵民各生狐疑，而不能够早日安平。在这些观点的基础之上，他还反对灾异迷信，认为对于怪异现象，只要明君、贤臣等能够修德、善政"以应之"，就可以逢凶化吉。

桓谭以烛火比喻形神的论证有什么特征？

桓谭以烛火比喻形神的论证，有四个特征：

第一，烛火之喻是从《庄子》和《淮南子》而来的。《淮南子》以烛火比喻形神，火烧得越大，烛消失越快，就好像人的精神越加耗损，形体衰老越快，以此强调精神对形体的重要影响。桓谭是使用烛火之喻论证形尽神灭的第一人，对以后王充等人产生了深远的影响。

第二，桓谭发扬了荀子"形具而神生"的命题。荀子强调有形体然后才有精神，喜怒哀乐好恶等精神活动才发挥作用，在这个基础之上，桓谭进一步说明形神不可分离的思想，并明确肯定形尽神灭。

第三，桓谭的烛火之喻试图用以形神一元论的观点否定形神二元论。但是，他对形体为第一性、精神为第二性的主从关系论证没有做到清晰明确。

第四，桓谭接受《管子》的精气思想。桓谭的"精神居形体"的思想是继承先秦稷下黄老学派的精气说，认为形体就好像一间房子，精气住在里面，成为人的精神，他的思想没有完全摆脱精气论的影响，后来被佛教慧远利用。

《白虎通》是什么？

《白虎通》，又被称为《白虎通义》、《白虎通德论》，是公元79年，由朝廷主持召开的白虎观经学会议的资料汇编。当时太常、将、大夫、博士、议郎、郎官及诸生、诸儒都参与了进来，并且陈述见解，试图弥合今、古文经学的不同，最后由汉章帝亲自裁决其经义奏议，会议的成果由班固写成《白虎通》。所以说《白虎通》一直以来都被看成是汉白虎观经学会议的资料汇编，这本书既是经学发展中之产物，也是当时上自天子、下迄儒生之学术共识，具有保存当时经学样貌之典范价值，这本书是当时官方对经学的标准答案，对后世影响非常大。《白虎通》以今文经学为基础，初步实现了古文经学和今文经学的统一。

什么是白虎观会议？

白虎观会议由章帝亲自主持，参加者有魏应、淳于恭、贾逵、班固、杨终等东汉大儒，会议由五官中郎将魏应秉承皇帝旨意发问，侍中淳于恭代表诸儒回答，汉章帝亲自裁决，一直持续了数个月才停止，最后由班固将讨论结果编纂成《白虎通德论》，又称《白虎通义》，作为官方钦定的经典刊布于世。这次会议肯定了"三纲六纪"，并将"君为臣纲"列为三纲之首，使封建纲常伦理系统化、绝对化，同时还将当时流行的谶纬迷信与儒家经典糅合为一，使儒家思想进一步神学化。

政治神学是贯穿了作为汉代国家宗教的经学全书的《白虎通》的一根主线，它将政治制度、政治等级和礼仪活动等各方面都神圣化、神秘化。

《白虎通》包含了什么样的天道观？

《白虎通》继承了董仲舒重建谶纬神学发挥的以"天"为宇宙主宰的神学理

论，将"天"作为高高在上、神之又神的抽象主宰。"天"虽然是宇宙的主宰，但它却无具体的形象，虽然抽象，但是不失神性。"天"虽然有神性，但是宇宙万物并不是"天"直接生出，而是由"天"的伴生体——"地"直接生出的。地生元气，而元气是形体世界的起点，是物质世界的起点。元气就是太初，它没有形质，却是形质所由生。"天"创造宇宙物质世界的过程可以用图来表示：天→地→元气（太初）→形（太始）→质（太素）。这个世界不仅是形质的，而且有情性、含神明、容道德、纳文章，换言之，神明世界、人文道德等社会属性也是承自上天，是天意的体现。

《白虎通》包含了什么样的五行观？

《白虎通》认为五行是五种气，也就是五大类物质，这五类物质与四方结合在一起，进而天生具有阴或阳的属性：水为阴气，火为阳气，木为少阳，金为少阴，土为阴。五行就有"二阳三阴"。《五行》篇还构建了一个五行、阴阳盛衰、四季、四方、四色、五音、五帝、五神相配的庞大体系，在这个体系的指导之下，宇宙变得井然有序，完全就是一个意志的世界。

《白虎通》如何论证君权神授思想？

《白虎通》的根本目的是为政治服务，所以它构建一个烦琐而神秘的天道体系的根本目的是为了奠定一个坚实的理论基础，为人道的神圣化服务，更直接的是为人道顶端的帝王服务。为了论证帝王的神圣性，《白虎通》主要从爵号方面进行论证。

《白虎通》认为天子不但要祭天，而且还要祭社稷。天子所立的社，是为了祭祀天下土地的总神，天子所祭的稷，也是为了祭祀五谷之总神。没有土地人就没有存身之地，没有五谷人无以为食。祭祀祖宗也是不可缺少的，要为祖宗立庙。此外，还要祭五祀，五祀就是祀门、祀户、祀井、祀灶、祀中霤。门、户、中霤是人们出入之处，井、灶是饮食所从出，对人们的生活来说至关紧要。在论述了郊、社稷、宗庙、五祀之祭的重要意义之后，《白虎通》讲述了与上述祭祀活动有关的一些名目和细节，使这些祭祀活动成为东汉时期国家宗教的重要组成内容。

封禅是昭显帝王神圣受命的一种非常重要的形式。封禅是说帝王受天命统治天下大功告成，需要向他的顶头上司——天汇报工作，所以要搞封禅。

《白虎通》如何看待祥瑞灾异问题？

汉代国家神学有一个很重要的特色——宣扬祥瑞灾异。《白虎通》继承了大儒董仲舒和谶纬神学的风潮，认为天下太平，帝王承天统理，阴阳调和，万物有序，一派祥和气氛，就会符瑞同现。如果政治黑暗，人民不安，帝王治政不能尽职尽责，上天则会降下灾异，作为对执政者的警告，命令他悔过自新，改良政治。

从《白虎通》的内容看来，灾异是政

第二章　武帝拍板、儒家独大的秦汉

治不善导致的,太平盛世或圣人治世就不应该有灾异。但是事实却不完全是这样,因为尧就遭遇了洪水,对于这个问题,汉儒没有给出答案,因为他们根本就说不清。

祥瑞说是为帝王歌功颂德,帝王当然非常愿意接受;灾异说是对专制政治品头论足,这曾经被西汉的帝王说成是"诽谤政治",一些士人更是因为这件事而人头落地。但是,祥瑞和灾异根本就是一对孪生概念,事实上,从整个人类的大历史来看,祥瑞说的危害要远大于于灾异论。

王充批判的思想有什么?

在王充生活的时代,最为盛行的是唯心主义和迷信思想,人们普遍相信帝王和贵族都是上天注定的,信奉"善有善报恶有恶报"的因果轮回理论等。为统治阶级服务的儒家学派将儒家经典解释成为不变的真理,他们制造了许多迷信和预言,将孔子和另一位儒学代表人物孟子说成是半人半神的圣人,说他们"不学自知"、"前知千岁,后知万世"。对于这种说法,王充写了一系列的批判文章。

王充思想最重要的两个方面是什么?

王充思想最重要的有两个方面,第一个是他的唯物主义自然观,第二个就是他的无神论思想。在唯物主义自然观之中,虽然王充因为时代和科技的限制,没有办法解释天地与宇宙的物质组成及运行规律,但是他明确指出天地的存在是不依赖于人的客观存在,人只能适应自然界的各种变化,而不能把意志强加给自然界。唯物主义自然观虽然在王充之前已经有老子、韩非子、墨子、荀子等人提过,但是王充的思想却代表了当时的最高成就。在无神论思想方面,王充针对当时人们深信"天生圣人"的神怪传说,将雷击人自然现象作为例子来充分阐明人是被"天火"烧死的自然现象,根本没有什么"雷公",他还否定了人死为鬼的说法。

什么是元气自然论?

对于世界构成的问题,王充认为,天地万物都是由"元气"构成的,"元气"和云烟一样,细微无形,但是却真实地充斥于天地之间。天地是蕴涵元气的自然实体。在王充的眼中,天上的气有向下沉降的运动趋势,地上的气有向上蒸发的运动的去世,上下之气互相交合,就形成了万物。王充观点之中的"气"或"元气",实际上是相当于一种原始的物质元素,他认为这种物质元素是万物的本源,也是构成万物的质料。

王充如何看待万物和人的关系?

人被王充视为万物的一部分,他肯定了人和物的同一性,而且否定了人间统治者的特殊性,这种观点是对君权神授说的一种极其大胆的挑战。因为人是万物的一种,所以人和万物一样,都是禀受元气而成。在他的眼中,人只能"因气而生",如果没有气,就不会有人。

王充肯定人和万物有相同的一面,同时也承认人与万物存在不同的方面。他认为人是"万物之中有知慧者也",人的知

55

识、智慧、精神就是人高于或区别于万物之所在。

什么是精气？

对于人为什么会有精神的问题，王充给出的回答是因为人禀受了一种特殊的气，这种气被他称为"精气"。精气是一种精微细致的气，它附着在人体之中，能够发生精神作用。如果没有了精气，人体就会化作灰土，变成和万物没有区别的东西。所以，人成为人和人与万物存在区别的原因就是人所禀受的气不同于万物所禀受的气。

王充认为，气的多样性决定了物种的多样性，气有精粗之分，人和万物对于气的禀受也有厚薄多寡的区别，不同的气构成了不同的物种，天地间的事物无论怎样千差万别，都是气所化成，即使是万物之中最为高贵的人类，也同样要"秉性受气"而生，所以说一切事物都统一于气。

王充是如何批判谴告说的？

王充在自己的元气自然论的基础之上批判天人感应目的论的谴告说。他认为"灾异"的出现，完全是"气自为之"，并不是上天所为；制造灾异来施行谴告本来属于人所从事的"鄙事"。假如上天真的有知，那么他完全可以让那些圣贤之人担当君主，而用不着自己参与人事，又哪里需要用那些愚蠢而又缺德的人成为君主，然后又不辞辛苦地对他们进行谴告呢？谴告之说完全是按照人间的事情比附制造出来的，而这种荒谬的说法之所以被制造出来，正好是因为世道的衰微。王充也因此得出结论："谴告之言，衰乱之语也。"灾异不是上天对人的谴告，"祥瑞"也不是上天对人的奖励。如果祥瑞与良好的人间政治同时出现的话，那只是偶然的巧合而已。

对于天人感应的人的"至诚"可以感动上天的说法，王充认为这根本就是妄语，他认为天人之间根本不存在什么感应的问题。他举了一个例子：当人面对一个水果的时候时，即使心里极度地"至诚欲之"，但是如果不动手拾取就无法吃到那个水果。虽然水果体积微小、圆转易动、近在咫尺，可是人的至诚也不能使它有丝毫的感动。从这个层次逐渐向上推，天体广大辽远，其气苍茫无际，人的至诚连个苹果都感动不了，就更加不可能感动上天了。

王充的无神论思想的内容是什么？

无神论思想是王充在元气自然论的基础之上对谶纬迷信的种种荒谬说法进行批判的时候提出的学说。

为了将帝王加以神化，谶纬迷信通常将帝王说成是人与异物交感的产物，比如尧就被说成是尧母与赤龙交感而生，刘邦被说成是刘母梦中与龙交感而生等。针对这种说法，王充指出，只有同类的东西之间才能交感施气，龙实际上只是兽类，将帝王说成是龙种，那就等于将帝王说成是禽兽生成的杂种。他认为，天道自然，风雨变化自有其时，试图通过祭祀来改变天气是徒劳无益的；对祖先的祭祀只是怀念祖先的一种仪式，并不是说通过祭祀就真的可以得到祖先神灵的保佑。因此，用祭

祀求助于鬼神是没有任何效果的，最重要的还是要依靠自己。

《论衡》批判虚妄学说有什么特点？

王充认为，客观实在是认识的对象和是非的标准，这也是他观点之中的"实"。世俗有许多没有"实"作根据的言论，这种言论就是"虚"，也就是"妄"。王充说，他作《论衡》的目的就是"疾虚妄"，所以《论衡》之中经常叙述当时各种虚妄言论，然后提出他的批判。他认为，他的批判都是以客观的事实为根据的，符合事实的就是是；违反事实的就是非。这是王充的认识论的基本的唯物主义精神。

王充如何看待认识与客观实在的关系？

王充重视认识和客观实在的关系，认为认识必须以客观实在为对象，这也就是"知实"。真正的认识必与客观实在相符合（"知实"），这就是"实知"。王充的唯物主义认识论是在跟当时谶纬迷信所宣扬的神秘主义思想斗争中建立起来的。

王充重点指出，圣人并不是神怪，并不能"前知"；孔丘是圣人，不是神怪。王充指出，圣人也不是巫。因为王充认为，有"妖气"表现在人身上，这个人就成为巫。圣人并不是超人，跟人是一类的；巫跟妖是一类的。圣人跟贤人是一类的，都是人。他们所知道的东西也都是一类的。圣人和贤人的区别在于对真理的理解，圣人进步快，贤人进步慢。圣人和贤人所知道的都是一类的东西，但所知有多有少；他们所走的是一条路，但有快慢的不同。圣人和贤人都不能前知，也都不是生而知之。他们的知识，都是从耳目见闻的经验得来的，跟普通人没有本质的差别。圣人和贤人在道德智能方面跟普通人有差别，他们自己之间也有多少快慢的差别。这些差别是量的差别，不是质的差别。

王充如何看待感觉与思维的关系？

王充的认识论对于感觉和思维的关系问题有比较全面的、正确的论断。他认为必须承认感觉是认识的来源，但是专凭感觉是不够的。感觉基本上是反映客观实在的，但是在有些情况下，感觉的反映可能是不正确的、歪曲的，甚至可能只是一种幻觉。所以如果专"以耳目论"，就可能"以虚象为言"，所以必须对从耳目得来的闻见，用理性加以审核考察，这样就可以把正确地反映客观实在的感觉接受下来，把"虚象"排斥出去。

王充的认识论认为，合乎客观事实与否是认识正确与否的标准。"违实"就是与事实相违反。真理是与客观事实相符合的。不与客观事实相符合的命题就是虚妄。对于如何判定一个命题是否合于客观实在的问题，王充提出了"引效验"的学说。"效"、"证"都必须以事实为根据。他将实际的应用，作为能否掌握知识的标准，这和以实际效果为检验真理的标准，完全是相通的。他在一定程度上看到了知识的获得是与实践有联系的，但是他没有将这个认识提高为一个理论的原则，所以说他的唯物主义的认识论还是属于直观的范畴。王充相信人的认识能力是可以认识事物的真相的，他不怀疑人的认识能力，他所说的"不可知之事"究竟指什么呢？王充认为，认识事物需要两个条件：一个条件是凭借耳目见闻和过去的经验，一个条件是依靠思维的推论。如果有些事情实据不足，无从推论，人就无法知道了。他的这种观点是实事求是的态度，但是他却没有把尚未知之事和不可知之事明确地区分开来。

王充的认识论的缺点是什么？

王充的认识论还存在着一个缺点——他所重视的类推是建立在人类永远不变的前提之上的。他认为自然界和人类都是永恒不变的；治世之道也是永恒不变的，他还认为自然界是不变的，社会的变化是循环的。所以说，王充的世界观和思想方法依然没有摆脱形而上学的影响。将自然物的性质看成是永恒不变的，这是旧唯物主义不可克服的局限性。他没有解决认识对实践的依赖关系，所以就不能彻底驳倒唯心主义，这也是旧唯物论无法克服的局限性。

王符融合道家和荀子的学说而得出了什么样的天道观？

王符的天道天命观部分接受了道家的思想，也接受荀子的学说采取自然法则说，王符认为自然史是由混一的阶段翻然自化出对立与发展，但是统一物是怎么样发生这个变化的呢？他用一元性的"道"来解释这个问题，但这"道"是神妙的，他形容"道"之为物非常的含糊，但是并没有把"道"观念化，相反，他认为"道"是从物质的"气"派生出来。

王符是如何划分气的？

王符认为社会是以自然为最高的样本，自然分为和气与乖气，社会也分为治世与乱世，人生也有吉凶祸福。他认为和气为正，乖气为戾，一常一变，往来相禅。常者是统一的，变者是矛盾的，统一是绝对的，而矛盾是相对的。他对于社会风俗也应用自然的正乖来区别德政与恶政。人在社会的环境之中，就好像生物在自然的环境之中，环境可以决定生存的样式。这也是他的天道观（包括自然与社会）的环境决定论，除了圣帝明王以外，大多数要受自然法则的支配。

王符的天命思想有哪些进步性？

王符的天命思想形式上有二元论的倾向，在承认天命的同时，他又强调人为。他接近于怕羞的唯物论，在保存了天命的形式之下，说明信天难恃、尽己可凭的道理。最后，他主张远鬼神，重视德义方面的人为。但是，王符保留了鬼神的形式，所以，他在推理上没有王充尖锐，但是他在性命论上却比王充高出一步，他将王充的国命论修改成为环境决定论，而复用二元理论修补了积极的一面，强调了人类的能动精神。王符思想中唯物主义的因素是隐晦的，最后他总是从人类的道德观点来补救其理论体系的矛盾。

王符关于存在到认识的问题的看法是什么？

从存在到认识的问题，他继承了荀子

第二章 武帝拍板、儒家独大的秦汉

的学说。他将知识（明）与实践（彊）的关系放在适当的地位，特别在论证善恶的时候，从布衣到国君，都以积习为准则，得出人性相似的命题。最应该注意的是王符知识论的群众观点。他认为，多数人的经验积累愈高就愈善，至于那种以个别人物的独善来处理问题的宗教思想，是不能作为知识成就的标准的。他认为有价值的是那些尝出来的药物特性，而不是那些五行医理。他认为主观在积习之中是可以改造的，认识就好像从物到器的改造过程。所以，他经常将实在之义与虚华之义对立起来，认识的内容要以实际的行为标准，才有价值；反过来，以世俗的偶象观念作为标准知识就会变成伪托的符咒。王符以为"虚义"是衰世的征候，统治者用这个不能证实的虚义，"托之经义，迷罔百姓，欺诬天地"，以至于成为士大夫的风尚，他批评这种虚伪的教义。

王符如何划分实在与虚华？

王符以经验作为基础，主张实在与虚华之间的不可两立。他认为封建统治阶级的名实相违的逻辑，最典型的就是赵高的指鹿为马。他根据"名理者心效于实"的逻辑批评了当时名实相违的颠倒世界。茂才、至孝、廉吏、方正、直言、敦厚、有道、明经、宽博、武猛、治剧，都是汉代选举的教条，在这些教条的内容方面，就像王符的名实论指出的，都是正相反对的性质。

王符如何区别对与错的问题？

王符认为然（肯定）否（否定）的判断要从事物的真实去分类，不能才能够其表面上的表象去概括，这是形式逻辑的内包处理法。他将矛盾还原于心理上道德情操的邪正，而否认在一定的历史条件之下的劳心与劳力的对立，这一类概念的抽象方法是不正确的。所以，王符只能在抽象的人类性方面指出封建的矛盾律，而不能在具体的人类性方面揭破封建的矛盾律。

仲长统的什么思想标志着顺天思想的彻底转变？

仲长统是唯物主义思想家，他在王充和王符的思想的基础之上提出了"人事为本，天道为末"的观点。这个命题的提出标志着西汉以来以顺天思想为主导的天人观的根本转变。

仲长统所说的"天道"有两种含义：第一，指的是为巫卜之类的神职人员所迷信的传统神学意义上的"天命"；第二，指的是天体运行或天象变化的规律，也就是中国古代天文学意义上的"天道"。

仲长统对于其他思想的天道有什么看法？

对于神学迷信所宣扬的"天道"，仲长统没有进行否定，事实上他是承认这种观点的。虽然他承认，但是他却不承认神学意义上的"天道"。对于宗教的"天道之学"，他持有的是否定态度，他认为，这种"天人之学"对世俗的建功立业没有任何实际意义。对于科学意义上的"天道"，仲长统提倡因循天道行事。他强调"用天之道"的要义不在于"知"，而在于"行"。在提倡因循天道行事的同时，他还强调行事应坚持功利与现实相结合的原则，也就是为之与否，改革与否，都要以是否有利于当今为依据。

仲长统的天道思想的目的是什么？

仲长统强调世事的成功与否完全取决于人事。国家的兴衰存亡也是这样。他由此得出了"人事为本，天道为末"的结论。这个结论，表明了他贬抑"天道"、反对"天道之学"的无神论倾向，同时也显示了他弘扬"人道"、提倡"尽人事"的人本主义立场。仲长统从"人道为本，天道为末"的人本主义立场出发，激烈抨击了迷信"天道"而荒于人事的做法。他尤其反对君主从事迷信活动，他把君主分为上、中、下三类："自审已善而不复恃乎天道，上也；疑我未善，引天道以自济者，其次也；不求诸己而求诸天者，下愚之主也"。他的根本目的在于劝导为君者当不信奉"天道"而唯尽人事。

第三章　玄学一统、佛道萌芽的魏晋哲学

魏晋南北朝哲学是在什么样的社会背景下诞生的？

东汉末年，即公元2世纪末左右，黄巾起义失败之后，经过了长期的混战，出现地方豪强割据的局面，最终形成魏、蜀、吴三国鼎立的局面。魏国消灭蜀国，司马氏取得魏国政权，灭吴之后建立了新的统一王朝——西晋王朝，但是这个短暂的统一只维持了几十年的时间，就被少数民族统治者打破。此后形成了南北朝长期分裂的局面。南方继东晋王朝之后，依次出现宋、齐、梁、陈四个朝代。北方经过"五胡十六国"的长期混战，由鲜卑拓跋氏实现了统一，建立了北魏王朝。后来又分裂为东魏、西魏，再演变为北齐、北周。公元589年，汉族的杨坚重新建立了全国统一的隋朝政权，结束了这段长达近390年的大分裂局面。东汉时期发展起来的豪强地主阶层，经过三国、西晋实行的"九品官人法"，形成了享有并世袭各种政治经济特权的门阀士族，逐渐成为社会的统治势力。在这接近400年的分裂和割据的局面之中，这些汉族门阀士族和少数民族贵族统治者控制州郡、称霸一方、互相攻伐，使中原地区的经济文化遭到空前的破坏。

魏晋南北朝时期的哲学主要围绕哪四个问题展开？

魏晋南北朝时期的哲学主要围绕着有无、名教与自然、言意和形神四个问题展开。

关于有无的问题。魏晋玄学的创始人是何晏和王弼，两人都强调有生于无，他们两人的思想本质上属于客观唯心主义；西晋时期的裴頠，反对"贵无"思想，认为有是根本的；郭象则在向秀的《庄子注》的基础之上写出了自己的《庄子注》，反对有生于无的思想，但是却认为一切事物都独化于玄冥之境。

关于言意的问题。王弼提出"忘言"、"忘象"的观点，强调把握义理的精神实质；西晋的欧阳间认为"名"是用来指"物"的，"言"是用来明"理"的。

关于形神的问题。佛教宣扬"因果报应"，主张神不灭，认为人的精神不随形体的消灭而消灭，代表人物是近代的僧人慧远。道教却主张炼形养神，修行成仙，长生不死。南北朝时代，唯物主义思想家着重对佛教的因果报应与神不灭论展开了批判，主要代表是范缜。

魏晋玄学的特征可以从哪三个方面来考察？

从内容方面看，从宇宙生成论到本体论；从自然的变化来观察人事；醉心于个人任性；儒道合流。

从方法方面看，魏晋玄学摆脱了简

单比附和烦琐注经并以此为满足的方法，而是采用思辨方法，以本末体用为基本范畴进行理论上的论证，并且主张"得意忘言"，所以又带有艺术色彩。

从学风方面看，汉代学风是求甚解的，魏晋时期却主张"不求甚解"，也就是意在领会精神，用精练的语言表达丰富的思想。

贵无派是什么性质的学派？

贵无派是玄学思想的第一个学派，是在儒道法结合的基础之上发展形成的。

贵无派的创始人是夏侯玄、何晏、王弼，他们以译注《老子》、《论语》和《周易》为学术特色，以老子的道家思想去阐释孔子的儒家观念，糅合儒道，核心思想是论证"名教"必须符合"自然"才能发挥作用，"自然"是本，是无，在这个基础之上提出了"贵无"的本体论。

什么是正始之音？

东汉末年，占据统治地位的两汉经学思潮土崩瓦解，没有学术效用也没有理论价值的谶纬之学在战火和农民起义的冲击之下彻底垮台。这个时候，门阀士族地主阶级的世界观和人生观逐渐形成风气，这是一种与汉代大一统思想截然不同的社会思潮——以玄学为核心的"正始之音"。正始之音有金声玉振的名声，它开创了魏晋玄学的风气，同时也是宋明理学的思想源头。正始之音是一种清淡风气，也是清淡论辩的典型方式，简单点说就是在特别的题目、特定的内容、一定的方式、公认的评判之下，展开理性的辩论，这种形式和儒士最大的区别在于商讨的形式是平等会友，而不讲究年龄和辈分。

玄学思潮的实质是什么？

玄学思潮的真正实质是人的觉醒，因为在人的活动和观念完全屈从于神学目的论和谶纬宿命论支配控制下的两汉时代，是不可能有这种觉醒的。人的觉醒的核心是在怀疑论哲学思潮下对人生的执著，玄学也是在原来占据统治地位的意识形态——从经学到宿命，从鬼神迷信到道德节操的怀疑和否定基础上产生出来的。换句话来理解就是，以前所宣传和相信的那套伦理道德、鬼神迷信、谶纬宿命、繁琐经书术等规范、标准、价值，都是虚假的或值得怀疑的，它们并不可信，甚至是没有什么价值，只有人必然要死才是真的，所以人应该抓紧时间尽情享受、重视生命。

贵无派学说的主要内容是什么？

贵无派以老子的学说为主，他们认为整个世界"以无为本"、"以有为末"，认为"无"是世界的本体，"有"为各种具体的存在物，是本体"无"的表现，并且认为世界的本体"无"是绝对静止的，现象的"有"是千变万化的，运动着的万有最后必须返本，归于"虚静"。他们崇尚老子的无为而治，认为儒家的名教出于道家的自然，治理社会要以道家的自然无为为本，以儒家的名教为末，主张调和儒道两家的思想。

竹林玄学主情派思想都有哪些表现？

从王弼创立玄学之后，玄学就得到

第三章　玄学一统、佛道萌芽的魏晋哲学

了空前的发展，在中期最为著名的就是竹林玄学。竹林玄学指的是以嵇康、阮籍为代表的竹林七贤的老庄学。"竹林七贤"指的是阮籍、嵇康、山涛、刘伶、阮咸、向秀、王戎七人，通常所说的"林下之风"就是指"七贤"的风度，尤其是指嵇康、阮籍的风度，历史上著名的"魏晋风度"的集中代表就是以嵇康、阮籍为首的竹林七贤的风度。"林下之风"具体来说就是他们的超拔脱俗的精神，放荡不羁的行为，直抒己见的情怀，越名（名教）任心的性格等，汇成了一股时代的风气或风尚。这些风气或风尚，既表现在他们的气质、性格、格调、性情、才华等内在的精神方面，也表现在他们的日常的言谈、举止、笑貌形容上。

竹林七贤思想为什么会出现区别？

阮籍、嵇康主要活动的年代正好是在司马氏集团实际上操纵了曹魏政权之后，在这期间，统治阶级中的两大政治集团的斗争进入了白热化阶段，最后的结果是司马氏集团消灭了曹魏集团而赢得了胜利，真正地掌控了曹魏政权。阮籍、嵇康等人原本是曹魏集团中的一些正直之士，所以他们反对司马氏集团利用虚伪的儒家名教来杀戮异己、篡夺曹魏政权的活动。但是后来因为七人在政治上的不同观点而导致竹林七贤分崩离析。嵇康、阮籍、刘伶对司马氏集团均持不合作态度，嵇康更是因此被杀。向秀在嵇康被害后被迫出仕。山涛、王戎、阮咸等却是先后投靠司马氏。

在思想倾向之上，七人也有着区别，嵇康、阮籍、刘伶、阮咸始终主张老庄之学；山涛、王戎却喜欢老庄而杂以儒术；向秀主张名教与自然合一。

魏晋玄学第三个重要的流派是什么？

魏晋玄学发展经历的第三个流派出现在西晋中期，也就是晋惠帝元康之后出现的一批名士，历史上称为"中朝名士"或"元康名士"，代表人物有向秀、郭象、王衍、乐广、王澄、谢鲲等。元康名士分为两代，第一代以向秀、郭象、王衍、乐广为代表的中年稳健派，他们致力于理论探讨，实现了王弼等人所倡导的儒道合流；第二代以王澄、阮瞻等"八达"为代表的"元康放达派"。

向秀与郭象思想都有哪些特点？

向秀虽然和嵇康、阮籍同列为竹林七贤，但是他与两人的思想不同，他认为自然与名教不相矛盾，用"称情"、"得性"解释"自然"，并且提出"有生则有情，称情则自然"的主张，认为人的欲望与自然"不得相外"。在有无关系上承认有一个"不生不死"的生物之本作为万有生生化化的根据，但引进了"自生"、"自化"的概念，成为玄学发展中从王弼的贵无论，向裴頠、郭象的崇有过渡的中间环节。

郭象在向秀思想的基础之上，提出"无不能生有"、"物各自造而无所待焉"等新的命题，并且在万物"自生"说的基础上提出"独化"的概念。他否定一

切宇宙本根的存在，建立了"性"本体论哲学，将每个生命的自然本性，都看成其生成变化的终极依据，以此确立了人在宇宙中心的地位。作为一个彻底的无神论者，郭象在命运问题上，不仅否定了宇宙力量的存在，而且极端地否定了一切外因，认为"性分"是命运的最终决定因素。

白马寺

魏晋时期反对玄学的思潮有哪些特点？

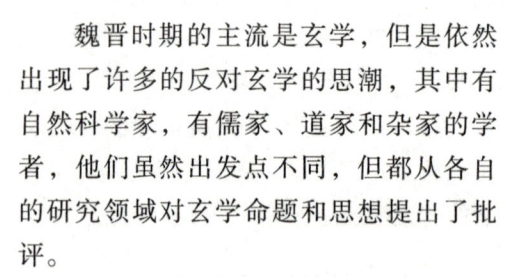

魏晋时期的主流是玄学，但是依然出现了许多的反对玄学的思潮，其中有自然科学家，有儒家、道家和杂家的学者，他们虽然出发点不同，但都从各自的研究领域对玄学命题和思想提出了批评。

魏晋时期反对玄学的思潮可以分为两种，一种是在玄学内部进行，针对当时的玄虚浮华之风而进行；另一种是潜藏而行的反玄学意识，并与西晋重尊儒经的文化风气相融合，形成了廓清玄虚的时代风气。因为西晋反玄学思潮是从玄学内部展开讨论的，并且将之理论化，所以使得玄学得到否定之否定的纠正，避免了玄无虚空，进入到有无共生、自然名教合一、言意并重的理论境地。

什么是佛玄？

魏晋以来，因为受到战乱的影响，传统儒学名教解体，名士避世弃儒，更多地趋附老庄"以无为本"的思想，因为他们的学说立意缥缈、玄奥，所以就被称为"玄学"。当时，佛教"般若性空"的学问非常符合玄学的开创者王弼的"贵无"思想，同时因为有学通儒道、博学多识的道安大师和弟子慧远等人的系统的融和、开展，所以许多的玄学家纷纷用"般若性空"来充实自己的思想，这样就形成了玄学和佛学的合流，在学术之上，这被称为佛玄。

两晋时期的佛教思想有着怎样的发展历程？

三国时期，因为战乱的影响，僧人大多从北方来到南方，吴国的佛学大多就是从关中、洛阳一带传入。当时最具代表性的是东汉末年最为著名的译经高僧支谦和第一位从南向北弘法的康僧会。西晋时期的佛教活动仍然以译经为主，竺法护是当时最大的代表，所译经典有《光赞般若》、《维摩》、《宝积》、《涅槃》、《法华》等各部类经，对于大乘佛教的开展影响非常巨

第三章 玄学一统、佛道萌芽的魏晋哲学

大，是鸠摩罗什之前最著名的翻译家。东晋建立之后，中国分为南北两个地区，北方胡族因为受到佛教的影响，所以大力提倡佛教，这个时期最著名的有道安和竺法雅等。道安在教理方面的主要贡献集中在般若性空的意思之上，他创立了"本无宗"，后来由慧远继承。竺法雅以善用老庄等外学来理解般若义著称。

南北朝时期北方佛学的代表是谁？

北方佛学因为鸠摩罗什在公元401年东入长安而更加昌盛，在后秦姚兴的大力支持下，鸠摩罗什的译经工作取得了巨大的成就，他的门下有三千弟子，以道生、僧肇、僧叡、道融最为杰出，合称为"什门四杰"。鸠摩罗什翻译的《大品般若经》、《中论》、《百论》、《十二门论》、《大智度论》等经典，为后来隋唐时期的天台、禅、净等诸宗的创立提供了理论基础，他本人也被列为中国四大翻译家之一。

北朝时期南方佛学的代表是谁？

在南方的佛教传教者主要有竺道潜与支道林，两者都以擅讲般若而受到贵族士大夫的钦仰，是玄学式的贵族佛教及格义佛教的典型代表。在支道林之后，南方佛教中心就转为庐山的慧远。慧远当时虽然是足不出户，但是他身边的人非常多，其中最为出名的就是曾经败在鸠摩罗什门下的道生。道生提出的"佛性论"、"顿悟说"引起了当时教界的辩论，甚至在一段时间之内被视为异端。

六家七宗都有哪些宗派？

从汉朝末年般若经开始流行，到了魏晋时期和当时的玄学融合形成了独特的佛玄思想，也就是依据老庄玄学之义理解及论释般若经义，产生了"格义佛教"，对般若空的思想也因此而产生种种分歧，佛教也因此被分为六家七宗。"六家"，指的是魏晋时期传扬般若学的六个佛教学派——本无、心无、即色、识含、幻化、缘会。"本无"后来又分出"本无异"一宗，于是就合称"七宗"。其中"本无"、"心无"、"即色"三宗影响最大。

即色宗的代表及思想是什么？

该宗以支道林为代表。虽然前人对他的思想的评价非常高，但是僧肇在《不真空论》之中却对即色义提出了批评。支道林的即色义只看到了缘

支道林

起性空的一面，而没有看到缘起假有的一面，但是只有把这两方面统一起来，才能真正得出"色即是空，空即是色"的结论。所以说，支道林还没有掌握中观方法，还不能反过来看到缘起假有，不能透过中观的方法而得出空即是色的结论。

识含宗的代表及思想是什么？

该宗以于法开为代表。于法开擅长辩论，有几分名士的风采。该宗的宗旨讲一切法都能被心识所含。心识有觉有梦，梦时感识现行，呈现出种种现象，就是幻相。他们的观点虽然否定一切存在的真实性，却肯定"心识"为实有、为本体，而这也正是般若学所要破斥之说。

幻化宗的代表及思想是什么？

该宗是道壹创立的，该宗讲"世谛之法皆如幻化"，绝不讲性空。在这一点之上，他们和识含宗肯定心识为本体一样，带有明显的唯心论色彩。该宗的特点是空外不空内，有小乘有部之风，应该是受到了当时所译毗昙学思想的影响。

心无宗的代表及思想是什么？

该宗以支愍度为代表，立说的目的是将"空"理解成"于物上不起执心"，也就是只要心不执著于外物就是空，对于万物本身他们认为是实有的。该宗将空理解为一种主观的认识状态，以"心体虚妄不执"的澄明状态来解空，而对万有的存在不仅予以积极的肯定，而且给予了实体论的支持。

缘会宗的代表及思想是什么？

该宗是于道邃创立，主要思想是讲"缘会故有"，"缘散故即无"，就是说，一切法由因缘合成则为存在，反之，缘散则法也灭。如果对照般若中观解空之义来看，这种观点只谈到了缘起假有的一层，而没有进一步透析出假有就是性空的一层。所以，缘会宗的理论之中暗示了假有自身的实体性存在。

本无异宗的代表及思想是什么？

该派以竺法琛为代表。"本无异宗"的思想主要是将"空"（或无）解读成一个具有万物本源意义的实体，明显地用老子的"有生于无"、王弼的"万物皆由道生"的说法来解释佛学。只是这样，就形成了一个派生万有的实体，并且在时间序列上又和万有截然分成两段，这就连玄学有无不二的水平都未达到。

以"六家七宗"为代表的中国早期般若学没有能够全面领会印度大乘般若学关于空有的学说，除了缺乏中观方法之外，最关键的问题在于不能摆脱中国本土原有的本源——实体论思维构架。所以，鸠摩罗什和他的弟子僧肇阐述中观思想所作的最主要的工作，就是消除对"空"作实在论的诠释。

佛教的三种空观

般若中观学派重要的著作《大智度

第三章　玄学一统、佛道萌芽的魏晋哲学

论》之中认为佛教有三种空观：

第一种，小乘有部所谓"分破空"观。第二种，经部大师及后来唯识学所说的"观空"观。第三种，般若中观的"缘起性空"观。

"分破空"观的具体方法是什么？

"分破空"通过分破的方法而达到空。具体地解释就是将占有空间的物质无限分析至极微，然后分析到无方分相，就是空相。这种不可再分的空相又被称为"邻虚"。如果从时间维度分析，分析到刹那的最后一瞬，没有前后相，再也显不出时间的特性，这也呈现出空相。实际上这种方法并不能成就一切法空的结论，反而会成为实有自性的根据，因为分析到最后，总还是有极微自性存在。

鸠摩罗什

"观空"观的具体方法是什么？

"观空"方法是通过观察一切外物都会随观察者心意的不同而转变的途径，来说明境无实体而成就一切外境为空。具体的解释就是外在时空中之一切物（或境），无论是个别的事物或者全部世界，在本质上都不是独立存在的绝对物，而只是作为我们意识或意向所及而显之相，也就是"万法唯识"、根境非实之义。因为能观之心的本身是不能通过这一方式来达成的，所以这还是没有说明一切法自性空。

南北朝为什么会出现反佛斗争？

佛教在南北朝时期进入鼎盛时期，从南齐时代起，许多王公大臣成了忠实的佛教徒。公元504年，梁武帝发布敕令，正式宣布佛教为国教，并且他还带头事佛，三次舍身同泰寺为僧，然后又三次赎身还俗，仅赎身钱就花了4亿钱。在这位疯狂的皇帝的影响下，王室成员和士族阶级竭尽所能地大肆搜刮民财，竞相扩建寺庙，一时之间，国内到处寺庙林立，木鱼之声不绝于耳，从达官贵人到黎民百姓都热衷于烧香拜佛，直接导致了田园荒芜，民不聊生。

南北朝反佛斗争的代表人物都有哪些？

魏晋南北朝时期，尤其是南北朝时期，因为佛教的兴盛，神不灭思想逐渐形成一种思潮。佛教从传入中国就和中国传统的人死为鬼、精灵不灭的思想意识相结合，形成了一种"神不灭"的有神论学说。其主要代表人物是慧远、郑道子等，代表作就是慧远的《神不灭论》。但是，南北朝时期同样出现了强烈的反佛理论。何承天就东晋之后第一个阐述神灭论思想的人，他曾经依据他的天文历算的科学知识，并结合儒家的人文观点进行了三次反佛的理论斗争。刘峻也曾经写了《辨命论》一文，批评佛教因果报应之说，认为人的死生、贵贱、贫富、治乱、祸福与善恶无关，都决定于天命。在反对佛教思想的运动之中，成绩最为突出的应当数范缜，他是南朝著名的无神论者，一生进行了两次大的反佛行动，并且取得了巨大的成功。范缜先后在齐、梁两朝做官，这两个朝代也是佛教最为盛行的时期。佛教认为，人的富贵贫贱都是命中注定的，是前世积善行恶的因果报应。范缜却提倡无佛。针对佛教宣扬的神不灭论，范缜发表《神灭论》系统地阐述其无神论思想。他认为人的精神和肉体是互相结合的，有了肉体，才有精神，肉体毁了，精神也就随着消灭。在《神灭论》之中，范缜揭露了统治阶级利用佛教进行欺骗，面对统治阶级的打击和围攻，范缜始终坚持自己的真理，他继承和发扬了荀况、王充等人的唯物论思想，给当时流行的有神论以沉重的打击。

道教为什么会出现性质的转变

道教诞生于东汉，魏晋南北朝时期是道教的创建和改造时期。这个时期的主要特点是民间的比较原始的早期道教逐渐分化，并且开始向上层化的方向发展，使得与当时农民起义相结合的民间早期道教逐步被改造，并且转化为维护封建统治阶级利益的上层化的士族贵族道教。

东汉时期道教经历了怎样的发展历程？

东汉早期的道教有两大派别——五斗米道和太平道。

五斗米道也被称为天师道或者是正一盟威之道，创始人是张陵，他被道徒称为张道陵、张天师、祖天师、正一真人等。创教的时间大约在公元126至144年。

太平道是奉事黄老之学的巨鹿人张角所创，因为以《太平经》为主要经

开创天师道的张陵

第三章　玄学一统、佛道萌芽的魏晋哲学

典而得名，后来他发动了史上著名的黄巾起义。在太平道发动起义期间，巴郡五斗米道张修也与之东西呼应。后来，张陵的孙子张鲁还在汉中建立了政教合一的地方政权统治了将近三十年，最后张鲁投降了曹操，第二年便去世，由此天师道的势力扩展到北方，在中原地区广泛传播开来；同时他们陷入了组织涣散、规戒松弛、思想紊乱的状态，有些教徒甚至开始腐化堕落，从此便逐渐产生分化现象。

南北朝时期的道教思想出现了哪些转变？

两晋南北朝时期，道教的分化现象日益加剧，出现了向上层化方向发展的明显趋势。首先表现在一部分道教徒受统治者的利用和扶持，奔走于权贵之门，攀龙附凤，直接参与封建统治阶级内部争夺政治权力的斗争，并且各为其主出谋划策，起了重要的作用。晋代道士上层化的另一表现是道教传播于世胄高门，使大批高级士族加入道教，成为它的信徒，出现了一些所谓的天师道世家。钱塘杜氏，琅邪孙氏、王氏、徐氏，吴兴沈氏，高平郗氏，陈郡殷氏，东海鲍氏，范阳卢氏，会稽孔氏，丹阳葛氏、陶氏等高级士族大量涌进道教以后，必然将其思想也带到道教中来，引起道教内部在思想和组织上的变化。由于高级士族的大量参加道教并把他们的思想带到道教中来，所以反映这种思想的上清、灵宝等派别也相继出现，并迅速得到了发展。

南北朝时期道教的代表人物都有谁？

道教是在古老的神仙方术的传统之上发展起来的，魏晋时期在佛教的影响之下形成了一定理论和仪式的宗教。其中的代表人物是丹鼎派道教理论的奠基人葛洪，茅山派的代表陶弘景，南北朝著名的道教改革家寇谦之和陆修静。

葛洪道教思想的主要内容是什么？

葛洪从神仙方术角度发展了道教，创立了道教的丹道一系，他的著作《抱朴子》分内外篇。内篇讲的是神仙方药、鬼神变化、养生延年、禳灾却祸，属道教。外篇讲的是人间得失、世事臧否，属儒家。这本书是道教史上一部具有完整理论体系和多种方术的巨著，为道教理论的系统化作出了贡献。他的基本思想是道本儒末，以道教为本，儒术为辅。

寇谦之的主要贡献是什么？

北魏寇谦之对天师道的改革有三个要点：一是"除去三张伪法租米税钱，及男女合气之术"；二是"专以礼拜求度为首"；三是主张"服食闭炼"。这个改革使道教由原来的民间宗教一跃而成为官方宗教。陆修静整顿道教组织，健全了道教管理制度，完善了道教教理教义，并且广收道经，加以整顿甄别，完成最早的一部《道藏》书目。他还发展葛玄、葛洪道教理论，整理医典。五斗米道从原始的民间道团向更加完备成熟的官方道教发展就是在他的手中完成的。

69

因为曹爽而被杀的玄学哲学家是谁？

王弼（226-249年），字辅嗣，魏晋玄学的创始人之一，刘表的曾外孙，出生于现在的山东邹城、金乡一带，代表著作为《周易注》、《周易略例》、《老子注》、《老子微旨略例》和《论语释疑》。

王弼出身官僚世家，六世祖王龚，官至太尉，位列"三公"；五世祖王畅为汉末"八俊"之一，官至司空，同样位列"三公"；父亲王业，官至谒者仆射，他的继祖王粲更是"建安七子"之一，这些都会对他的成长产生极大的有利影响。王弼幼年非常的聪明，十岁的时候就开始学习老子之学，精通辩论善言辞，他曾经和当时许多清谈名士辩论各种问题，以"当其所得，莫能夺也"，深得当时名士的赏识。但是王弼这人有个毛病，那就是骄傲自大，经常用自己的长处取笑别人，所以他基本上就没有什么朋友。他曾经在曹爽的军中担任官职，但是后来在24岁的时候因为曹爽被杀，他受到牵连丢职，在这一年的秋天，他因病去世。

王弼的主要哲学思想是什么？

王弼认为名教制度是大道离散的结果，所以它的出现有必然性，但却不是最理想的；理想的状态应该是回到自然无为的状态，统治者应当用自然无为的办法统治天下，这样才能实现稳固持久的统治。在这个意义上，他认为名教是末，治理天下的根本原则是"崇本息末"。

高奏《广陵散》赴死的竹林哲学家是谁？

嵇康（223-262年），字叔夜，别名嵇中散，三国时曹魏文学家、思想家与音乐家，魏晋玄学的代表人物之一，"竹林七贤"之一，出生于现在的安徽濉溪临涣镇，音律著作为《长清》、《短清》、《长侧》、《短侧》（合称为四弄）。

嵇康，本姓奚，后来因为先辈避居的地方旁边有嵇山，所以改姓嵇。嵇康很小的时候父亲就去世了，家境也十分的贫困，但是他仍然励志勤学，文学、玄学、音乐等无不博通。嵇康的妻子是曹操的曾孙女长乐亭主。司马昭曾经想要拉拢嵇康，但是他却一心向着曹家，所以就被司马昭给记恨上了，后来更是在钟会的劝说之下，给嵇康来了个死刑，当时太学生三千人都请求赦免嵇康，嵇康一人站在行刑台之上，奏《广陵散》，然后从容赴死。

被称为阮步兵的竹林哲学家是谁？

阮籍（210-263年），字嗣宗，别名阮步兵，三国时期曹魏末年文学家、思想家，竹林七贤之一，出生于今天的河南开封，著作有：《乐论》、《通易论》、《通老论》、《达庄论》和《大人先生传》。阮籍非常崇尚老庄之学，在政治上采取谨慎避祸的态度。他透过不同的写作技巧，比如比兴、象征、寄托等，借古讽今，寄寓情怀，形成了一种"悲愤哀怨，隐晦曲折"的诗风。

谁的《庄子注》被视为权威？

郭象（约252-312年），字子玄，西

第三章 玄学一统、佛道萌芽的魏晋哲学

晋时期玄学家，出生于河南洛阳，著作为《庄子注》。他曾经担任黄门侍郎、太傅主簿，喜欢老庄之学。他反对有生于无的观点，认为天地间一切事物都是独自生成变化的，万物没有一个统一的根据，在名教与自然的关系上，他主张调和二者，认为名教合于人的本性，人的本性也应该符合名教。在这种观点的基础之上，他论证了封建社会的等级制度的合理性，认为社会中有各种各样的事，人生来就有各种各样的能力，有哪样能力的人就做哪一种事业，这样的安排既是出乎自然，也符合人的本性。

著有《太玄经》的玄学反对者是谁？

杨泉，生卒年不详，字德渊，西晋哲学家，祖籍现在的浙江绍兴，主要著作有《太玄经》14卷、《物理论》16卷。杨泉，生卒年代已经没有史料可以考察，而关于他的事迹，史书之中的记载同样非常的少。据说，会稽相朱则曾经推荐他为官，晋朝廷任命他为郎中，但是他没有前去就职，关于他的更多的说法是隐居在吴、晋之间终身从事学术研究和著述的一位隐士。

谁的《崇有论》被《晋书》全文收录？

裴頠（267-300年），字逸民，西晋哲学家，祖籍现在的山西闻喜，代表著作为《崇有论》。他是西晋裴秀侄子，曾经担任散骑常侍、国子祭酒兼右军将军、尚书左仆射等职位。裴頠是反对王弼、何晏的贵无论的主力，他提出崇有论，认为万有的整体是最根本的"道"，万有不是由"无"产生的，而是"自生"的，"自生而必体有"。他还认为万物生化有着自己的规律。裴頠重视现实存在的事物，不满轻视事功的放达风气，试图论证封建等级制的合理性。他被视为崇有派的领袖。

提出"言尽意"思想的哲学家是谁？

欧阳建（267-300年），字坚石，东晋哲学家，祖籍现在的河北南皮，主要著作有《临终诗》、《言尽意论》。欧阳建是石崇的外甥，先后担任尚书郎、冯翊太守。等到赵王司马伦专政的时候，欧阳建想要立楚王，因为他和司马伦有仇恨，就怂恿淮南王司马允杀死司马伦，没想到事情败露，欧阳建全家不论老少都被斩首。他提出"言尽意"的思想否定了语言不能表达事物的说法。

杨泉否定的浑天说示意图

71

提出了因果报应论的高僧是谁？

慧远（334-416年），东晋名僧，道安的弟子，净土宗初祖，祖籍现在的山西宁武附近，他的主要哲学著作有《沙门不敬王者论》、《三报论》、《明报应论》、《阿毗昙心序》。

东晋南北朝的哲学史之上，曾经围绕慧远的"因果报应论"和"神不灭论"展开了多次非常激烈的辩论。这些辩论既反映了佛教思想与中国本土文化的尖锐矛盾和冲突，也体现了两者在冲突矛盾中寻求会通与融合。

慧远对佛学作出了哪些贡献？

慧远，本姓贾，出生在一个环境优越的仕宦家庭，13岁的时候跟随舅舅令狐氏在许昌、洛阳游学，大量阅读了儒家和道家的典籍。21岁的时候来到现在的河北曲阳西北拜道安为师，后来听讲《放光般若》而突然之间开悟，认为佛教远胜儒、道，于是就选择了出家。出家之后，慧远居住在庐山的东林寺，率领众多弟子修行，他的佛教思想属于般若学的本无派，并且善于引老庄思想入佛。

在佛教理论之上，慧远主要发挥轮回、报应及神不灭论。在宣扬大乘般若学的同时，他还提倡小乘禅法数之学。入庐山住东林寺，领众修道。为道安的上座弟子，善于般若，并兼倡阿毗昙、戒律、禅法。因此中观、戒律、禅、教及关中胜义，都是依仗慧远才能在南方流传。他曾经和雷次宗、刘遗民、宗炳等文人名士在阿弥陀像前立誓，这是佛教史上最早的结社，结社的目的就是专修"净土"之法，

希望在死后往生"西方"，所以后世净土宗尊他为初祖。当时的名士谢灵运，非常钦服慧远，于是就替他在东林寺中建了东西两池，种满白莲，慧远所创之社，也就逐渐被称为"白莲社"，所以，后来净土宗又被称为"莲宗"。

被称为法中龙象的高僧是谁？

僧肇（384-414年），别名法中龙象，东晋著名的佛教学者、僧人，罗什门下"四圣"、"十哲"之一，祖籍现在的陕西西安，主要哲学著作为《肇论》等。僧肇本姓张，他原来崇信老庄，无意之间读到《维摩经》之后，非常的欣赏，于是就在鸠摩罗什门下出家，是罗什的得意门生，被称为"法中龙象"。他的著作《肇论》包括四论：《物不迁论》、《不真空论》、《般若无知论》和《涅槃无名论》。他认为"本无"、"实相"、"法性"、"性空"、"缘会"等的含义是一样的，宇宙万法都由因缘会合而生，没有生就没有，万法又因为缘离散而坏灭，可以知道并不是真实有，从这里就可以推论，万法虽然现有而性常自空，所以称为"性空"，性常自空就是"法性"，法性真实如是就是"实相"，也被称为"本无"。僧肇在31岁的时候就英年早逝。

《神灭论》的作者是谁？

范缜（约450-515年），字子真，南北朝时期著名的唯物主义思想家、杰出的无神论者，祖籍现在的河南泌阳县西北，他的主要著作是《神灭论》。

范缜在很小的时候父亲就去世了，

第三章　玄学一统、佛道萌芽的魏晋哲学

但是他却非常喜欢学习，十几岁的时候拜名儒沛国刘瓛为师。范缜学习勤奋刻苦，学业优良，深得刘瓛器重，亲自为他举行冠礼，以示优待。他的同学大多都是达官贵人子弟，穿着锦衣，来往有车马，而范缜却安于布衣草鞋，以步代车。范缜精通经术，尤其擅长"三礼"（《周礼》、《仪礼》、《礼记》）。

范缜的性格直爽，敢于发表学问上的独特见解。公元479年，范缜升任齐朝尚书殿中郎。489年的春天，宰相、竟陵王萧子良在其"西邸"招揽了一些有才学、有名望的人，研究经史及诸子百家，著书立说，范缜也是"西邸"文友。后来萧衍称帝之后，有一次起兵向现在的江苏南京市进军，路过南州，遇到守母庐墓的范缜，于是就任命他为晋安（现在的福州）太守，后来在被调回建康之后，范缜只去拜访了被罢免的前任尚书令王亮，后来更是因为这个而被贬到广州。

写出《抱朴子》的哲学家是谁？

葛洪（284-364年），字稚川，号抱朴子，别名小仙翁，东晋道教学者、著名炼丹家、医药学家，三国方士葛玄的侄孙，祖籍现在的江苏句容县，他的主要著作有《神仙传》、《抱朴子》、《肘后备急方》、《西京杂记》等。

葛洪出生江南士族，祖父在吴国先后担任御史中丞、吏部尚书等要职，封寿县侯，他父亲葛悌先后在吴国、晋朝做官，最后升迁为邵陵太守。葛洪13岁的时候，父亲死在了任上，家道也由此开始中落。16岁时候葛洪开始读《孝经》、《论语》、《诗》、《易》等儒家经典，尤其喜欢"神仙导养之法"，后来跟随郑隐学习炼丹秘术。公元302年，郑隐知道乱世即将到来，于是就带着仙药方子和入室弟子投奔了霍山，只有葛洪留在了丹阳，后来葛洪因为镇压起义军有功而被任命为伏波将军，他想要北上洛阳寻找异书，却因为战争阻隔而不能实现，后来他的好友担任广州刺史，他也跟随前去，从此避开了纷乱的南方。公元316年，葛洪回到故乡，东晋建国之后，因为他曾经有战功所以被封为关内侯，后来干宝推荐他担任散骑常侍，领大著作，葛洪坚决不接受。因为听说交趾生产丹砂，于是就请求担任句漏令，南行到广州的时候被刺史邓岳留

葛洪塑像

73

中华哲学千问

下，于是就隐居在罗浮山炼丹、著书。

建立北天师教的道教改革者是谁？

寇谦之（365-448年），字辅真，北魏著名道士，南北朝新天师道的改革者和代表人物，出生于北京昌平。

寇谦之，本名谦，他自认为是东汉光武帝时雍奴侯寇恂的十三世孙，父亲是苻坚的东莱太守，他哥哥是北魏初期的南雍州刺史。年少的时候，寇谦之信奉五斗米道，后来遇到仙人成公兴，然后就跟着他来到华山，后来又隐居嵩山，修道七年，名声逐渐显露。寇谦之自称太上老君授予其"天师"之位，又称老子玄孙李普文下降传授给他《录图真经》，公元424年，他将道书献给太武帝，倡改革道教、制订乐章，建立诵戒新法。

寇谦之对于道教哲学做出了哪些贡献？

寇谦之是南北朝最早对五斗米道进行改造的士族道教徒，他猛烈抨击五斗米道旧道法，最让他不满的是某些下层道民利用道教起义，针对这些弊病，他宣布将三张旧道法，特别是祭酒世袭制、租米钱税制及男女合气之术全部废除，依从自己制定的《乐音诵诫》新法。经寇谦之改造后的新天师道符合当权者的利益。北魏太武帝即位后，想要扫灭群雄，入主中原，于是寇谦之就将太上老君玄孙李谱文降临授予他的《录图真经》60卷献给太武帝，深得太武帝的信任。新天师道得到了北魏官方的承认，寇谦之也实现了自己"为帝王师"的宿愿。公元439年，北魏完成统一大业，太武帝也由此对道教更加的信仰。公元440年，寇谦之为太武帝祈福于中岳，托称"太上冥授帝以太平真君之号"，北魏太武帝于是就改年号为太平真君。公元442年，太武帝又接受寇谦的奏议，亲自到道坛接受天师符箓，成为道教信徒。

被称为"丹元真人"的道教哲学家是谁？

陆修静（406-477年），字元德，号简寂，谥号简寂先生，被宋徽宗封为丹元真人，懿族人，南朝宋著名道士，道教早期的建设者，祖籍现在的浙江吴兴东，代表著作为《三洞》。

陆修静是三国时期吴国的丞相陆凯的后代，他非常喜欢看书，研究经纬象数之学，更加喜欢道术，成年之后，就遗弃妻子，入山修道，游遍了云梦山、衡山、罗浮山、峨嵋山等名山胜地。公元453年，陆修静到南京卖药，宋文帝刘义隆钦佩他的道风，于是就召入内宫，讲理说法。那个时候太后王氏信奉黄老之学，于是就主动屈尊对他行门徒之礼。后来因为躲避战乱而在公元461年来到庐山，在东南瀑布岩下营造精庐，隐居修道，也就是太虚观，从此之后他就以太虚观为大本营研经传道授徒长达7年之久，为庐山道教势力的发展和影响的扩大作出了极大贡献。

以养生修炼理论而著称的道教哲学家是谁？

陶弘景（456-536年），字通明，号

第三章 玄学一统、佛道萌芽的魏晋哲学

华阳隐居,别名山中宰相,谥号贞白先生,梁朝著名的医药家、炼丹家、文学家,南梁时期茅山派主要代表,祖籍现在的江苏南京,主要著作有《本草经集注》、《集金丹黄白方》、《二牛图》等。

陶弘景出生于江东名门,祖父陶隆被宋孝武帝封为晋安侯,父亲陶贞宝,了解药术,精通子史,担任江夏孝昌相。陶弘景自幼好学,齐高帝萧道成在位期间为豫章王侍读,齐武帝萧赜的时候,又先后为巴陵王、安成王、宜都王侍读。

名教本于自然的观点是在什么样的背景之下提出来的?

两汉的官方政治哲学核心就是名教之治,名教就是以正名定分为主的封建礼教,它包容着忠、孝、仁、义、礼、信等教条。这些名教经过董仲舒等人的改造,被赋予天人感应、君权神授的神学成分,并发展为三纲、五常的政治道德规范。但是在经过了桓谭、王充等人的批判之后,尤其是两次党锢之祸和黄巾大起义的沉重打击,导致名教之治根本无法起到维系封建秩序的作用。在这样的大背景之下,王弼等人就试图用道家学说去解释儒家的名教,为名教的合理性提供一种新的论证,这也就是名教本于自然的观点。

名教本于自然思想是如何形成的?

名教本于自然的思想是王弼融合儒道两家的学说而提出来的。儒道两家的学说本来是彼此对立相互排斥的。儒家宗师孔子,主张仁义,以名立教。道家以天道无为立论,主张道法自然,万物自然化生,政治观也表现为清静无为。

早期的玄学家夏侯玄认为自然是自然而然,不论是对天际还是人事,都是一种无拘无束的现象。王弼就在夏侯玄自然观的基础之上进行发挥,融合了儒道两家学说,形成了一门新学,也就是名教本于自然的学说。王弼认为自然是指天地间万事万物在没有人为因素作用以前的本来面目和状态。可是自然本身却没有迹象可寻,没有意图可观,它虽然有自然的名称,但是并不是任何实在的东西。于是,因为自然作用,事情得以成功,但是人们仍然不可能认识其所以然。

王弼的自然观有哪些属性?

王弼的自然观有三种属性:

第一种,自然即道。道是万事万物产生和变化的根本规律,也是万事万物所经过的必由之路。这些带有规律性的发展变化,是自然而然的,不是人力之所为所禁所止的,所以道和自然,只是名称上的不同。

第二种,自然即性。王弼认为,万事万物都有特性,比如时有春夏秋冬、人有生老病死等,这些都是自然对于人的身体各个器官来说,也是人的生理自然需要。如果外界故意强加给这些器官以正常需要之外的东西,那必然会适得其反,破坏了它们的自然之性。

第三种,自然即无。自然的特征为

无形、无象、无言，它既看不见、摸不着，也听不到，是寂然无有的，无法进行把握的。

在这些思想的基础之上，王弼提出了融合儒道两家学说的名教本于自然说。

王弼是如何建立以无为本的本体论的？

王弼注释道家经典《老子》和儒家经典《周易》等书的目的是为了阐明自己的玄学思想和政治观点。两汉时代的司马迁、扬雄、张衡、王充等人认为，在天地万物出现以前，宇宙中充满着既无形又无名的元气，这些元气经过十分漫长的扬清抑浊阶段，逐渐分出了阴阳二气，而阴阳二气相互作用的结果，便化生出天地万物。王弼从宇宙万物生成的根据着手，去探索万物之真、万物之本和万物之性，并建立起比较完整的以无为本的唯心论体系。

什么是得意忘象说？

得意忘象的意思是只取其精神而无视其形式，这个观点是王弼的认识论思想。他在《易》学之中，一反两汉象数之学，提倡领会玄旨的义理之学，在《周易略例·明象》之中他提出了"寻言以观象"、"寻象以观意"、"得象而忘言"、"得意而忘象"的解《易》方法，尤其强调"得意"的重要。

王弼提出的"得意忘象"，是一种贬斥象数之学"存象忘意"的新的解《易》方法，也是王弼建立"以无为本"理论体系所依赖的根本方法，具有普遍的玄学认识论和方法论意义。他认为，作为万物之本的"无"，无言无象，如果只停留在言象上，不可能达到对"无"的认识和把握。"无"不能自明，必须通过天地万物才能了解，从方法论的角度来说就是"意以象尽"，"寻象以观意"的意思，而能够能以象观意的原因是因为"有生于无"，"象生于意"。所以，从"以无为本"的理论来说，就得出了"忘象得意"的结论，也必须运用"忘象以求其意"的方法去把握无。

嵇康为什么提出"越名教而任自然"的思想？

名教与自然的关系，是魏晋思想界主要讨论的话题之一，也是嵇康政治思想的核心。

魏晋玄学的开创者王弼等人将道家的"自然"与儒家的"名教"相结合，认为名教出于自然。因为何晏、王弼代表了当权派的利益，所以他们主张君主无为，大臣掌权，当何晏跟着曹爽被杀死之后，嵇康所面临的问题就是司马氏一族了。虽然他因为年少官微没有被杀，但是他却拒绝向司马氏投降，而且对于司马氏所宣扬的禅让和礼教等观点给予相应的揭露和抗争。

司马氏因为是以臣子的名义觊觎帝位，所以他们不能利用忠节来作为自己的欺骗口号，于是他们就选择了"孝"字。他们只要遇到废君弑主的事情，就将不孝的大帽子扣到被害者头上。嵇康

第三章　玄学一统、佛道萌芽的魏晋哲学

对司马氏的这种做法深恶痛绝，他强调了"名教"和"自然"的对立，主张取缔假礼法，"越名教而任自然"。他认为六经与礼法都是统治者用以束缚人性的工具，只有恢复人的本性，才能符合自然的规律，社会上所以存在虚诈和争夺，是在上者假造所谓仁义道德的结果。

嵇康持有什么样的世界本源思想？

嵇康哲学思想的基础是他的唯物主义自然观，这个观点是他继承了王充的思想，他认为世界的本源是"元气"。关于天地万物是如何的形成问题，一直都是唯心主义和唯物主义斗争的重要内容之一。以王弼等人为代表的"贵无"玄学，认为世界万物来源于精神性的本体"无"，而嵇康虽然同样吸收道家的思想，但是他吸收的是道家的天道自然无为部分，对于道家"有生于无"的思想他持有的是排斥的态度。嵇康对世上流传的一些迷信传说提出了有力的批驳，对于一些历史上的怪诞传说，他也一一进行了反驳。

嵇康"求之自然之理"的认识论思想的内容是什么？

这个观点反应的是嵇康的认识论思想，他强调对自然的认识问题。嵇康认为人们在对某种事物进行判断的时候，首先要弄清事物的本质及其规律性，做到对事物的融会贯通。他认为判断事物不能只是依靠感性认识，更重要的是作出理性判断，只有这样，才能正确反映事物的本质。如果没有掌握事物的本质及其规律，只是单纯地依靠古人的话作为依据，进行无休止的推论，是不可能得到正确认识的。他反对"以己为度"的主观臆断。

嵇康的哲学有什么重要意义？

从整体上来说，在玄学唯心主义占统治地位的时期，嵇康的元气自然论的朴素唯物主义思想虽然还不能战胜王弼代表的以无为本的唯心主义本体论，但是他却对某些唯物主义传统的发展做出了自己的贡献。他在政治上反对虚伪的礼教，敢于同强权进行斗争；在认识论上，强调理性，反对盲从，主张独立思考，能冲破儒家思想的束缚，启发人们自由思维。

阮籍的哲学经历了哪三个时期？

阮籍在成长过程之中，因为不同的经历，而使他的思想和态度发生了很大的变化，前后大约可以分为三个时期：

第一个时期，阮籍专心诗书，崇尚儒学。这个时期大约是在他30岁以前，也就是正始之音以前。

第二个时期，阮籍推崇老庄之学，主张名教和自然结合。这个时期大约在30-40岁之间，也就是高平陵事件的前后。

第三个时期，阮籍倡导"无君"说，在行动上诋毁礼教。这个时期大约是在249年发生的高平陵事件之后，他的思想发生了重大的变化。

为什么阮籍对魏明帝的弊政极度不满？

在30岁之前，阮籍赞颂礼乐的教化作

用，强调要维护封建等级制度和封建道德规范。他十分推崇儒家学说，将礼正乐平看成是"固上下之位，定性命之真"的表征，是"四海共其欢，九州一其节"的反映。所以，他对魏明帝时期的弊政表示了极度的不满，指出如果统治者一味追求耳目之欲，就会使天下伤残，百姓受苦。

阮籍的名教本于自然思想的内容是什么？

在玄学思潮的影响下，阮籍开始用道家思想去解释儒学，主张名教本之于自然。《通老论》和《通易论》就是这一时期的作品。在《通老论》之中，他强调要因循自然，推崇"天人之理"，实际上就是名教与自然的结合。他因循自然的哲学观点，表现在政治思想上便主张无为而治。所以他希望为人君者高高在上却不欺凌百姓；为百姓者处于卑贱却不冒犯贵族。这样，就会出现安定太平的局面。阮籍心中的自然是广袤无边的宇宙，它不仅能够派生万物，而且是有规律的。

阮籍为什么会诋毁礼教？

高平陵事件之后，阮籍不再强调"定尊卑之制"的那种名教思想，而是在"天地生于自然，万物生于大地"的基础上，提出了"万物将自化"的学说。换句话说，他否认有主宰天地万物的神。他讽刺那些礼法之士不过是钻进裤裆里的虱子。在鄙弃虚伪的礼教前提下，他主张建立一个"无君"的社会，他认为，没有贫贱富贵，没有君臣礼法，才是一个理想的"至德之世"。阮籍的这种无君无臣无富无贵的思想实际上是在反对司马氏集团，反对虚伪的礼教。

阮籍的哲学有什么重要意义？

从整体上来说，阮籍的哲学观点和政治思想比王弼等人的"贵无论"更加前进了一步。他的无君臣、无贵贱、无贫富的主张，反映了他对当时的社会现实的认识，以及对理想社会的向往。但是，因为时代和阶级的局限，他不可能找到解决社会矛盾的真正办法。所以，他在哲学思想上坠入了庄子的相对论之中。在对社会和人生方面，他发出了"人不可以为俦，不若于木石为邻"的哀叹，幻想自己能够飘摇于天地之外，远离尘世，做一个遨游太空的"至人"和"神仙"。

向秀对于名教与自然有什么见解？

对名教与自然的看法，他既肯定"自然之理"、"天地之情"，主张"开之自然，不得相外也"，但是又认为必须"节之以礼"，"求之以事，不苟非义"，由此推及人的社会欲求，比如富贵等。进而，表示出合"自然"与"名教"为一的宗旨，而其中更强调"自然"应合于"名教"。他的这种思想对郭象宣传"名教"即"自然"的思想有很大的启发。

向秀的哲学系统存在什么矛盾？

向秀哲学系统残存的"贵无"思想和他"崇有"的观点，在精神意识世界表现为一种互相矛盾的形态。他一方面谈论天地万物背后有一'生化之本'，另一方面又谈论天地万物'自生'、'自化'，这

第三章 玄学一统、佛道萌芽的魏晋哲学

样就造成了他思想体系中的矛盾，向秀认为宇宙万物存在、运转变化，没有一个独立于其外的造物"本体"，万物不生化，所以就是"生化之本"，他的这个观点是借助王弼玄学本体概念的语辞阐述了外物即本体的主题。宇宙万物的生化，不是万物使之生，也不是外在主宰力量决定其所化，也就是说"生自生"、"化自化"，对于"吾"这个客观世界的存在物而言则表现为"不生不化"。

向秀的《庄子注》有什么重要意义？

向秀《庄子注》发明儒道新义的理论价值，同时代的有识之士给予了非常恰当的评价。《世说新语·文学》就认为是"妙析奇致，大畅玄风"。向秀万物自生、自化的崇有论哲学经过郭象系统地发挥完善，其包容儒道思想的优越性为士大夫普遍认识、接受。道家思想经过向秀《庄子注》的改造获得了强大生命力，能够更加和谐地与儒家精神兼容，进而促成以郭象为代表的元康玄学再度兴盛。向秀"自生自化"的玄学本体论，在现实政治生活中确实表现了很强的适用性，为士大夫们兼治儒道开辟出全新的人生道路。

郭象的独化论有什么特点？

"独化"这个词是郭象创造出来用以解释天地万物生成、变化的一个基本哲学概念。这个观点的提出是经过一番理论斗争的。

郭象的"独化"理论认为天地万物的生成和变化源于"自然"，这实质上是对于事物来源的不可知论。在此基础上，他又将王弼的以"无"位天地万物的"本"的理论演化为万物变化的无因理论，认为事物变化相互"独立"，无因可循。该论断的特点在于绝对化和神秘主义。

郭象如何看待有无问题？

郭象认为"无"不是相对于"有"而言的，"无"既不是生成万物的"本"、"体"，也不是"有"的亏损或消失。"无"只是说明天地万物的生成、变化没有任何原因或根据，而是"自生"的，这也是他"独化"说的重要内容之一。郭象十分强调天地万物生成和变化的"自然而然"。但是，他还认为天地万物的这种自然而然的生成、变化，都是各自独立、互不相关而突然发生的，所以说他的"独化"说还具有严重的神秘主义色彩。

在这里，郭象犯了一个逻辑推理错误，他认为，如果万事万物都要寻求其原因或根据，这样就会没有个边际了，所以，只有断然肯定一切事物都是"无待"、"无所资借"的，才能使"独化"的道理明白透彻。郭象的"独化"说是从反对宗教神学的"造物主"、反对天地万物依赖于"造物主"而生成、变化这一点的基础之上向前多走了一步，进而得出天地万物的生成、变化不需要任何条件，没有任何原因或根据的错误结论。

郭象为什么会在论证天地万物的时候陷入神秘主义？

在郭象的眼中，世界上的万事万物都

是一个一个样的独立个体,只有个性,而不存在共性。他说的"独生而无所资借",完全是指每一个体事物的生存、变化不需要任何条件和任何原因的。郭象将"物各自生"推向绝对化,根本否定万物的个体生存需要一定的条件和根据,根本否定事件之间的依赖关系和因果关系。郭象理论之中的"有",只是一个个独自突然发生和变化着的孤立个体,无根无源,互不关联。这样的"有",就连它本身也不知道是怎么出来的,这样的世界,只能是一个神秘莫测的世界。所以郭象的"独化"说在论证天地万物生成和变化的问题上陷入了神秘主义之中。

郭象如何看待事物的"性"与"命"?

郭象的"独化"说强调事物的"突然而自得"、"掘然自得"等,从这一方面看,他好像是说每一事物的生成、变化全是偶然的,但是实际上这是他反对万物有一个统一的根本,反对"造物主"的观点所必需的理论说明。然而,如果按照他的理论继续推导下去,就会出现逻辑上的错误——世界上万事万物的生成、变化是杂乱无章的,这一点和客观事实是不符合的。所以郭象在说明事物生成、变化是"掘然自得"的同时,又着重强调"性"、"命"对事物生成、变化的决定意义,而这种"性"、"命"对于每一事物来讲,是一种不可抗拒的必然力量。他还认为,事物的这种"性"、"命"是非主观所能移易的、禀受于外部而起作用于内部的一种决定力量。

郭象为什么强调必然?

郭象在论述事物之间的关系的时候,曾经认为事物与事物之间的同时发生或先后出现,只是事物各自"独化"的巧合,没有任何互相依赖的因果关系。这种观点也导致他在事物之间的关系上也是强调偶然的。对郭象的论点进行总结就能得到这样的结论:在分析事物的现存状况,如具体事物的生成、变化、关系等时,郭象是强调偶然的;在分析事物为什么这样生成、变化,为什么是这种关系等时,郭象是强调必然的。

郭象是如何分析偶然与必然的问题的?

郭象关于事物生成、变化中的偶然和必然的分析,是将问题分成两截来论述的:一截是从"迹"来谈事物的"自生"、"自得";一截是从"所以迹"来谈事物的"依乎天理"。他是反对把这两截分开、对立起来的,而是主张把"体""用"融合起来的。他反复强调的"独化于玄冥之境",就是他把"迹"与"所以迹",偶然与必然,或者说"体"和"用"结合起来的理论概括。

郭象是如何否定事物的差别的?

郭象将《庄子》的相对主义理论进一步推向极端。他认为,《庄子》只通过事物表面形相的相对性来否定事物之间差别的理论是大大不够的。从事物的形状方面看，肯定事物在形状上是有差别的。但是，如果从事物的各自本性来说，就无所谓大小的差别了。这就意味着万物只要"各足于其性"，就根本无所谓大小的差别。

《庄子》相对主义的特点在于"忘形"，也就是取消事物形相上的差别，或者说取消事物在实际上所存在的差别。其办法之一就是贵贱的差别都是由于各自站在自己的地位上去看而产生的。如果能超出各自贵贱的地位，而站到"道"的地位上去看，就不会产生什么贵贱的差别了。而郭象的观点却正好相反，他是以"自足"来取消事物之间本性上的差别。他认为贵贱之间所以没有差别，不应当超出贵贱的地位去看，而应该从贵贱自身之中去看。

郭象是如何否定事物的因果的？

郭象认为，世界上的事物都是互相"对生"，缺一不可的。但是他所举出的所有"相因"、"对生"的关系，都只是为他证明事物之间绝无因果必然关系作垫脚的。他在论述形与影与罔两之间的关系的时候，也认为它们之间虽然"彼我相因，形景俱生"，却是"虽复玄合，而非待也"。一般的常识是有了形才有影，才有罔两，形是影的根据或原因，影是罔两的根据或原因。郭象却根本否定事物发生的原因和条件，用偶然否定必然。这种思想方法，突出地表现在他对生、死问题的论述上。他将生与死说成是毫不相干的两

件事。

郭象为什么将物质世界排斥在认识对象之外？

郭象认为，客观物质世界是无法认识的。因为根据他的"独化"说，天地万物之"迹"的发生和变化都是莫名其妙地突然冒出来的，是没有原因可以追究的。对于事物，近者或许还能知道一些原因。如果追根究底，那事物都是没有任何原因而自己如此的。既然事物都是自己如此，也就用不着去追求它的原因了，而只要顺着它就好。既然客观物质世界无法认识，也就没有必要认识，所以郭象将客观物质世界排斥在认识对象之外。

郭象的"各安其天性"有什么重要特点？

郭象的"各安其天性"的愚民道德说教在理论上有两个重要的特点：

第一，郭象将封建的仁义道德归结为人的本性中所固有者，把服从封建名教与顺从人的"自然"本性统一起来，也就是"名教"合于"自然"。他反对把仁义说成是在人的本性之外的东西，也反对向外去追求所谓的仁义行为。

第二，他用"无为"的外衣将他那套道德说教进行装饰。《庄子》说的"无为"是要人们远离一切世事活动，隐遁山林，进行精神修养，从而达到"形如槁木"、"心如死灰"的境地。对于这种无为，郭象认为是错的。他认为只要是顺着本性的、在本性范围之内的活动，不能称之为"有为"，而是属于"无为"。郭象

为门阀士族统治阶级披上这件"无为"的外衣，掩盖了他们对劳动人民的残酷剥削和压迫活动，美化统治集团内部的争权夺利和极端奢侈腐化的寄生生活等恶行。他为被统治阶级穿上这件"无为"的外衣，将他们禁锢起来，不许他们乱说乱动，只准他们顺天安命。

杨泉的元气思想是怎么提出来的？

杨泉的哲学主要是他的元气思想。他在《物理论》之中表述了自己独特的天体学说，并且在这个基础之上构建了唯物主义的哲学思想体系。他的哲学思想中最重要的是坚持了关于世界本原的"元气"自然本体论，把气作为根本性概念来考虑世界的构成。这个观点是他在继承我国先秦至两汉时期关于"气"是天地万物的本原的思想的基础之上，添加了当时各种宇宙天体结构学说，通过自己的理论总结提出的。

杨泉吸收了哪些思想构建自己的世界观？

先秦至两汉时期，天文学家和哲学家都非常重视宇宙天体结构的问题，后来形成了"谈天三家"，——"盖天说"、"浑天说"、"宣夜说"。杨泉在比较研究的基础之上，对三家的思想分别进行了评论。他认为"盖天说"和"浑天说"都有缺点，都有不符合实际的地方，而他自己却更赞成或倾向于"宣夜说"。杨泉将"天"看成是浩然的"元气"，在整个宇宙空间之中，除了浩然的"元气"以外，就没有其他的物质存在了。他继续指出"地有形而天无体"，明确否定了"盖天说"和"浑天说"关于"天"是一个有形固体的观念。通过对这三种宇宙天体学说的比较研究，杨泉成为一个典型的"宣夜说"者。但是杨泉毕竟是一个唯物主义哲学家，他更注重于利用"宣夜说"的积极理论成果来构建自己的世界观。

裴頠为什么反对贵无说？

玄学思想的开创者王弼最为重要的就是他的"贵无说"，而裴頠的"崇有论"就从贵无将会毁弃礼制的角度对其展开批判。裴頠认为贵无之义可以外形、可以遗制、可以忽防、可以忘礼，所以绝对不能有贵无之论。但是，这不是贵无说的主旨，贵无就是崇本守母，唯本者母者作为一根本原理者，它存在的特质为无形，圣人效习其存在特质，所以说贵无，实际上是要求守母崇本，守此母者崇此本者之无形不外显之义。所以在约形、守制、严防、行礼的作为的时候，就会不故作姿态的从容，不矫饰仁义的真实，把握更真诚宽博的胸怀，使礼制恢复实感。

《崇有论》如何批判贵无论？

《崇有论》认为王弼言虚无就是对于天地万物的有生的侵伤，认为济有者是一个存在的始源，但是这一个存在的始源是一个道体还是一个物体这个问题实际上《崇有论》作者也没有深入思维。如果是就一个物体说，那么就是经验现象的存在系列的事，这就是一宇宙发生论的问题，就现象存在说当然是一存在物的永恒继起

的系列，所以裴頠的学说也没有问题。

从本体论哲学的道体实存的问题的角度来说，郭象取消了道体的实存，但是王弼并没有取消，在贵无说所据的王弼学思之中也不是取消道体实存，所以《崇有论》的整个立论的思考从基本哲学问题的本体论哲学义理疏解上看来，是一个多余的、不彻底并且含义模糊的理论作品。

欧阳建的主要思想有哪些？

欧阳建的所有思想都集中反映在他的《言尽意论》之中，书中他明确地说明了唯物主义的认识论的基本原则反映论。在当时玄学贵无论的影响之下，非常多的人都主张言不尽意，而欧阳建却自称为"违众先生"来表示自己的思想和当时一般的玄学家们的"言不尽意论"相对立。先验论和言不尽意论都是唯心主义思想，欧阳建将二者联系起来，指出这些当时流行的思潮都是错误的。

欧阳建为什么要正名、去言？

欧阳建认为名所指的是一种一种的事物，言所讲的是关于一个一个理的判断。名的对象是事物，它的内容是概念。言的对象是事物的规律，内容是关于规律的判断。对于言对于规律不能有所作为，为什么还要讲"正名"，还不能"去言"的问题，欧阳建的答案是名和言虽然不能影响客观的存在，但人对于客观存在的认识，必须依靠名和言。这说明了由主观到客观的认识过程。人对于客观存在的认识，就是客观存在在人的意识中的反映。这种反映，欧阳建称为"鉴识"。在人的认识过程中，首先是有感性认识。感性认识的对象是一个一个的事物。分别了事物的种类，由感性认识深化到理性认识，这就有了概念。有了概念就得要有名。欧阳建肯定了名和概念、判断和命题在认识中的作用。一个名代表一个概念。人通过概念，就认识到事物的内部联系，事物的规律，这个认识就是判断。

慧远的报应理论有什么重要意义？

报应思想在佛教传入中国之前就已经非常流行，但是它只是以中国本土的思想形式，强调道德行为与人生命运的关系。和佛教的因果报应论相比，这种直接将人的行为善恶和人的遭遇联系起来的报应思想就显得有些粗俗浅显，因为它既没有详细的理论说明，也没有系统的理论论证。慧远根据佛教的报应理论，结合中国原有的报应思想，建立起一套完整精致的业报轮回学说，在中国长期的封建社会中产生了极其深远的影响。

慧远的三世因果报应将中国原有的粗糙的一世报应思想改造成"三世"报应，并将它纳入中国固有的"自然"哲学范畴，使它更具有条理性、理论性。因此，产生了比中国原有的报应思想更加强大的威慑力，使人们产生更大的敬畏感，进而完成了中国故有的天命论、天人感应论、善恶报应论等思想的宗教化改选过程。

为什么会有业力与因果报应？

慧远认为人们在现实生活之中只要"作业"，就会形成一种"业力"。这种业力，无论是行为、意念或语言，都会在不同程度上表现为善或表现为恶。只要有善或恶的表现，即使是潜在的，都将会引起一种结果，这种结果就是"果报"。换句话说就是"业"是因，"报"是果，只要有"业"，就会有"报"，进而形成人生不同遭遇或不同命运的因果链条。在这个因果链条之中，只要果报未应，其因就永远存在，一直到果报应验，其因才会消失。旧"因"因果报应验而消失，但是新的"因"就会同时产生，于是又酝酿着新的果报。这种因果报应是任何人都不能避免的。

慧远入对

慧远的三报论的内容是什么？

中国原有的报应论通常都说一世因果，这样就无法解释为什么现实生活中善人遭祸、恶人得福。对于这个问题，慧远提出了"三报论"思想。他说：经说业有三报：现报、生报、后报。现报是善恶都从这个身体开始，也就是这个身体承受。生报是来生才接受报应。后报是经过了二生三生甚至是百生千生才接受报应。

慧远的三报论可以从哪些层次来理解？

慧远的三报论思想可以从三个层次来理解。

第一，当人的行为种下"业因"之后，根据"业力"的强弱不同，受报的时间也会不同。

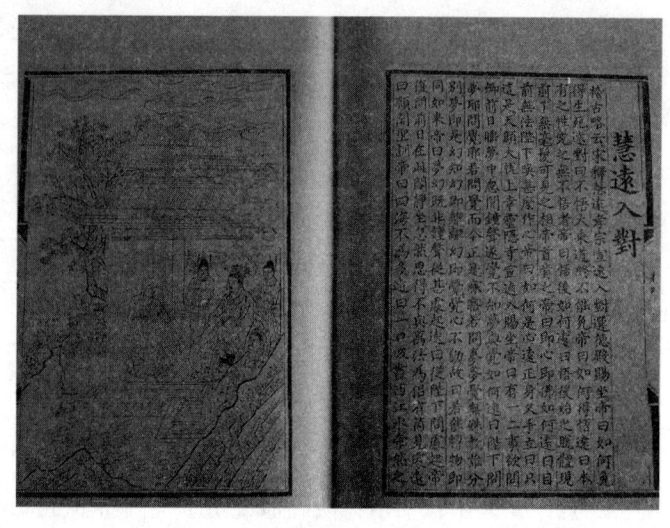

第二，从主体受报的角度来说，"心"是接受报的主体，因为心对事物的感受和反应迟速不同，所以报应也有先后的不同。

第三，因果报应的力量是巨大的，它的来源不在外部世界，而是来自人自身，所以它的实现是一种"自然之赏罚"。

慧远从哪些方面对神不灭思想进行论证？

慧远的神不灭思想集中系统地表现在《沙门不敬王者论·形尽神不灭》之中。慧远论证"神不灭"论的主要依据来自中国传统文化，尤其是《周易》、老庄典籍，这主要和他精通六经，尤其是周易老庄之说有关。慧远主要从以下三个方面对"神不灭"论思想展开自己的论证。

第一，慧远通过气之精粗来说明神不灭。

第二，通过引用"古之论道者"来论

证"神不灭"。

第三,慧远用薪火的比喻来论证"神不灭"。慧远认为,"惑者"用薪火之喻来说明形尽神不灭,只是看到了这一生,而只有"达观者",才能明了人不止一生,而是有前生、今生和来生之"三生"。

慧远如何看待生死?

慧远反复引用《庄子》去论证"神不灭",宣扬的是超脱生死观念的"杀生者不死,生生者不生"的"不死不生"的真人体道的精神境界。他从佛教的立场出发对《庄子·大宗师》作了新的诠释,将《庄子》所追求的摆脱生死观念的"不死不生"的精神境界性的"道",改造为超脱生死轮回的非人格化的精神实体性的"神"。慧远的生死观是佛教的轮回主义生死观,生死轮回的主体是"以无生为反本"的"神"。在慧远的眼中,人的生死变化流转,是因为人的贪爱、情识的感召作用,而贪爱、情识的生起,是以不灭的"神"为根本依据。

僧肇为什么被称为解空第一?

《不真空论》是僧肇四论著作之中的一本,他认为"本"、"末"、"有"、"无"、"名"、"实"等一系列的主体或客体都没有独立的本性,也就是没有自性,因此世界原来是"空"的。这种性空思想是他的整个佛学的理论基础。僧肇认为的性空,基本上符合印度中观般若性空本意的,而且是"融会中印之义理"的,所以他深受他的师傅、著名佛经翻译家鸠摩罗什的赏识,鸠摩罗什曾经将其称为"解空第一"。

僧肇的性空说的目的是什么?

僧肇在《不真空论》之中阐述性空思想是通过批判佛玄合流之中出现的"六家七宗"中具有代表性的心无、即色、本无三宗,纠正它们的偏差之后,从佛教的缘起论、名实论等方面进行论证,用"不真"来解释"万有",用"虚假"取代"空无",他的性空思想用不真空来立论,包含了玄佛合流中的有无争辩、取代有与无的对立,将当时玄学和佛学的有无之争过渡为真假之辨。僧肇的性空思想,认为只要经过"玄鉴"的观照,就能够达到"即万物之自虚"的妙趣,体会到"当

僧肇家乡西安的大雁塔

体即空"，也就把握了事物的本质。换句话说就是如果从本质上把握了这种性空思想，就可以很容易地把佛教大乘思想的出世与入世不二圆融起来。他的性空说的最终目的是达到出世与入世不二，使大乘佛教思想贯彻落实到实际生活中去。

僧肇是如何批判心无、即色、本无三宗的？

僧肇认为心无宗的可取之处在于心不执著外物，不受外物干扰，缺点和过失是没有认识到外界本身的虚假性。对于即色宗，僧肇认为它们只是用万法不能独立自存为理由来否定万法，却并不懂得假有的"色"本身就是空的道理。僧肇指出本无宗的缺陷在于感情还是过多，没有真正理解透彻。就这样，僧肇通过批判心无、即色和本无三宗的观点而对当时割裂有和无、离开假有来谈空的普遍倾向作了综合性的批判。因为三宗和玄学有着密切的联系，所以僧肇在批判般若学"六家七宗"的同时，也间接地批判了魏晋玄学的各流派。

什么是不真空？

僧肇在批判了"六家七宗"割裂有无谈空观的弊病之后，提出了以"不真空"来释"性空"义的观点。这个观点克服玄学各宗派所执著"无"的片面性，也摆脱了老庄难以解决的如何从无到有的难题，从形式上解决玄学长期以来的有无纷争，体现出大乘空宗般若学的思想，坚持了"即万物之自虚"的性空说。

不真空思想有哪两方面的含义？

僧肇理论之中的"不真空"中的"空"，不是玄学所说的"有"，也不是玄学所说"无"，而是两者的统一，是不真实的存在。这种用"不真"来说"空"的理论，恢复了般若学以缘起说无自性，无自性就是假，假就是不真，不真就是空的思想。具体地说，"不真空"思想有两个方面的含义：一是性空；二是假有。从俗谛的角度看是"有"，但是那只是假有，虚幻不真；站在真谛的立场上看，事物本质性空、毕竟空。为了准确地把握这种般若性空思想，他借助了玄学化的语言来论证这种非有非无的性空思想。

僧肇是如何运用名实之辩的？

僧肇论证性空思想还用了玄学争论的主要话题——名实之辩来论证。他认为，约定俗成的名言概念与非有非无、没有自性的假象世界之间没有同一性。按照某个词语的概念去寻求与它完全一样的东西是找不到的，没有任何东西可以与之相当，所以这个名词所代表的事物是不存在的。他认为物并不是有了物之名就有了物之实，物没有物之名它仍旧也是物，物之名也并不因为它赋予了物而就成为真实的"物"，物之名仍然是名而已，并无物之实。

僧肇认为，事物原来并没有彼与此的差异，区分事物的彼此完全出自于人为，是人们强加在事物之上的。用物的名加之于非物，则非物虽被冠以物名，实际上并

第三章　玄学一统、佛道萌芽的魏晋哲学

不是物,物并不是因为具有物的名就合于物的实,名也不是因为它加之于物而成为真名。这种名实之间的矛盾依然是有无问题在性空说上的反映。要认识有无之间的关系,也就是非有非无的性空义,不能依靠逻辑思维的方式来推断,要通过体悟性空之真谛,做到"即物顺通"说明不离万物而把握其性空的本质,从万物的角度而体认"空"义。

僧肇的不真空思想有什么重要意义？

僧肇运用中观般若学的非非论证方式,用"不真空"的基本命题,比较准确地阐述了他的性空思想。这种性空思想,比较全面、准确地把握了罗什的中道实相理论,基本上符合印度佛教的要旨,为佛教中国化奠定了重要的基础。僧肇的性空思想,在中国佛教史上具有重要的影响。僧肇的性空思想,强调万物非真,既不将万物归之于绝对的空无,也不在万物之外再立一个空本体。它是"不真即空",二者是统一的。空是真正存在的,是"真实"的,而真实的"空"又存在于万物之中,与万物相即而不相离,就可以达到"触事而真",进而将佛教出世与入世不二的思想统一起来。僧肇的性空思想可以说在总体上确立了日后中国佛教的思想走向。

为什么说动静观是物不迁论的基础？

动静观是物不迁思想的哲学基础,人们能够看到万象的流转变动。可是僧肇却说物不迁,事物没有实在的迁变,并不是意味着事物连动的现象都没有。他认为寻究不迁的宗旨必须在事物的运动中寻求事物的静止,所以事物虽然是运动而常静止,不离事物的运动而求静。在僧肇的理论之中,动静本身是一样的,没有实际的差别,二者是相互依存的,没有动哪里来的静,没有静哪里来的动,这些概念与现象是相对的,而不是像常人那样将动静看成是完全相反的。人们只看到了事物的现象,就以为自己认识到了本质规律,所以大道都被好异之说给歪曲了,人们不能破除"法执",他们的观点就只能是世俗的,是错误的。

僧肇持有什么样的时空观？

一般人所说的动是根据过去的事物不保持原来的面貌来到现在,所以说事物是运动而非静止的。而僧肇所说的静止也是根据过去的事物不保持原来的面貌来到现在,所以说事物是静止而不是运动的。既然知道过去的事物不能保持原貌来到现在,那么现在的事物又怎么能恢复过去的原貌呢？过去事物的面貌本来就只能存在于过去,并不是从现在恢复到它的过去面貌。那现在的事物只保存于现在,也决非从过去来到现在。简单一点说就是过去的事物只在过去,不在现在,只是处在某一时间段上,所以是静止的。

人们总是在现在当中寻求过去的事物,正因为现在当中没有过去的事物,所以一般人认为事物有实在的、绝对的不住。佛学家却在过去寻求现在的事物,因为过去的事物不是实在的、绝对的消失。

87

如果现在的事物能恢复它过去的原貌,那么过去当中就应有现在的事物。如果过去的事物能保持原貌来到现在,那么现在当中就应有过去的事物。

僧肇认为如果时间现在与时间过去之间的单向流通是实在的,流通的两端就是时间现在和时间过去也必定实在。过去的一切不是实在的,事物是因缘造作而成,本来这个世界都是不真实的,我们所看到的只是表象,是一种"真如"世界,各物象自性本空,只住于一世,也就是不迁。

《神灭论》的主要内容是什么?

范缜的《神灭论》实际上就是顺应反佛的需要而产生的,他在批判因果报应论中认识到想要要批倒这一神学谬说,必须从理论上否定神不灭论。因为神不灭理论经过慧远的发展,已经非常系统,如果没有一个完整的、系统的理论根本就不可能打败神不灭论。范缜在前人的基础之上,整理了神灭论的思想资料,同时总结了反神不灭论中的教训,克服了以往神灭论者把精神自身看作是一种精细物质(精气),不了解精神是物质的属性,从物质派生的局限。

第二次反佛斗争的主要经过是什么?

第二次反佛斗争的矛盾双方是想要推行佛教国教化的萧衍和坚持反佛的范缜。公元507年,由萧衍亲自"敕旨"发动,然后通过和尚法云组织,向范缜进行了大规模的围攻。萧衍的"敕旨"是对臣下范缜发的"训斥",他在列出三圣压人的同时,给《神灭论》定下"妄作异端"定位,命令范缜投降,但是范缜却将第一次论战发表的《神灭论》进行了修改,有力地回敬了萧衍的"敕旨"。接下来的围攻参与者是包括萧衍、法云在内共六十四个王公朝贵与僧侣,围攻的队伍虽然庞大,讨伐的文章也有75篇,但是这些大多只是依附皇帝萧衍的附和之作,唯一拿得出手的就是权臣曹思文和肖琛写出三篇驳神灭论的文章。但他们的观点和之前的神不灭论一样,没有什么新东西,只是翻来复去地说形神相异,认为形神,不共体,合而为义,形神可以分离,并以"形静神驰"的比喻加以论证。范缜针对曹思文等利用人的做梦现象,宣扬"形静神驰"的形神二元论,用事实经验与逻辑推理证明梦境是虚幻的。他认为梦中处于"神昏于内"而所"安见异物"是不真实的,既然是虚妄的,而拿来证明可以形神分离,是不能成立的。论争的结果是曹思文等不得不承认自己"情识愚浅,无以折其锋锐"。最后,萧衍利用手中的权势对神灭论进行斩杀,他斥责范缜及神灭论是"背经"、"灭圣"、"乖理",并在无可奈何的情况下以钦定的方式结束了这场大论战。

范缜如何看待形神问题?

在形神关系问题之上,范缜从"即"与"异"的对立着手。"异"是指"分离",佛教徒认为"形神相异"、"形神非一",说人的灵魂可以脱离形体而独立存在,人死以后形

第三章　玄学一统、佛道萌芽的魏晋哲学

范缜反对的佛教蒙山大佛

亡而"神游"，精神（魂魄）跑到佛国或依附于别的形体，灵魂、精神就成为三世轮回的主体、因果报应的对象。所以强调形神分离，是佛教徒论证"神不灭"的主要根据。范缜却提出"形神相即"，强调了精神与形体不可分离，"形神不二"，形神"名殊而体一"，将形神看成同一实体的两个方面，同时范缜又断言"形存则神存，形谢则神灭"，肯定了精神必依附于形体而存在，随形体灭亡而灭亡。

范缜还提出"形质神用"的命题，他用统一的观点说明形神一元论，进一步深化了对形神关系的考察。他肯定了形体是物质性的实体，神是由形体派生的作用，以为神之作用是依存于物质性的形体才能发挥。

《神灭论》有什么重要意义？

范缜揭露当朝宣扬神不灭的危害来阐明自己阐释神灭的目的和良苦用心。因为统治者对神不灭的提倡和宣传，导致社会混乱不堪。"神不灭思想的传播，既给当时封建伦理道德带来极大的危害，也给国家造成严重的政治危机。

范缜的《神灭论》体现了形神之争在齐梁时代的新进展。从整体上来看，范缜的论点之中除了对传统经典上鬼神的态度之外，其余各点都有转折性的变化，反映了神灭派理论层次的提高和角度的改变。尤其是范缜不再将神当成气，而是视为具体的生理功能和心理活动，淡化了神的神秘性质。

什么是玄本思想？

葛洪将"玄"作为世界的本原，也就是说"玄"是创造天地万物之母，是产生天地万物的总根源，并且在这个基础之上形成了系统的宇宙本体论。作为宇宙万物本原的"玄"非常的微妙，莫可名言，变动莫测，无处不在，并且还没有征兆可见，但是它却孕育了最初的元气（元一），既是天地万物派生的原因，也是推动宇宙万物运动的动力。"玄"也是人之生命的根柢。

葛洪认为应该如何去认识玄？

葛洪理论之中的"玄"，是"道"、"一"。他认为"道"是天地万物产生的源泉，他对"道"的描述和对"玄"的描述基本上是一致的。所以，我们可以说"玄"实际上是老子的"道"的翻版。"玄"是先验的、绝对的精神性的实体，不是某种物质性的实

89

体，它是超越时空的永恒不变的东西。"玄"，只能是从内心里去掌握它，因为它客观上并不存在，但是它又无处不在，是非存在的存在，如果掌握了它，就会有无穷的神力和妙用。

为什么说葛洪的学说是道本儒末？

葛洪的思想体系，既不是纯粹的道家，他的道学是祈求长生不老、长生不死的宗教化、神仙化的道教；也不是纯粹的儒家，他的儒学是经过道教化的儒学。所以说是以儒补道，儒道结合，以道为本，以儒为末。

葛洪吸收了哪些人的学说？

葛洪的道教神仙学说上承道教宗师左慈、葛玄、郑隐，而左慈原通五经，葛玄备览五经，至于老师郑隐原本就是大儒。他本人的著作《抱朴子》内篇论道，外篇言儒，这些道教宗师都是道儒并修，但是在他们的思想深处，修道学儒是处于高低两个不同层面的，修道是他们的要旨，学儒只是其余事而已。对于道与儒的关系，葛洪明白地论述，他是以道为本，以儒为末的："道者儒之本也，儒者道之末也。"他将儒家的纲常名教融合到道教神仙理论中来，认为道教徒必须积善立功，以儒家的道教规范制约自己的行为。

葛洪的社会理想与人生理想是什么？

葛洪的社会理想和人生理想给出这样的图景：一方面，葛洪想要做出世的隐士和仙人，试图在炼丹采药中追求"长生不死"的神仙境界；另一方面，

三清道祖

第三章 玄学一统、佛道萌芽的魏晋哲学

他又要做入世的卫士和儒者。他的思想是充满矛盾的,所以他的祈求"长生不死"思想遇到了极大的障碍。长生不死并不是指肉体生命的常在,而是精神生命的永恒。精神生命的本体是超越于心物以外而独立存在的生命原始;它的作用和现象是现有的生理和心理的意识状态。

想要长生,就只能问虚空、必然无果,葛洪的晚年也是因为意识到了这一点,所以才会归隐于道山,专门研究神仙导养之法。

为什么北魏太武帝会灭佛?

在北魏太武帝时期发生的中国历史上第一次大规模的灭佛事件,寇谦之在里面起到了推波助澜的作用,但是实际上他并不反对佛教,反而在改造天师道、建立北天师道的期间还借鉴了佛教的内容和形式。太武帝灭佛的真正原因是他在统一北方的过程之中,征服的关中、凉州都是佛教兴盛之地,这些地方僧侣地主勾结官府豪门,严重地妨碍国家政令的执行,影响兵饷赋役的征收,并且还存在着参与叛乱的嫌疑。佛教参与北魏立太子的政治斗争的"玄高事件"、寺庙之中出现的兵器以及崔浩的怂恿才是灭佛的真正原因。

寇谦之是如何对抗佛教的?

从佛教传入中国之后,道佛两教的斗争就从来没有停止过,但是在理论方面,道教一直都处于下风。在信仰方面,道教以治病为中心、富有浓厚咒术宗教色彩的道教也不能长期维系人们的信仰,所以寇谦之为了对抗佛教并且将道教发展下去就决定借鉴佛教,建设足以对抗佛教的宗教内容和体制。他对佛教的借鉴体现在思想、仪式、神仙塑造、科技和养生诸方面。

寇谦之对戒律提出了哪些建议?

寇谦之非常重视戒律的重要性,认为道教有了戒律才可以使信奉道教的人成为"道德之人"。他认为"道"的性质是"无为",人应效法"道",用戒律约束自己,不作"有为"的贪利之事,这些道教戒律对道教徒起到了劝善止恶的道德教化作用。寇谦之在佛教的影响下,为道教建立了一套较完备的教仪,主要包括:奉道受戒仪、求愿时所行仪、为死亡人祈请仪、为消除疾病祈请仪、为宥过祈请仪、三会仪式等。

寇谦之受佛教影响,重视礼拜神灵。他吸收了佛教的劫运观念来充实道教教义,认为在"末劫垂及"的时代,地上生民只有立坛宇,朝夕礼拜神灵,功德及于上世,并能修身炼药,学长生之术,才可羽化成仙。

陆修静的主要贡献有哪些?

陆修静是早期《道藏》的编辑者,当时虽然有道教经典《上清经》、《灵宝经》与《三皇经》,但是三本书都有些概念模糊。后来宋明帝召陆修静到建康,宣讲道法,并且在天印山(方山)修筑崇虚馆给他居住。陆修静主张儒、佛、道三教合流,认为斋醮是求道之

本，然后复以礼拜、课以诵经，就能成道。此外，陆修静还将自己遍游名山所得的道教经诀，总括为《三洞》：《洞真经》（《上清》诸经）、《洞玄经》（《灵宝》诸经）和《洞神经》（《三皇经》）。为了辨别道家典籍的真伪，分别三洞四辅，陆修静又编纂了第一部的道教经书总目《三洞经书目录》。他还曾经因为《洞玄灵宝》诸经的真伪混淆，进行过仔细的刊正，并且撰斋戒仪范一百余卷，作为典式。南方道教斋仪因此而得以完备，经过陆修静改革之后的道教成为南朝天师道正宗。

陆修静为什么要改革道教制度？

南朝时期，道教在组织形式上发生了重大变化，最主要的表现是祭酒制的衰落和道官制度的兴起。祭酒制度是早期五斗米道的旧制，基本特征是"立治置职"，道官祭酒"领户化民"，实行政教合一之统治。为了实现道官祭酒与道民的统属关系，天师道制定了三会日、宅录和缴纳命信等制度。自从魏初天师道北迁至晋宋的时候，就出现了组织混乱、科律废弛的严重局面。因为祭酒制度的腐朽败落，所以就失去了"清约治民"，使道教失去了使家国太平的作用。在这种情况之下，陆修静提出了一套整顿和改革的措施。

陶弘景的主要贡献有哪些？

陶弘景的道教传授师是孙游岳。孙游岳是陆修静最杰出的弟子，所以被授予三洞经箓及杨羲、许谧的上清经法。陶弘景又从孙游岳的手中接受了这些上清经法，但是他却不满足，再次遍访江东名山，搜集散失的杨羲、许谧的上清经诀手迹。在490年到茅山隐居之后，他就开始着手整理研究上清经法，撰写了《真诰》、《登真隐诀》等。《真诰》对《上清经》的来源、传授关系以及上清派的教义、方术等作了系统的记述，是早期上清派教义和历史的集大成之作。《登真隐诀》是配合《真诰》的，专门抄摘诸《上清经》中的方术秘诀，也就是上清派养生登仙之方术秘诀。这两部著作促进了上清派的发展。

陶弘景虽然是茅山宗的开创宗师，但是实际上他还信奉佛教、崇尚儒学，所以他是兼容三教，以道教为主体，再吸取佛教和儒家的有用成分，使道教更充实，更义理化。

茅山宗是怎么来的？

因为陶弘景在茅山广招徒众，宣扬传授上清经法，建立了茅山上清道团；加上梁武帝和王公朝贵对他的敬重，以至于他的名气和声望都得到了极大的提高，当时的茅山也因此而成为上清派的核心基地。他的继承人也大多是非常有影响的上清道士，所以茅山就一直保持着上清派的核心地位，后世就称陶弘景开创的茅山上清派为茅山宗。茅山宗以元始天尊为主神；教义以《上清经》为主，并且兼收各派道法及儒释思想；修持方法以存神、诵经为主，也兼习灵宝、三皇及天师道的经戒法箓，组织以出家居道馆为主。茅山宗不仅在南朝时

第三章 玄学一统、佛道萌芽的魏晋哲学

陶弘景炼丹井

期兴盛,在隋、唐、两宋时期也一直未衰,在道教诸派中占有重要地位。

为什么早期道教的神灵比较混乱?

最早的道教——天师道和太平道都尊奉老子为最高神,将其称为太上老君。这个传统,一直传到了南北朝时期的北天师道和楼观道,但是在东晋南朝却不是这样。东晋南朝的道教除了尊奉古代传说修仙得道的神仙真人之外,上清派尊奉元始天王为最高神、灵宝派的最高神却称为元始天尊。此外,他们还吸取佛教超现实世界的观念,扩充了神仙世界和阴间世界,制造了一系列神鬼仙灵,比如众多的天尊、道君、天神地祇、三十二天帝、五方帝君、十方度人不死之神、星官、五岳山川之神、阴曹地狱之鬼官等。但是这些众多的神灵,不仅名号变化无常,而且关系非常杂乱不清,这对于道教的传播和扩大影响是非常不利的。

《真灵位业图》是如何排序的?

针对道教神灵混乱的情况,陶弘景撰著了《真灵位业图》,将他搜集到的近七百名神灵的名号,按照图谱形式,按阶次排列出来,使杂乱的诸神仙有了明确的体系。《真灵位业图》将所有神仙分为七阶,每一阶有一个主神排在中位,其余分列于左、右位、散仙位和女仙位。七阶的主神分别是:第一阶玉清元始天尊、第二阶玉晨玄皇大道君、第三阶太极金阙帝君李弘、第四阶太清太上老君、第五阶九宫尚书张奉、第六阶右禁郎定录真君茅固、第七阶丰都北阴大帝。陶弘景的排列次序实际上反映了当时的士族门阀等级制度。他的排序使道教从多神教向一神教发展前进了一大

步，在道教史上有巨大影响。

陶弘景的著作有哪些？

陶弘景养生修炼的重要部分是服饵炼丹，所以他长期从事炼丹。自公元505年到公元525年的二十年之中，陶弘景一共炼丹七次，却只有最后一次成功。在多次实践的基础之上，他撰写了多种炼丹著作，主要有《太清诸丹集要》、《合丹药诸法式节度》、《集金丹黄白方》、《炼化杂术等》。

养生可以健身防病，但是患病就必须医药治疗，所以陶弘景也非常重视医药学，撰写了大量医药著作，主要有《本草集注》、《陶隐居本草》、《补阙肘后百一方》、《效验方》等。

第四章　儒释道三教并行的隋唐哲学

隋唐时期三教哲学之间有着怎样的关系？

公元581年，隋文帝杨坚建立隋朝，从此掀开了中华历史上最为强盛的隋唐盛世的序幕。为了适应政治上的大统一和封建专制统治的需要，隋唐一直采取儒学为先、尊佛崇道的开放式思想政策，大大地促进了儒、释、道三教的发展和融合，推动了三教思想的发展。从整体上来说，隋唐时期的思想主要围绕着三个中心问题展开：心性与理事问题；道统与法统；天人关系。围绕着这三个问题，三个学派在冲突之中，相互汲取、相互批判，在中唐之后，三教合一的理念渐渐地成为主流。当然此外还有一些坚持无神论与唯物论思想的哲学家，其中以反佛教的傅奕和唯物主义的吕才、卢藏用、李华为代表，只是他们的影响相对于三个主要流派显得有些轻微。

中国的佛教经过南北朝时期的飞速发展，已经基本成熟，尤其是在北方的禅学和南方的义学的深入传播，为隋唐时代中国以心性为核心的佛教宗派的创立奠定了基础，也使隋唐时期的佛教理论思维水平达到了中国佛教思想史的高峰。

隋唐佛教经历了什么样的发展历程？

伴随着隋唐时期国家的高度经济繁荣，寺院经济也高度发达，佛教进入鼎盛期，佛教理论也出现了不同的教派。佛教大多着重通过阐述心性问题，否定客观世界的真实性，劝导人们加强主观修持，进

唐朝建立者李渊

而达到成佛的境界。主要的佛教宗派有三论宗、天台宗、华严宗、法相宗、禅宗、律宗、净土宗、密宗等,其中最主要的有:介绍印度哲学的唯识宗,中国化的天台宗、华严宗和禅宗。唯识宗是由玄奘(唐僧就是以他为蓝本)和他的弟子窥基建立,他们着重介绍、宣传印度佛教的唯识思想,强调境不离识,认为感觉或意识的对象不能脱离感觉或意识而独立存在,强调普通人只有转识成智,才能成佛。中国化的天台宗、华严宗和禅宗都认为,人心为万物的本原。人心就是"真心",自性"本觉"始终不坏,只是因为普通人的妄念所屏蔽。如果能够消灭妄念,使觉性自然复原显现,就能够成佛。禅宗的六祖慧能以心静自悟为立论基础,提出见性成佛的"顿悟"说,也因为他提倡成佛的法门简易,使佛教禅宗在唐代后期广泛流行。

隋唐道教经历了什么样的发展历程?

隋唐时期的道教,因为唐王室自认为是道教始祖李耳的后代,所以得到大力的提倡。道教和佛教一样融合了南北不同的学术流派,建立了为统一王朝服务的新道教,最为突出的代表者是成玄英、王玄览、司马承祯,其中以司马承祯的贡献最大,他吸取了佛教的一些戒律,发展道教精神,提出主静去欲的道教学说,主张"坐忘"、"收心",这个观点也是后来儒家"主静"学说的先驱。

隋唐儒家哲学经历了什么样的发展历程?

隋唐时期的儒学虽然有道教和佛教两个强大的竞争者,但是却依然占据着正统地位。唐代中期,韩愈为了对抗佛教的"法统"说提出了儒家的道统说,认为只有儒家的仁义才是最高的道德标准,只有儒家的道统才是中国文化的正统,才是唯一合法的思想。在他之后,李翱从儒学立场出发,将儒家经典《中庸》的性命学说与佛教的心性思想结合起来,形成一套成为圣人的理论,也就是他最为著名的复性说。韩愈和李翱的思想称为了宋明理学的先声。此外柳宗元和刘禹锡针对天人关系,对天人感应论展开了批判,柳宗元明确提出,天无意识,不能"赏功而罚祸";刘禹锡则提出"天与人交相胜"的学说,认为强者制胜弱者是自然规律,建立礼义法制,赏善罚恶,是社会准则。柳宗元与刘禹锡两人的思想包含着唯物主义的思想见解和朴素的辩证法思想。

为什么隋唐道教哲学会成为道教的重大转折点?

隋朝是道教发展的一个转折点,它为唐朝以后道教的兴盛和理论的大发展奠定了基础,这种转折除了与隋朝结束300余年的南北分裂的局面有关之外还与统治者的扶持有关。隋朝以崇佛为主,但是却同样重视道教,隋文帝杨坚在登基之前就利用道教为自己造势,登基之后自然对道教大加重视,实行道佛并容的政策。史书之中记载的就有张宾、焦子顺等人因为密告符命替杨坚造势而受到册封与赏赐,据说他的开国年号开皇也是根据了道教经典而来。李渊称帝之后,认为道教之人兴唐有功,于是就下令修建道教宫殿并且予以

第四章　儒释道三教并行的隋唐哲学

重赏。道教的王远知就属于道教看清天下大势的典范，他不仅向李渊密告符命，还预言李世民为"太平天子"，而佛教徒却拥护太子李建成，所以李世民登基之后自然对其大加封赏。唐朝统治者重视道教还有一个重要原因就是提高自己的门第，神化自己的统治权威，防止在唐初依然掌握着不小的势力的传统门阀势力作乱，在史书之中就有不少关于李渊受太上老君之命而攻城略地的记载。至于道教、儒教和佛教三者之间的地位，李渊曾经明确规定：道教第一，儒教第二，佛教作为外来的应当排最后。李世民登基之后更是大力推崇道教，对佛教却采取了抑制措施，这个政策一直到武则天登基才有所改变，因为她是依靠佛教为自己大造声势才得以登上皇位。高宗李治也迫于压力不得不将道教在先、佛教在后的规定改为两教平起平坐。唐玄宗李隆基登基之后，考虑到武氏、韦氏都是依靠佛教势力篡夺李家王朝的事实，于是就从登基开始就下令推崇道教，进而使道教进入了全盛时期。当时许多的公主嫔妃都是入道的女真者，李白、贺知章等文人也是受箓在案的道士。

隋唐道教哲学有哪些成就？

道教在刚刚诞生的时候只是一个民间的组织，而随着时间的流逝和社会的转变，道教逐渐成为上层士族的道教，它也受到了封建统治者的崇奉和扶植。隋唐时期就是道教的兴盛期，特点是道教的社会地位得到极大的提高、道教的人数和道观的数量都逐渐地增多，规模十分的宏大。在经过了南北朝和儒家、释家的大辩论之后，道家从两家文化吸取部分思想充实自己的理论，道教内部的南北派别也开始互相融合。加上统治阶层的大力提倡，更是使道教的研究形成风气，道教的学者是层出不穷，道书的数量大大增多，修持方法也在理论上取得了极大的发展。

在道教的理论建设方面，唐代的许多道教学者吸取了儒家和释家的思想，对教理、教义和修炼方术作了全面的发展，它既为宋元道教理论的拓展创造了条件，而且还在中国思想史和哲学史上占有重要的地位。孙思邈、成玄英、王玄览、李荣、司马承祯、吴筠、李筌、张万福等人就是当时著名的道教学者，尤其是以成玄英、李荣为代表的重玄派，对当时和以后道教理论的发展都产生了重大的影响。王玄策更是在印度建立碑文宣传道教自然无为思想。

为什么隋唐时期佛教会前所未有的兴盛？

东汉明帝时期，公元67年，佛教正式由官方传入中国，中国第一座佛寺白马寺正式建立。在这之后，佛教经历了三国以及南北朝的战火，不仅没有衰落反而在南北朝的帝王的推崇之下愈加的繁荣，尤其受到普通大众的认可。隋唐时期是中国最为鼎盛的时期之一，期间虽然有短暂的战争，但是整体上来说是一片全国一统的局面。在这种大局之下，南北朝长期发展下来的佛教流派在一定的条件下形成了不同的宗派，也有了自己的独特宗教理论体系、宗教规范制度、独立的思源经纪和势力范围。社会的繁荣加上统治阶层的三教

武则天

并行的方针政策,大大促进了寺院经济的发展,译经的规模和水平远远高于前代,佛教理论也由依附汉文译经进而建立起多种独立的宗派体系,适应中国封建社会的宗教仪式、教规基本完成。

隋唐时期最为著名的宗派有哪些?

隋唐时期最为著名的有三论宗、天台宗、律宗、净土宗、法相宗、华严宗、禅宗、密宗等。其中最为著名的当属天台宗、华严宗、唯识宗、禅宗四大宗派。

以智𫖮为代表的天台宗宣传"一切诸法,皆由心生",将复杂多样的世界说成是心之一念的产物,并且建立了一套空、假、中"三谛圆融"的理论和止观双运的宗教修行方法。

以玄奘及其弟子窥基为代表的法相唯识宗主张"心外无法"、"万法唯识",他们主要是翻译介绍印度无著、世亲一派烦琐的唯心主义哲学,由于脱离中国社会的实际,结果虽在唐初风靡一时,但是没有多长时间就衰落了。

以法藏为代表的华严宗强调离开心之外,没有任何事物和现象的存在。客观物质世界乃至主客观的内外区别,全都是一心所现。它还提出"理事相即",本体和现象圆融无碍的理论,对宋明理学有重要影响。天台宗和华严宗可以说是印度佛教中国化的过渡形态。

天台宗是什么样的宗派?

天台宗的创始人为智𫖮,宗派名称是因为智𫖮长期居住在天台山而来,因为奉行《法华经》为经典,所以也被称为法华宗,创立的时间为陈隋交替之际,主要的佛学思想有性具说、一心三观、一念三千。

天台宗为什么会被建立?

智𫖮建立的天台宗是为了适应全国统一的政治需要和佛教发展趋势而出现的,是在统一南北佛教的基础上结合传统思想而建立起来的中国化的佛教宗派,它在方便法门的旗号下对佛教的各类经典和不同学说作出了折衷,对南北各地形成的不同学风进行了调和,并对中印两种不同的思想学说加以融通,调和性与融合性成为它

第四章 儒释道三教并行的隋唐哲学

天台山寺庙

的最基本的特点。

天台宗对佛教哲学有什么影响？

天台宗的佛学理论体系和叙述方式对中国佛教其他宗派的理论架构造成了深刻的影响，在经历了几番起落之后，在唐朝的时候传入日本，并且直至今日依然是日本佛教许多宗派的重要源头。

法相宗的性质是什么？

法相宗的创始人为玄奘、窥基，也被称为唯识宗、法相唯识宗、慈恩宗，宗派名称的由来则是因为主旨在于分析法相而阐扬"唯识真性"的义理。基本典籍有《解深密经》、《瑜伽师地论》、《成唯识论》，主要学说有"阿赖耶识"论、"三性"、"四分"说，基本思想为"万法唯识"、"唯识无境"。

法相宗的创始人是谁？

法相宗的创始人是中国佛教三大翻译家之一的玄奘和他的弟子窥基，师徒长期居住在长安的大慈恩寺之中。玄奘一生主要宗教活动在于全力从事佛教经典的翻译工作，总计一生所翻译经论共一千三百三十五卷。他和弟子所创立的法相宗就严守印度佛教瑜伽行系的学说。

华严宗名称的由来？

华严宗的创始人为法藏，也被称为贤首宗、法界宗、圆明具德宗，名称则是因为该派以《华严经》作为立宗基础而来。华严宗在传统上以龙树为初祖，但是实际的创始人，并且确立名称的是法藏，法藏曾经受封为贤首国师，这也是别名贤首宗的缘由。

华严七祖分别指哪些人？

华严七祖分别是初祖龙树，二祖马鸣，三祖杜顺和尚，四祖云华智俨法师，五祖贤首法藏法师，六祖清凉澄观法师，七祖圭峰宗密禅师，中心教义为法界缘起。

华严宗的学说对佛教产生了什么样的影响？

华严宗认为被认识的对象不是独立于人的认识之外的客观实体，它只是作为主观认识的对象而存在。主观认识才是第一性的，才是客观对象的基础。华严宗和禅宗在隋唐佛学之中出现较晚，所以更多地综合了以前的佛学思想，对于宋明道学的影响非常大。他们自认为华严宗的教义圆满无碍，而圆满指的就是物质世界是虚幻的，佛性是实有的；事物是假的，其本体是真的。企图把空有二宗的思想糅合起来。

禅宗名称有什么样的含义？

禅宗的创始人为达摩，是中国佛教的主要宗派之一，名称则是根据梵文"禅那"音译而来。禅宗，在梵文之中的意思是"静虑"、"思维修"、"定慧均等"，它是指经由精神的集中，来进入有层次冥想的过程，这种方法也是佛教很重要而且基本的被称为三无漏学之一修行方法，也是大乘六波罗蜜之一。理论基础为本性即佛。

禅宗六祖分别是谁？

禅宗六祖分别是初祖菩提达摩，二祖慧可，三祖僧璨，四祖道信，五祖弘忍，六祖惠能。

禅宗可以分为哪两脉？

禅宗的学说大体上可又分为达摩至神秀北宗一脉相承的如来禅和惠能所传的祖师禅，而绵延流长的就是惠能创立的南宗和祖师禅。我们通常所说的禅宗是由惠能建立的南宗。禅宗的主张是不立文字，强调精神的领悟，直指本心，见性成佛，简单一点就是提倡单刀直入的顿悟。他们非常重视净性，强调自悟，而这也是南宗成佛学说的理论基础。

禅宗对佛教有着怎样的影响？

禅宗是佛教中国化的典范，是中国历史上影响最大、最深远的佛教宗派，而隋唐时期的禅宗是禅宗最为鼎盛的时期，禅宗的思想不仅影响了宋代理学，而且对朝鲜和日本的佛学也有着很深的影响。

隋唐时期儒家的主要代表都有哪些？

在古文运动中，出现了一批有名的文学家、诗人和思想家，其中最著名的代表人物有韩愈、李翱、柳宗元、刘禹锡等。韩愈作为古文运动的领导者之一，极力反对佛教，认为佛教是导致天下大乱的原因，但是他却吸收了佛教的法统思想，建立了儒家的道统学说。李翱则提出了恢复善的本性的"复性说"，这两种学说成为宋明理学的思想先驱。柳宗元和刘禹锡则是唯物主义无神论者，他们提出了"天人不相预"、"天人交相胜还相用"的学说，用物体形用的唯物主义体用改造佛学的空体幻用的神秘主义体用观。

多次上书建议反佛的隋唐哲学家是谁？

傅奕（555-639年）隋唐著名的思想家、著名的反佛斗士，现在的河北临漳西南人，他以通晓天文历数著称于世，先后担任太史丞、太史令等职位。

傅奕从小就聪明善辩，谈吐流畅。他素不信佛，轻视僧尼，别人崇拜佛像，他却不以为然，认为石像只有做砖瓦一个用途。在隋文帝开皇年间，担任杨谅的汉王府仪曹。杨谅谋反失败，他虽然没有受牵连被杀，但是仍然被流放到了现在的陕西凤翔，当时担任太守的李渊对他非常的

第四章 儒释道三教并行的隋唐哲学

礼敬。李渊建立唐朝之后,任命傅奕为太史丞,没有多长时间之后提升为太史令。620年,傅奕创造了计时的"漏刻新法",被颁布施行。当时,唐朝初建,许多典章制度仍沿袭隋朝旧制。傅奕认为在暴隋与乱世之后,旧制应当改革变更。于是就上《请革隋制疏》,疏中他首先叙述了历史不沿旧制的事例,他还认为,如今已改朝换代,处于拨乱反正的时候,官名、律令等仍用隋旧,这就好像惊弓之鸟害怕曲木一样,所以他主张大力改革,他还提出了两项改革方案:一是裁减官员,他主张官多不如官少,精减官员,既可防止十羊九牧,又能减轻国家开支与人民负担;二是减轻刑罚,他认为刑法越来越烦,隋朝更是"专峻刑法,杀戮贤俊",所以他主张应引以为戒,减轻刑罚。

被徵征赞为"学术之妙"的唐代唯物主义哲学家是谁?

吕才(606-665年),唐代哲学家、唯物主义思想家、无神论者、音乐家、自然科学家,现在的山东聊城临清市夏津西人。

吕才出生在一个贫寒的庶族家庭,从小聪明好学,是一位未经名师传授、自学成才的思想家、学者。他的兴趣爱好非常广泛,通晓《六经》、天文、地理、医药、制图、军事、历史、文学、逻辑学、哲学甚至阴阳五行、龟蓍、历算、象戏等,尤其擅长乐律,而且有许多专门著作和创造。因为他的学识渊博、博才多能,唐初的一些像魏徵、王珪等名臣赞赏他的"学术之妙"。30岁的时候,由温彦博、魏征等人推荐给唐太宗进入弘文馆,担任太常博士,太常丞,太子司更大夫等职位。他因为职务的关系参加了许多官方编辑、修订图书的工作,也有许多自己的著作,内容涉及音乐、天文、历数、地理、军事、历史、佛学、医药等众多领域。吕才的成绩是遍及各个方面的,可惜的是他的著作几乎全部失传,至今保存下来的仅有8篇残篇、5000余字,从中已经无法完全了解吕才思想和学术的全貌。

被称为"随驾隐士"的唐代哲学家是谁?

卢藏用(664-713年),字子潜,现在的河北涿县人。卢藏用出身北方大族,家族世代为官,他本人也是才华横溢,很轻松地就考上了进士,但是他却得不到上司的赏识,于是就写了一篇《芳草赋》之后,跑到了终南山之上做起了隐士。在山中的时候,他跟随道士修习道术,相传将辟谷练到了一定的境界,可以几天几夜不吃饭。但是卢藏用的心思还是在仕途之上,他之所以选择终南山隐居也是因为这里靠近都城长安,而当皇帝去了洛阳之后,他就跑到嵩山隐居,于是他就得到了"随驾隐士"这样一个称号。后来武则天也知道了这个人就将他请出山,任命了一个左拾遗的职务,没有几年他就升到了吏部侍郎,后来却因为帮助他人取官而名声败落,唐玄宗更是因为他是太平公主的男宠而直接将他发配偏远的广东。

提出道与众生思想唐代哲学家是谁？

王晖（626—697年），法名玄览，封号洪元先生，祖籍现在的四川绵竹，主要著作为《玄珠录》，他思想特点是思想渊源于道家而杂有佛家的色彩，继承老子"道可道非常道"的命题，认为消灭一切知识，就能"得道"。

王玄览的著作流传至今的只有他的弟子王太霄根据听讲笔记汇集而成的两卷被收入《道藏》太玄部的《玄珠录》，它也是现代研究王玄览道教哲学思想的主要材料。"玄珠"，道教又称为宝珠、心珠，实际上指的是人心，所以《玄珠录》大体上就是王玄览心路历程的记录，其中的内容涉及非常广泛，而比较被关注的就是他在"道体"、"道物"、"心性"、"有无"、"坐忘"等问题上的观点。王玄览的道教神学理论讨论的是道与众生的关系，但是因为他对佛理作过深入的研究，所以他的道教思想之中有非常浓重的佛学味道，尤其是当时蜀中流传的佛教三论宗的中观学说对他产生了非常大影响，这一点从他和佛教大德高僧讨论"空"义，熟练运用中观"四句"范式就能够看出来。所以说，王玄览是援佛入道、将佛教哲学与道教哲理结合起来运用得非常好的道教学者，是当时蜀中道教界远近闻名的有影响的高道。

提出静修正心思想的道教哲学家是谁？

司马承祯（647—735年），字子微，法号道隐，自号天台白云子，祖籍现在的河南温县，他是道教上清派茅山宗第十二代宗师，与陈子昂、卢藏用、宋之问、王适、毕构、李白、孟浩然、王维、贺知章合称"仙宗十友"，南朝道士陶弘景的三传弟子，代表作为《坐忘论》、《天隐子》、《服气精义论》，死后追赠为银青光禄大夫，谥号贞一先生，他的思想特点是不注重炼丹、服食、变化等道术而提倡静修正心。

司马承祯从小就喜欢学道，对仕途没有兴趣，他拜嵩山道士潘师正为师，接受上清经法及符箓、导引、服饵的道术教导。学成之后，司马承祯周游天下名山，选择了天台山玉霄峰隐居，这也是他的自号"天台白云子"的由来。他先后受到武则天、唐睿宗、唐玄宗三个皇帝的称赞，其中唐玄宗更是亲自接受法血流如注箓，成为道士皇帝，并且请司马承祯在王屋山随便选佳地建造阳台观供他居住，以便随时能召见，还按照司马承祯的意愿在五岳各建真君祠一所。

提出"道统"说的唐代儒家哲学家是谁？

韩愈（768—824年），字退之，唐河内河阳（今河南孟州）人。自谓郡望昌黎，世称韩昌黎。唐代古文运动的倡导者，宋代苏轼称他"文起八代之衰"，明人推他为唐宋八大家之首，与柳宗元并称"韩柳"，有"文章巨公"和"百代文宗"的美名，著有《韩昌黎集》四十卷、《外集》十卷、《师说》等。

宪宗的时候北归，担任国子博士，最后官至太子右庶子，但是却不被重用，

第四章 儒释道三教并行的隋唐哲学

人》、《原鬼》、《原毁》，哲学思想包括"道统"说，性三品说。主要哲学观点为排斥佛教和道教，以恢复儒家的地位。

提出复性论的唐代儒家学者是谁？

李翱（772—841年），字习之，谥号文，中国唐代思想家，文学家，西凉王李暠后裔，祖籍现在的甘肃秦安县北。25岁的时候，李翱在汴州认识韩愈，从此以后就追随韩愈，勤奋好学，博学有才，并娶韩愈的侄女为妻。他和韩愈经常在一起谈文论学，写作古文，维护儒道，反对佛老，发表文学主见，积极倡导古文运动。公元798年，李翱考中进士，被任命为授书郎，后来三次升迁提升为京兆府司录参军，后来又担任国子博士、史馆修撰。公元820年，李翱担任考功员外郎，并兼史职。李翱到庐州后，正值旱灾严重，逃亡人数达万人，官吏们大量抢购田屋，以获取暴利。倾家荡产的人家，仍要照旧交纳赋税。李翱下令"以田占租"，不得隐瞒。收缴大户豪门万余缗，使贫苦百姓得以安生。后来他先后担任谏议大夫、知制诰、中书舍人、郑州刺史、桂州刺史、御史中丞、桂管都防御使、谭州刺史、湖南观察史等职位，公元834年，李翱被征召为刑部侍郎，后来转为户部侍郎，检校户郡尚书、襄州刺史、充山南东道节度使。公元841年去世，谥号为文，世称李文公。

作为一名反佛和古文运动的斗士，他积极协助韩愈推行古文运动。主张文章要义、理、文三者并重，"文以载道"是他文学主体的核心。他的文章素与韩愈齐

韩愈像

此后直到50岁，官职一直浮沉不定。韩愈50岁的时候，因为参与平定淮西吴元济之役表现出处理军国大事的才能，提升为吏部侍郎，进入朝廷上层统治集团。但是两年之后，他却因为上表谏迎佛骨而触怒宪宗，差点被宪宗处死，幸得裴度等大臣挽救，才免于一死，被贬为潮州（在现在的广东）刺史。在潮州八个月，宦官杀宪宗，立穆宗，韩愈被召回朝，先后担任官国子祭酒、兵部侍郎、吏部侍郎、京兆尹等职位，政治上比较有作为。公元824年，韩愈病逝于长安，终年57岁。他的哲学代表作有《原道》、《原性》、《原

103

名。著有《李文公集》104篇。哲学代表作为《复性书》。

对"天人感应论"进行批判的儒家哲学家是谁？

柳宗元（773-819年），字子厚，唐代文学家、哲学家、散文家和思想家，唐宋八大家之一，古文运动的倡导者，祖籍现在的陕西西安。他与韩愈共同倡导唐代古文运动，并称为"韩柳"。与刘禹锡并称"刘柳"。与王维、孟浩然、韦应物并称"王孟韦柳"。与唐代的韩愈、宋代的欧阳修、苏洵、苏轼、苏辙、王安石和曾巩，并称为"唐宋八大家"。

在北朝的时候，柳氏是著名的门阀士族，柳、薛、裴并称为"河东三著姓"。柳宗元的八世祖到六世祖都是朝廷大吏，五世祖曾经担任四州刺史。入唐后，柳家与李氏皇族关系密切，仅唐高宗一朝，柳家同时居官尚书省的就多达23人。

柳宗元出生的时候，"安史之乱"刚刚平定20年。这时的唐王朝开始逐渐衰朽。唐王朝的各种社会矛盾急剧膨胀，中唐以后的各种社会弊端如藩镇割据、宦官专权、朋党相争等现象逐渐形成。4岁那年，父亲去了南方，母亲卢氏带领他住在京西庄园之中。因为出生大家，所以卢氏信佛，聪明贤淑，非常有见识，并且还有一定的文化素养。她教导年幼的柳宗元背诵古赋十四首。正是因为母亲的启蒙教育，柳宗元对知识产生了强烈的兴趣。卢氏勤俭持家，教导子女，后来柳宗元获罪遭到贬官，母亲以垂暮之年跟随他来到南荒，没有丝毫的怨言。她是一位典型的贤妻良母，在她身上体现了很多中国古代妇女的美德。母亲的良好品格从小就熏陶了柳宗元。

公元785年，柳镇到江西做官，在这之后，柳宗元跟随父亲宦游，到过南至长沙、北至九江的广大地区，这段经历使柳宗元直接接触到社会，增长了见识。父亲柳镇的品格、学识和文章对柳宗元有着更加直接的影响。柳镇深明经术信奉的是传统的儒学，但是他并不是一个迂腐刻板、不通事务的儒生。他对现实社会情况有很深的了解，并且养成了积极用世的态度和刚直不阿的品德。父亲和母亲给予柳宗元儒学和佛学的双重影响，这为他后来"统合儒佛"思想的形成奠定了基础。20岁的时候，柳宗元考中进士，被任命为秘书省校书郎，两年后调任为集贤殿书院正字。公元801年，柳宗元调为蓝田尉，两年后又调回长安担任监察御史里行，这一年他31岁。因为他对官场有非常深刻的认识，所以他逐渐萌发了要求改革的愿望，成为王叔文革新派的重要人物。但是这场变革却只持续了半年的时间，因为顺宗的下台，宪宗上台，革新失败，柳宗元被贬为邵州（现在的湖南邵阳市）刺史，走到半路，又被加贬为永州（现在的湖南永州市）司马。永州地区地处湖南、广东和广西交界的地方，当时非常的荒僻，是个人烟极其稀少的地方。和柳宗元一起去永州的，有他67岁的老母亲、堂弟柳宗直、表弟卢遵。他们到永州之后，连住的地方都没有，后来在一位僧人的帮助下，在龙兴寺寄宿。因为生活艰苦，到永州还不到半年，他的老母卢氏就离开了人世。柳宗

第四章 儒释道三教并行的隋唐哲学

元的永州之贬，一贬就是10年，这是柳宗元人生一大转折。在京城时，他直接从事革新活动，到永州后，他的斗争则转到了思想文化领域。永州十年，是他继续坚持斗争的十年。他广泛研究古往今来关于哲学、政治、历史、文学等方面的一些重大问题，撰文著书，在此期间，写下了著名的《永州八记》、《始得西山宴游记》、《钴鉧潭记》、《钴鉧潭西小丘记》、《小石潭记》、《袁家渴记》、《石渠记》、《石涧记》、《小石城山记》）。公元815年的春天柳宗元回到京师，没有多长时间再次被贬为柳州刺史，政绩卓著。公元819年11月28日，死于柳州任所。

柳宗元的哲学代表作有《天对》、《天说》、《答刘禹锡天论书》、《封建论》，哲学观点为元气一元论、无神论与反天命的历史观。

提出天人交相胜思想的唐代哲学家是谁？

刘禹锡，字梦得，唐代著名的诗人、文学家和唯物主义哲学家，籍贯彭城，祖籍洛阳，他自称是汉中山靖王的后裔，曾经担任监察御史，唐代中晚期著名诗人，被称为"诗豪"。他的家庭是一个世代以儒学相传的书香门第，他在政治上主张革新，是王叔文派政治革新活动的中心人物之一。后来永贞革新失败之后被贬为朗州司马（现在的湖南常德）。他曾经担任太子宾客，世称刘宾客。与柳宗元并称"刘柳"。与白居易合称"刘白"。哲学著作为《天论》，哲学观点是在柳宗元《天说》基础上进一步发展了自然之天的思想。

傅奕认为佛教有哪些危害？

傅奕最主要的哲学思想就是反对佛教，他主张僧尼还俗为民。他认为自魏晋南北朝以来兴起的佛教，完全是"述其邪法，伪启三涂，谬张六道，恐吓愚夫，诈欺庸品"的骗人东西。佛教的盛行，不仅破坏了中国传统的伦理道德，"逾城出家，逃背其父，以匹夫而抗天子，以继体而悖所亲"，还严重影响到人口的增加和封建朝廷的征课。要想改变这种既有害国家，又无补百姓的状况，做到"兵农两足"，就应严禁佛教。佛教被禁止，首先可使天下"数盈十万"的僧尼还俗为民，"匹配"为婚，"产男育女"，繁衍人口。其次，在那些无所事事、徒耗钱粮、"游手游食，易服以逃租赋"的僧尼还俗以后，还可大大增加生产人口，发展封建经济，增加封建朝廷的财政收入。最后，以往的"妖惑之风"就可以"自革"，"淳朴之化"便可"还兴"，使固有的伦理道德得到恢复，进而有利于人口质量的提高。

吕才是如何批判禄命思想的？

秦汉以来，社会上出现了以算命看相为职业的人。他们根据人的出生的年月，推算人一生的命运，预言他人一生的贵贱、贫富、寿夭、身体的强弱。这就意味着人的一生遭遇在出生的时候就已经决定了。根据这种迷信的方法，人的富贵贫贱是命中早已注定了的，是不可能改变的。

这种宿命论的观点使劳动者安于贫贱的地位，对富贵的人也给他们以理论的论证，这种思想显然是为当时不平等的社会辩护的。吕才坚决反驳这种迷信思想，启发了后来的无神论思想。

吕才继承了王充的批判精神，善于利用论敌的自相矛盾来揭露论敌。在《禄命书》之中，他反对迷信思想时，通过历史上人所共知的人物的年月生辰，用推算的方法论证它的"不验"。《叙禄命》以春秋时候的鲁庄公为例，庄公生当乙亥之岁，建申之月，依照《禄命书》的推算，应当贫贱，没有官爵，但是鲁庄公却是一国的君主。按照禄命书，这一年七月出生的人身体虚弱，相貌矬陋。但是《诗经·齐风·猗嗟》这首讽刺庄公的诗，却表明庄公生得高大，漂亮，既不虚弱，也不矬陋。他还以秦始皇为例，指出根据《禄命书》，秦始皇的生辰是"岁在壬寅，此年正月生者，命当背禄，法无官爵"，"为人无始有终，老而弥吉。""唯建命生，法合长寿"。但事实上秦始皇贵为天子，寿命却不过五十岁，所以说禄命之说不灵验。

吕才是如何批判迷信埋葬风水的？

在隋唐时期，社会上流行着一种迷信风水的思想，认为"富贵官品，皆由安葬所致；年命延促，亦曰坟垅所招"。这是说，祖先的坟地的地址选得好，安葬的时日选得好，子孙就必定会发迹。选得不好，就会给后代子孙招来灾祸。宣传风水迷信思想同样是为剥削阶级的统治服务的。将劳动人民对现实的不满转移到祖先埋葬的地点的问题上去，使他们不再追寻苦难的真正根源。因为这种迷信思想深入人心，有人为了选择坟地，宁可将死人的尸体停放多年却不埋葬；也有争夺坟地，不惜打架、打官司，最后导致活着的人倾家荡产。吕才驳斥了这种迷信思想，他认为人的富贵不是决定于安葬的地点和时日，而是决定于生活态度和道德修养。他还举例说，"藏孙有后于鲁，不关葬得吉日；若敖绝祀于荆，不由迁厝失所。官爵弘之在人，不由安葬所致"。最后，吕才指出，这种思想的传播，因为俗人的无知，也因为巫者的欺骗。这些术士们，有时说葬日不宜哭泣，死者家属就对来吊祭的人笑容满面；有时说相同属相的不能接近墓葬，死者家属就穿起吉服，不去送殡，这些都是对于圣人礼教的破坏，吕才认为这是不能容忍的。

卢藏用是如何批判命定论学说的？

当时的社会流行看命、算卦、看天象预吉凶的说法，并且说遵从就会国富兵强，违背就会朝廷危弱，这是说，上述那些迷信的书的说法是不可违背的。

卢藏用对这种迷信思想展开了批判。他引用了古代无神论思想家史嚚的话得出推论说，国家的兴亡都和人事的努力有关，与天时没有关系。如果主管国家政治的，"刑狱不滥"，人民就长寿，不会受刑罚的折磨而致夭死。"赋敛蠲省"，人民就富足；"法令有常"，国家就安静、不出乱子；"赏罚得中"，兵力就强盛。国家的强弱、治乱、兵力的盛衰，都是人事努力的结果。治国的原则不能靠迷信。

卢藏用指出当时的社会，有些统治者放弃政治，迷信占卜或占星术。他们还把一些根据迷信，偶尔猜中了的，就夸大、宣扬；那些根据迷信把事办坏了的，就隐蔽下来，不再声张。他指出这种迷信思想完全是骗人的。

卢藏用是如何用历史事实批判迷信思想的？

卢藏用还利用历史事实对这些迷信思想进行驳斥。迷信书上分明说甲子日兴兵要打败仗，但是武王伐纣，就是甲子日兴师的，而一战克殷。他说，决定战争胜败的是人的因素，不是天和鬼神的力量，"人事苟修，何往不济"？卢藏用又说即使遇到什么不吉利的时日，也不会失败。

卢藏用将有根据的预见和迷信的预言加以区别。他说，通过事实分析做出的预言是可信的。比如僖公三十三年，秦国出兵攻打郑国，甲士过周王城北门，上车时一跃而上，王孙满看出秦国将士有骄傲自满情绪，预言秦军必败，后来秦军果然失败。昭公十八年，郑国裨灶预言郑国将有火灾，后来没有应验。卢藏用指出，前者是根据事实的预见，后者是迷信的预言，没有科学性，这两者应当有所区别。

什么是重玄之道？

成玄英的重玄之道的名称来自于《老子》之中"玄之又玄"的句子，一部分道教徒认为，重玄之道是求道成仙的要求，是《老子》论道的精义。他所讲的道教的"重玄之道"是一种"非有非无"的本体。他采用佛教论证客观世界虚幻不实的"双遣法"来说明道和万物、有和无之间的关系。

在成玄英的眼中什么是道？

成玄英认为"道是虚通之理境"，实际上讨论的是认识对象的问题。

"道"一直都是中国哲学的一个基本范畴，几乎所有的中国哲学家都在采用不同的形式和从不同的角度来围绕这个范畴阐述自己的思想。在道家哲学之中，"道"更是中心概念和最高范畴。道家认为，道是天地万物的根本，是比天地万物更加根本的实在，"道"是认识的根本对象及所要达到的最高目标。成玄英认为具体事物只是人的感官竞逐而形成的幻象，他有时还借用佛教学说，将事物说成是因缘和合、遍体虚幻的假名，否认具体事物的客观存在。他认为，只有"道"（虚通之理境）才是唯一真实的存在，才是真正的认识对象和认识的最高目标。

成玄英为什么会认为是主客体相互作用形成认识？

成玄英认为主体是通过"忘志之妙智"来认识"虚通之理境"的，主客体之间相互作用形成认识。他的这种做法有两方面的意思：

第一，成玄英将"道"解释为"理"，将《道德经》中模糊的无法用语言去表达的"道"推进到"理"的层面。

第二，"道"和"物"有区别。在自己的著作的之中，成玄英多次强调"道"区别于"物"的"虚通性"，他的目的是想要说明关于"物"的认识的虚妄、有限、不可靠，而强调应以"道"、"理"作为认识的根本对象。

成玄英以理释道的观点的实质是什么？

成玄英以"理"释"道"，肯定了认识具体事物之"理"的价值的观点在一定程度上表现了对物的重视。但是在他的哲学之中，他以"理"取代"道"，又将"道"的属性全部地赋予给"理"，在论及"理"的地方，更多强调的是"理"不同于"物"的超越性、不变性、自然性……而不是强调"理"的具体内容，将"理"看成是脱离物而存在的东西，认为先验地存在一个"理"的世界（"虚通之理境"），将认识看成是对"理"的神秘直观。他的这种观点和辩证唯物主义的基本远离可谓是天差地别，所以他的观点基本上属于唯理论。

成玄英如何看待道与物的关系？

成玄英关于"道"与"物"的关系的认识包含了辩证唯物主义的认识的对象是具体事物，具体事物包含本质和现象两个层面，认识主体通过感官认识事物的现象，通过思维认识事物的本质、规律，但是现象和本质统一于客观事物的观点。不同的是成玄英的理论具有不同的理论性质，他提出了一种类似于佛教的"一心开二门"的理论。他认为，本质和现象不是客观事物所固有的，而是主体不同认识视角形成的不同认识，然后他进一步将道、物区别归结到主体的迷悟。也就是说"至道"本身是实际存在的，但是却没有规定

性，它既不是"道"，也不是"物"，认识主体追求具体目标（求"致用"）的时候，"道"就显现为"物"，体会事物之中的深玄实理时，"物"就显现为"道"。简单一点就是认识主体执迷不悟，酒只能看到"物"；如果能够直观明悟，就能把握事物背后的"道"。

成玄英为什么将德作为主体认识能力？

成玄英将"德"作为主体认识能力来论述是有特殊含义的。感性认识的对象是事物的现象，它依靠主体感官认识能力获得；理性认识的对象是事物的本质、规律，它依靠主体意识、思维能力获得；成玄英将"虚通之理境"作为认识对象，追求主客体的合一，依靠的是主体直观能力。他所说的"志忘之妙智"指的是超越于认知分别、思虑的观察之智，所以成玄英又将其称为"无分别智"、"圣智"。

人的认识能力被成玄英分为哪两种？

成玄英在僧肇的认识思想的基础之上，将人的认识能力区分为"凡情妄虑"与"圣智"两种。僧肇将主体认识能力区分为"圣智"和"惑智"两种。"惑智"就是反映世俗的智慧，它以具体事物为认识对象，以对事物的分别为特征。"圣智"不以具体事物为认识对象，关于具体事物，它是无知的，它以"真谛"为认识目标，它对"真谛"的认识，既不依靠感性认识，理性认识也不起作用，而依靠神秘的直观。成玄英将人的认识能力区分为

第四章 儒释道三教并行的隋唐哲学

"凡情妄虑"与"圣智",不仅反映人的认识能力,而且还包含人的道德实践能力。"凡情"既反映认识意义上的"分别",也指道德意义上的执滞贪求;"圣智"既反映认识意义上的"无分别智",也反映道德意义上的无欲无为。

什么是虚忘?

"虚忘",就是反映遣除主体在道德上、认识上的执著、分别,在其著作中有遣始终、遣有、遣无、遣非有非无、忘身、忘心、物我双忘、忘言遣教等。从理念上来说,"虚忘"并不是摒弃人的思想、行为,而是排除主观人为的执滞,所以成玄英的认识论意义在于通过"虚忘",排除主观上执滞一隅不见整体的障碍,排除成见对认识活动的干扰,有助于主体如实反映认识对象。

成玄英虚忘的方法是什么?

成玄英认为,主体通过对"凡情妄虑"的虚忘,达于自然无为的心态,不仅有助于直观真理,而且能进一步达到无为而无不为的道德境界:对自己而言,能"全真""守分",对他人、万物而言,能"无心而化物"。在虚忘的方法之上,他吸收了佛学认识的方法论,注重引导人们在认识上提高自己,体现了"重慧"的特点。他反对人为摒弃外缘,主张通过认识事物虚幻不真的本质,达到"虚忘"的目的。除了吸取佛教的理论,成玄英的虚忘理论还继承了道家知行并进、德慧兼修的观念,强调把谦柔之德与虚忘结合起来说明在德行上崇尚谦柔、静退,本质上是要做到虚忘、不执著。

什么是遣有?

遣有,就是遣除"有欲之人"对"有"的滞著。成玄英认为人因为主体有贪求,所以才会对事物产生好恶,于是就从自身利益出发认识、分别事物的性质,结果只能看到事物生灭的表面现象("有"),认识不到事物的虚幻("空")和事物背后的"精微妙理",所以他主张遣有,也就是遣除主体对事物的贪欲和人为分别,体悟"即有之空",获得对"理"的直观认识。

什么是遣无?

遣无,就是遣除"无欲之士"对"无"的执著。通过"遣有"认识到事物的虚幻本质和事物背后的"理",却又有人执著于关于事物的这些认识,或沉空滞寂,以空非有,所以成玄英主张进一步"遣无"。他认为应当通过遣有("事")、遣无("理"),认识到"非有非无"的"一中之道"。"中道"就是指以中为用。所以说成玄英要求主体遣除对"无"的目的是为了实践("用"),避免主体把认识事物的虚幻性和事物背后的"理"当作认识的最终目的。

什么是遣中?

遣中,就是遣除对"中"的执著,这是在遣有遣无达于中道之后,成玄英提出的要求。他认为"中一"实际上根本不存在,而是为了消除二偏提出来的,二偏既

109

然已经消除,"中一"也就失去了其存在的依据。成玄英认识到,"执中"常常表现为以自我为中心,认为有一个平衡有无的主体存在;又表现为"执一",认为真的存在一个实在的理体,所以他主张"忘己"、"遣一"。认为只有破除对"一"的执著,才能顺应自然,因时顺势,达到无为而无不为的精神境界。

成玄英认为如何才能抵达重玄之域?

通过遣有遣无,达于"一中之道",要求主体不执著于有无,使自己思想、行为合乎"一中之道",但是因为还存在主体和客体的对立,所以要求进一步遣除对"一中之道"的执著,消除主客体的界限,进而达到主客体冥合为一的精神境界。经过三次忘遣,就能够达到虚忘的最高目的——"重玄之域",也就是"冥会自然之道"。所以,成玄英的认识论不仅不以认识事物为目的,而且也不认为认识"道"是最终目的,而认为认识活动是为达到最高精神境界服务的,这也是他的思想最为鲜明的道家特色。

什么是道体?

王玄览认为道体的实相是"空",并且能由空观有,又能由有观空,就好像是用镜子照物,但又不执著于物,找出来的物体千变万化,但是镜体自身却没有变,依然是空空如也。道体的"空"就像这样既能映出物相,而又不为物所累。道体的"空"还表现为静寂不动,王玄览采用了佛教中观的"四句"范式来证明道的玄寂性,通过对"寂"与"非寂"这两边的否定,来证明道体的"玄寂"。道体本来就是"空旷"的,不论有分别还是没有分别,最终只是个"空"。对于"色"、"空"与"名",王玄览认为色就是空,空就是色,色和空都只是假名,抛去假名,既要否定有名号的"色空",还要否定无名号的"色空"。在王玄览看来,只有通过这种连续的、彻底的否定,才算参透了"空",这样的"空"才是道体的实相。通过否定"空"、"色"二边,既能证明"色"不能成立,还能够论证"空"也不能成立,采用的仍然是佛教之中道观的论证方式。

道体的"空"是没有分别的,是一种没有差别的境界。大千世界,事物有万相,主体客体实际上并没有差别,本质上都是"空"。烦恼空与至道空一分为二的时候,似乎名不同也不同,并且还有优劣之分,但是如果两者合二为一,作中道观,实质都一样,这就叫"空相无分别"。王玄览否定了事物之间的差异,走向相对主义,而这种不作分别的相对主义是为了证明道体是绝对的"空"。

王玄览是如何划分道自体?

王玄览根据"道可道,非常道"这句话将道自体划分为"常道"与"可道"两类,并且阐述了两者之间的关系,希望人们去追求"常道",来获得永恒。"常道"与"可道"的生成功能不同,常道生天地,可道生万物。天常地久,所以常道常住不变;万物有生有死,所以可道变动无常。无常之可道只能生成表相,真常之

道才会产生实质,所以王玄览又将"可道"称为"滥道"。但是真道与滥道之间也同样存在着转化的契机,如果觉悟了真常之道,假滥之道也可以发生转变。真道与常道能够发生转化,那么两者之间必定存在联系,但是这个联系的纽带是什么呢?王玄览认为纽带是建立在中道观之上的,对此应该不执著二边,双遣二边。

王玄览如何证明道寓于万物?

王玄览先从道的生成性说起,指出万物全部都是由道所化生,被化生者虽然有变动,但是化生者自体却是静寂不变的。与此同时,因为万物禀赋道,所以物动道也动,物不同道也不同,这是道的"应物"。总的来说道本寂静,应物而动,但应物而不为物累,"真体常寂"。打个比方就是印泥印字,但是印章上的本字却始终都不变,这也是王玄览从动静的角度来证明"道"普遍地寓于万物。

如果从生灭的角度来考虑道物,那么就应该是道可生可灭,又不生不灭。当道表现为"可道"的时候,它有生灭;当道作为"常道"的时候,它又无生灭。王玄览在说明"道"的可生可灭、不生不灭,以论证道遍寓万物、即物是道的时候,借鉴了佛家《中论》之中的否证法。

王玄览如何看待道与物的关系?

王玄览认为道与物两者相依相存,一实一虚,缺一不可。这显示出"道"是绝对地、普遍地寓于万物之中的观点,所以我们能够通过众生与道的关系,在更高层次之上看到道寓万物的思想并考察修道理论。

王玄览如何证明众生与道的关系?

为了证明众生禀道,道能感应众生,众生修习后可得道这个问题,王玄览运用的中观的否证法,他从"隐显"去说认为道显众生隐是得道的标志,为了达到这一目标,众生必须修道。众生经过修道,使其自身隐去,显现出圆通的大道,就可以避苦求乐,一切都获得解脱。然后他从"生死"的角度来阐述这个问题,认为道与生死是不即不离之状,众生修道解脱生死也就是要升华到这种状态。

王玄览如何从心境缘和的角度肯定主客体的存在?

隋唐时期的道教非常重视心性的问题,在心与境、心与法的关系,也就是主观与客观的关系之上,王玄览认为是主观决定客观,心是主宰,心的生灭决定外物现象的生灭。主观与客观互相依赖而成,没有主观的"心"就没有客观的"境",反过来也一样。既然心境都不是绝待,不能脱离对方而存在,那么人的认识也是主客体相对待而发生的,甚至人的喜怒哀乐等情感也必须随着心境的因缘和合才能兴起。我们已经说过,王玄览的思想受到了佛教的影响比较大,所以在心性的观点之上,他采用了佛教大乘中观学派受用缘起说的理论,在主客体关系之上,他注意到了客观环境对人的主观活动有所影响,从主客观交织来分析人生诸相并扩展到宇宙现象,这中间含有辩证法因素。

王玄览持有什么样的"有无"观?

如果"无"因"有"才得名,"有"也应当在"无"之内,"有"如果包含在"无"之中,那么就会妨碍"无"的成立,"无"也因此不能得名。在这一点之上,王玄览没有继承老子的"有无相生"的对立统一思想,他发挥的是非有非无的中道观,既不承认"有"的成立,也不承认"无"的存在,他所运用是否定式思维,要否定"有无"。王玄览对"有无"、"无有"都加以否定的态度是因为他吸取了佛教中观学说,要人不偏不倚,非无非有。

王玄览关于有无思想的讨论有什么重要意义?

从整体上来看,王玄览讨论"有无"首先是从本体论高度证明道体本空,认为只有否定"有无"也就是"非有非无"才能了证这种彻底的"空"。了证道体之空,是要人认知世法有生灭,劝人弃世入道,秉具无生灭的"道性",并且由此而"得长存",所以他论证的最终目的是对人的生命的终极关怀。王玄览关于有无的思想受到了僧肇非常大的影响,不同的是,王玄览将有无论引入自己的修道论、人生论,将有无与人的存在问题紧密联系起来,而僧肇的有无论只是着眼于从认识论角度阐发。

王玄览认为修行方法有哪些?

人的生命存在问题的最终解决在于得道,而得道是靠修行而来的,所以王玄览一直都劝终生生命无常,如果想要求得生命之恒常存在,必须借助于修道,道与众生不相离,众生修道肯定能证道圆满。他主张的修行是坐忘修心,定慧双修。他认为形养是炼形,只能获得低品位的"形仙",所以属于修道方法的下乘;坐忘却是炼神,最终舍形入于高品位的真常之道,所以属修道方法的上乘。

王玄览认为如何才能坐忘?

首先,王玄览主张灭知见。要坐忘得道,第一件该做的事就是关闭对外界的认知,断灭认识的感觉器官和思维器官的种种活动,无见无知。王玄览要求修道者非心从而消灭知见的观点借鉴了佛教三论宗的彻底否定的精神。他认为死后知见灭是依靠他力而不是自力,所以才会有来生;来世出生的时候,知见又随出生而起,这样反复轮回,人就永远不能够得到解脱,更加不能够得道。

其次,修习坐忘还必须保持自我主体的常清净。认识主体本为常清净,变动不常不过是识体之用,众生修行就是向识自体回归,变中求不变,以求得不变之常清净。在这里,王玄览强调的是动中求静,由动返静。因为清净的识自体是不灭的,死灭的只是"变用识相",正是变用识相的斩灭才能回归清净的识自体。

司马承祯思想有什么特点?

司马承祯的道教思想吸收儒家的正心诚意和佛教的止观、禅定学说,以老庄思想为本,融合而成道教的修道成仙理

论。他认为人的天赋中就有神仙的素质，只要"遂我自然"、"修我虚气"，就能修道成仙。他将修仙的过程分为"五渐门"——斋戒（浴身洁心）、安处（深居静室）、存想（收心复性）、坐忘（遗形忘我）、神解（万法通神）。将修道分为"七阶次"——敬信、断缘、收心、简事、真观、泰定、得道。

司马承祯认为应该如何坐忘？

司马承祯认为：坐忘之法，信是修道之要。敬仰尊重，决定无疑者，加上勤奋修行就能够得道。他认为，修"坐忘之法"的第一步是"信"。信是"坐忘之法"的理论核心，在"信敬"的基础之上，他提出"断缘收心，简事真观，泰定得道"的主体形式推定实现得道，所以他的"坐忘之法"是有为之法与无为之法的结合，为适应"中人以下"也就是"中机之人"以下的修行。至于"收心"的方法，司马承祯认为首先要"安心"。显然，司马承祯的"真观"是为"收心"的基础，因为他重视主体的存在性和实践性，使他的道学理论已经脱离了玄学性质，而走向了主体的实践性。

李筌的天道唯物主义思想是什么？

李筌的唯物主义哲学思想主要保存在《〈阴符经〉注疏》中。《阴符经》是道教的重要经典，与兵家思想有关，也有不少宗教神秘主义思想，有些唯物、唯心含混不清的哲学概念，李筌的《〈阴符经〉注疏》却对它作了明确的唯物主义的解释。李筌认为天地万物均为阴阳二气所化生，但他认为阴阳化生万物也是有条件的，人们可以利用它来达到自己的目的，进而强调人们必须"执天之道"，"奉天而行"，根据阴阳五行的"自然之理"行事。他不认为"自然之理"会自然而然的实现，更不能迷信鬼神的作用，必须依靠与发挥人的作用。他在《太白阴经》之中，以战争的胜负为例，强调战争的胜负，主要决定于人事。在人事方面李筌也有独到见解。除主张任贤使能、知人善任，并且需要"贵功赏劳"之外，他又将人才分为"通才"和"偏才"两种，指出"任才之道"是事关国家存亡之大事，必须郑重从事。国家"得其道而兴，失其道而亡"。

李筌对治国提出什么样的批判性建议？

李筌批判迷信阴阳五行思想，指出：任贤使能，不择吉日也能胜利；明法审令，不占卜也会事吉；赏罚严明，不祭祀也不会遭凶祸。政治的兴亡，战争的胜败，取决于人事。他批判了国家强弱不可改变的宿命论。认为只要"乘天之时"，春忙植谷，秋及时种麦，夏长成，冬备藏；"因地之利"，使地尽其力，物尽其用；"用人之力"于生产，那么弱国就可以变成强国。贫富也不是天生不可改变。没有因灾害疾病而贫者，是因为懒惰或奢侈；世上无奇业而富贵者，皆取决于节俭或勤奋。智者不说弱，有市井之利；智者不认贫，只要节俭努力，不患无财。他主张以法治国，按罪行制刑，按功劳设赏。严明赏罚，不徇私情，做到奖赏无私功，刑罚无私罪。同时强调治国要任用贤才。把人才分为"通才"和"偏才"两种。认为"通才"难求，应广求"偏才"。集"偏才"之长，以补"通才"之不足。要注意发挥人的专长，使人尽其才，才尽其用。

李筌是如何重视主观能动性的？

李筌充分认识到了地形对于战争的重要作用，但是他却没有陷于地形决定论，他主张在地形的条件下，要充分发挥人的主动作用。他根据《孙子兵法》《九地篇》关于利用地势的原则，认为"兵因地而强，地因兵而固"。作战的时候诸侯自战的"散地"不要进行战斗；进入敌国境内不深的"轻地"，不要停留；不要攻取交战双方都有利的"争地"；不要断绝双方都可以去的"交地"；对三属诸侯之国的"衢地"，不要合围；对城邑附近的"重地"，只能掠夺其资；遇到山林沼泽地带的"圮地"要迅速通过；对地形险要，敌方可以少数兵力，阻击我们多数兵力的"围地"，要计谋；不战则亡的"死地"，则必须力战。地形是主要的因素，作战时必须充分考虑地理环境，但这些，李筌认为只能作为"兵之助"，真正起决定作用的是人，不是地，在任何地势条件下都可以制定出正确的取胜的作战方案，所以他说，"地之险易因人而险"。

李筌是如何批判区域宿命论的？

当时社会上流行的一种形而上学和唯心主义观点，认为某一地区的人勇敢，某一地区的人懦弱，并且认为这种勇敢、懦弱是天性生成，不可改变的。当时有"秦人劲，晋人刚，吴人怯，蜀人懦，楚人轻，齐人多诈，越人浇薄，海岱之人壮，崆峒之人武，燕赵之人锐，凉陇之人勇，韩魏之人厚"的说法。李筌认为这种唯心主义的先天的人性勇怯论是没有任何根据的。他列举了无数的战争的历史证明秦国也打过不少败仗，不能说"秦人劲"。吴王夫差也曾经称霸中原，打败越国、齐国，不能说"吴人怯"。蜀人在诸葛亮统帅下，屡次用兵中原，威加魏将，不能说"蜀人懦"。项羽起兵灭秦，威加海内，不能说"楚人轻"。齐国田横五百壮士，同时死难，不能说"齐人诈"。越王勾践以弱攻强，九年灭吴，不能说"越人浇薄"。他用大量史实批判了先天人性论，指出这种说法与事实不符。他认为人的勇怯之性是后天形成的。另一种形而上学的观点是认为只有富强的国家才能在战争中取胜。贫弱的国家的命运，只能够听任大国的摆布。那些泥古守旧的读死书的人说"儒生之言皆曰：'兵强大者必胜，小弱者必亡。是则小国之君无伯王之业，万乘之主，无破亡之兆'"。他用历史事实反驳说："昔夏广而汤狭，殷大而周小，越弱而吴强"，但是事实表明弱小者终于战胜了强大者。李筌用辩证法的观点，批判了这种形而上学的宿命论。

什么是"性具"说？

"性具"说是天台宗的理论特色，也是天台宗的立论基础和核心。"性具"

是天台宗"诸法实相论"的特征，它强调"诸法"与"实相"——宇宙存在的现象和本质之间的圆融互具。这一理论在"诸法"层面的展开，表现为"三千互具"说；在实相层面的展开，表现为"三谛圆融"；在佛性论领域，展开为"性具善恶"。

性，指法性，也就是真如，是佛教的所谓精神本体。性具是说世界万法都是本来具足的。性具实相说，也就是强调千差万别的事物和现象当体就是实相（真实的相状），都显示了法性真如的本相。性具实相说的义理有相互联系的两个方面，也就是"三谛圆融"与"一念三千"。

什么是"三谛圆融"思想？

"三谛圆融"是从"一心三观"发展而来的。智𫖮在北齐慧文禅师独创的"一心三观"的基础基础之上，进一步将"一心三观"与"诸法实相"联系起来，认为空、假、中就是诸法实相的基本内涵，是真理的三个方面，所以称为三谛（三条真理），这三谛相即相通，圆融无碍。一空一切空，无假中而不空，一假一切假，无空中而不假，一中一切中，无空假而不中。因此，观空、假、中三谛并没有时间上的先后问题，"三谛具足，只在一心"，"一念心起，即空、即假、即中"，这就是"三谛圆融"。智𫖮认为，如此观察分析世界，便能把握佛教的绝对真理——诸法实相。

什么是"一念三千"思想？

"一念三千"是智𫖮根据《法华经》的"十如是"思想发挥而成的。一念，也称一心；三千，指三千世间，是对宇宙万有的总概括。智𫖮认为，六凡（地狱、饿鬼、畜生、阿修罗、人、天），四圣（声闻、缘觉、菩萨、佛）所见宇宙各不相同，由此构成"十法界"。这十法界之间是相互蕴涵、互相转化的，每一界与另外九界是相通的。十法界各各互具，就成"百界"。百界中的每一界又各具"十如是"，就成"千如"。"百界千如"各有众生、国土、五蕴这三种世间，便成"三千世间"。这里的三千，实际上并不拘于名数，它是对整个宇宙的总概括。"一念三千"，实际上就是"宇宙万有，唯一心作"的意思。

智𫖮的佛学思想的重要意义是什么？

智𫖮的大部分著作都是由被称为"章安大师"的灌顶记录整理而成的，他融合南北佛教各家义学和禅观之说，并吸收中国传统思想而形成的中国化的佛教理论，不仅对隋唐以后成立的各宗派多有影响，而且对之后的整个中国学术思想的发展都产生了广泛而深远的影响。

"阿赖耶识"论的内容是什么？

"阿赖耶识"论是法相宗世界观的主要理论基础。该理论认为，世界上的一切，包括人类的自我，世界的万物，都不是独立存在的，而是由"内识"变现出来的。"内识"生起的时候就会自然地就变现出各种各样类似于"我"、类似于

"法"的假象来。凡夫会将这些现象当做实有，实际上它们只是似有而实无的假象。佛为适应凡夫的虚妄的心情，而假说有"我"，有"法"，实际上世界上只有内识，并没有外境。

法相宗认为人有哪八识？

法相宗不满足以前佛教哲学将人的主观认识能力、作用只限于六种识：眼、耳、鼻、舌、身、意；他们开始建立八种识，第七种识叫做"末那"，第八种识叫做"阿赖耶"。八种识被他们根据主要特点分为三类：前天识（眼识、耳识、鼻识、舌识、身识、意识）是一类，主要特点是起区别、认识的作用，通过它可以区别色、声、香（气味）、味（味觉）、触和思想意识想到的一切东西，包括有形的事物和无形的法则等。前六识和"末那识"引起识的境界，并不是由独立于人们思想之外的客观物质实体，而是由识幻想出境界的样子，再由各个识去认识它，重要的是被称为"根本识"的第八识，也就是"阿赖耶识"。

阿赖耶有哪三重含义？

"阿赖耶"是在印度语之中是藏的意思，共有三重含义："能藏"、"所藏"、"执藏"。

法相宗认为"识"有两种状态，在它还没有显现的时候，它的潜在状态叫做"种子"，"种子"是一种比喻的说法，意味着能够生长、成熟。当意识由潜在状态而直接显现的时候，就成为"现行"的意识。第八识的"能藏"的意思是，它能把识的"种子"藏起来，但是第八识本身并不是"种子"。从另一角度说，"种子"能够藏在第八识之中，所以第八识是"种子"的"所藏"。这就是"能藏"和"所藏"的意思。"执藏"，就是指第七识执著此识以为自我。

法相宗三性说的内容是什么？

三性说是法相宗对于诸法实相，也就是世界一切现象的本性、本相的根本看法，也就是对一切事物的形成及其本质的根本看法。

法相宗认为一切事物的自性，自相有三种："遍计"、"依他"、"圆成"。法相宗认为，凡人依据名、言表示，以种种分别为实有，这是"遍计所执性"。根据"缘起"理论，一切物质和精神现象都好像是幻事、梦境、镜像、水月，依各种因缘而生起，似有非有，这就是"依他起性"。知道了"诸法缘起"的道理，于是就能显示"实相"，这就是"圆成实性"。

遍计所执为虚妄，是"无"；一切法依他起，也就是"依阿赖耶识"而起，所以是"假有"，而去掉妄执，见到一切唯"识"，理解了诸法实相，便是"实有"。法相宗认为，只有这样讲"三性"，才是对"有"、"无"有了正确的认识，才能成就种种佛教上的功德。

法相宗的四分说的内容是什么？

法相宗为了论证"唯识无境"，于是

第四章 儒释道三教并行的隋唐哲学

洛阳玄奘寺

就从认识的发生过程等方面加以说明,提出了"相分"、"见分"、"自证分"、"证自证分"的四分说。

法相宗从内识显现为外境的关键是"见分"和"相分"的观点。他们认为一般人所说的"境"(外界,对象),并不是主观所要去认识的客观物质世界,而是由识所变现的"分"。"相分",就是人的认识过程中被认识的形相部分;而与"相分"相对的心的能够认识的能力,这一部分就叫做"见分",它是认识者属于具有认识能力的部分。

在"见分"、"相分"的基础之上,法相宗又提出了"自证分"和"证自证分"的理论。"自证分"指的是意识的记忆能力,又被称为"识体",它是"见分"的见证者。相、见二分必有自己能够证知自己有认识活动的"自体"。为证见分,就设立"自证分",为证自证分,就设立"证自证分"。为了证知"自证分"的"量果",而立"证自证分"。同时又由"自证分"证知"证自证分",也就是第三、四两分"互证"。

为什么华严宗否认客观事物的存在?

华严宗认为主观认识的对象和主观认识的作用发生关系才产生世界。他们取消了客观世界存在的物质基础,直接将认识的结果说成"幻想"。虽然也采用了主观客观的字眼。在他们看来,对象只是经过意识加工了的认识对象,他们否认有离开主观认识单独存在的客观对象(心为尘因),他们认为人们所认

117

识的现实世界的现象不过是"幻想",所以他们否认了客观事物的存在。

华严宗"法界缘起"的内容是什么?

华严宗继承了佛教"法界"一词,他们将一真法界作为世界的起源,提出了"法界缘起"论。"法界缘起"论是讲理、事以及理和事、事和事的相互关系的理论。"理",也就是真理,指的是事物的本性、本体。"事",也就是万事万物、现象。他们认为法界有四相——事法界、理法界、理事无碍法界、事事无碍法界。事法界指的是形形色色的现象世界"杂";理法界指的是清净的本体世界"纯";理事无碍法界指的是两种世界互相包容而无妨碍"纯而无杂";事事无碍法界指的是各种事物之间也都互相包容而无妨碍。前三个法界最后归结为事事无碍法界,来说明宇宙间的一切和各类关系都是圆融无碍的。他们认为千差万别的事物都是理的体现,理体是同一的,事与事之间也都是相即相融的。

华严宗的"六相圆融"理论是什么?

华严宗将法界归于一心,认为理和心也是一回事,事事都是一心的产物,在同一心里,事事都周遍含容,彼此无碍。任何一个事物都包含一切事物,每一事物都包含有其他事物;同样,一切事物都包含于每一个事物之中,一切事物都可以归结为任何一个事物。法藏为了解释事事无碍,还提出了"六相圆融"的理论,"六相"就是指"总相"和"别相"、"同相"和"异相"、"成相"和"坏相"三对范畴。"总相"指事物的总体,"别相"指事物的各个组成部分。现象界每一事物是总相和别相、同相和异相、成相和坏相的统一。世界上的每一现象都是真理之体现,所以世界上的一切都是十分圆满的,是合理的,世界是一个和谐的整体,本来是最美好的世界,顺应它,就可以使人得到精神上的满足。

禅宗见性成佛思想有什么含义?

这里的"性"有两方面的意义:一是佛性,二是世界观。

禅宗主张"自心是佛","本性是佛",认为每个人自己的灵明鉴觉就是佛性。惠能将"心"看成是一块土地,而佛性就是这块土地上的统治者。换句话说就是佛性是人的精神的本质和身心的主宰。佛性就是真如本性,真如本性属于每个人的本心,心性相通,佛性为人人所普遍具有。所以,人人本有真如佛性,人人只要对这种本性有所觉悟就可以成为佛。迷、悟,就是对佛性是觉悟还是不觉悟,是凡人、圣人的唯一区别。人人都能成佛,成佛不是另有佛身,而是自性就是佛。

惠能认为,人心具有佛性是成佛的基础,还认为人心也是客观世界的基础,宇宙万物都是本心的产物。关于本心的故事最有名的就是不是风动,不是幡动,而是"仁者心动"的故事。

第四章　儒释道三教并行的隋唐哲学

为什么要进行禅定？

惠能认为自性本自清净，本来就什么都具备，如果彻悟，就能看到一切为真。惠能的禅学，表面上废除了禅定的修行方式，但是实际上却扩大了禅定的修行范围。因为禅定的目的在于通过禅定的方法达到否认客观世界真实性，进而教人放弃对现实社会的斗争。

禅宗的顿悟主张是什么？

禅宗认为佛性就是永远清净的真如本性，佛性就是本心，如果能够认识本心，就是顿悟，也就能够由"迷"转"悟"。如果人人都具有成佛的本性，人性就是佛性，那么为什么会有佛性和众生的区别呢？惠能认为自性的"迷"和"悟"是关键，而这个"迷"和"悟"就是对自己心中固有的佛性是否唤醒而言。惠能认为只要人们唤醒了自心中的佛性，就立即进入了"佛国"、"净土"。对于又"迷"转"悟"的过程，惠能认为是一下子实现的，是忽然悟解心开，这也就是他的顿悟主张。

为什么禅宗会走入荒谬？

禅宗认为语言不能正确地表达出真理的正确性，概念、推理、判断，一切理性思维、逻辑抽象都不能用作表达真实情况的工具。实际上他们否认人类正常的认识能力和认识作用。禅宗仍然继承了佛教宗教哲学的基本立场，否认世界的客观真实性，从而否认了人类正常的认识作用。从他们颠倒了的世界观出发，抹煞客观世界。他们认为世界真相是不能说的，不属于人类感觉和思维的对象。这使他们不得不陷入荒谬的结论。

韩愈道统说的内容是什么？

韩愈作为古文运动的领导者，他将佛道二教看成是天下国家所以致乱的原因。他从维护儒家的纲常名教的角度出发，认为儒学是自古以来治世的唯一正道，这个"道"是由上天命定、圣君体现、传之有统、无法更改的。他主张"圣人玄教"，认为人类的文明和社会政治制度都是圣人创造的。韩愈把仁义道德称为"圣人之道"，这个"道"世代相传，从尧、舜、禹、汤、文、武、周公、孔子到孟子，构成了一个所谓一脉相承的"道统"。韩愈以继承道统并且使其绵延万世作为自己的历史使命。他认为佛教、道教的出世思想与儒家的经世思想是对立的，所以竭力排击佛、道，指斥它们破坏封建君臣、父子、夫妇的伦常关系。韩愈的"道统"说的中心思想是儒家的"仁义"。他的道统说为理学的道统观开创了先河。

韩愈如何将仁义与道德联系起来论证？

韩愈将"仁义"和"道德"联在一起，认为只有儒家仁义才是最高的道德标准，以此来排斥佛教，论证儒学的正统地位。他认为《老子》所说的"道德"，是离开仁义而言的，谈不上是道德，是"小人"之道。他认为佛教主张出家，不要君臣、父子、夫妇的关系，但求"清静寂灭，超然出世"是违反封

119

建纲常的歪道。

韩愈认为应该如何实现仁义之道？

至于仁义之道应该怎么样去实施，韩愈说认为道应该通过礼、乐、刑、政来实施。礼、乐、刑、政都是传仁义之道的"圣人"发明的，他们发明这些东西必定有很深的用意。

第一，礼规定了尊卑、贵贱的阶级秩序，教导卑者贱者承认尊卑是上天安排的秩序。

第二，乐教人民唱着歌儿过日子，疏散心中受剥削压迫的闷气。

第三，政教导人们要好好种田、交租、交税、当差、服役，不能打瞌睡。

第四，刑是专门转对那些不服从教令的人，使他们顺从圣人的旨意。

韩愈的性三品说的具体内容是什么？

"仁"、"义"的根源涉及"性"的问题。在这个问题之上，韩愈继承了董仲舒的性三品说，对孟子、荀子、扬雄等人的人性论都有所补充和修正。韩愈将性与情并提，并以性为情的基础，提出了自己的性三品说，他将人性分为上、中、下三等。应当注意的是韩愈的性三品说是以地主阶级的道德标准来划分的。他认为，有的人生来就符合地主阶级的道德要求这就是上品；与此相反的就是下品。情的具体内容是喜、怒、哀、惧、爱、恶、欲。因为人性的不同，他认为人情也有三品：上品的情的发动都符合道德原则；中品的情的发动有过与不及，但是合乎道德原则

韩愈雕像

的要求，下品的情的发动都不符合道德标准。三品的性与三品的情互相对应。

李翱持有什么样的人性观？

在对于性情的划分之上，李翱继承了韩愈性三品的观点，但是他认为性情是对立的，性善情恶。他认为人之所以能够成为圣人，是因为人的本性是善的；人性之所以迷惑不清，是因为人的情欲作恶的。同时，他又认为性情是不可分的，认为性和情并非各自独立自存的，情是性所派生出来的，性是情的基础。所以说，性与情是互相依存、互相作用而存在的，他用水火和沙烟分别来比喻性和情，认为人性就好像河之水和烟之火，水火的本质是清明的。它们显得浑与郁的原因是沙和烟作用的结果。"情不作"，性就能圆满地表现它自己，所以，李翱认为要恢复人们本来

第四章 儒释道三教并行的隋唐哲学

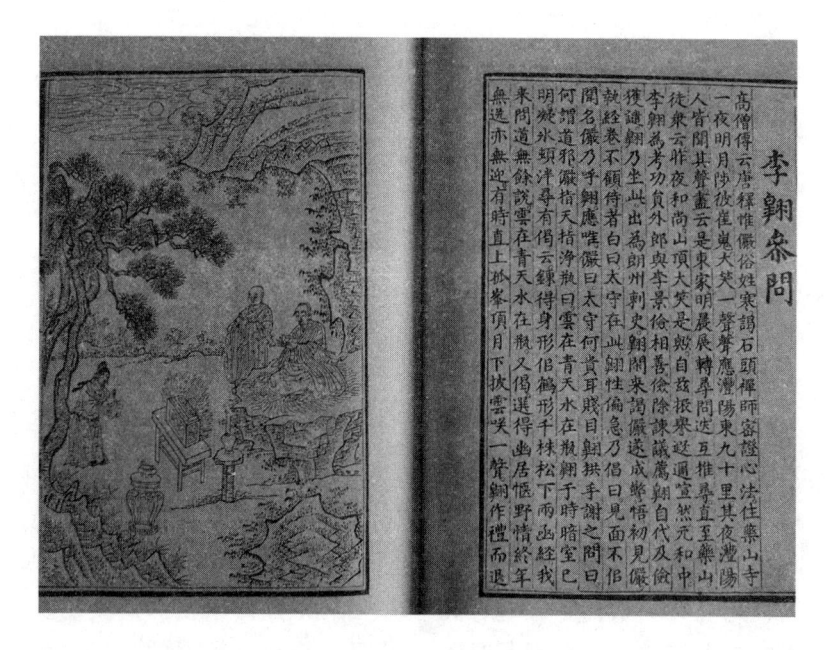

李翱参问

的善性，必须做到忘情。李翱认为，普通人所理解的"情"，在圣人身上是没有的，圣人非喜非怒，动作都出于至诚，都是"中节"的。

李翱认为应该如何复性？

李翱提出了三步的复性灭情的方法：

第一步，摆脱思虑活动对清静本性的烦扰，斩断思虑活动与妄情之间的联系。这一步的目的是以寂静的方法使思虑不动，以达到斋心灭情的目的。

第二步，明白心本无思，是外在事物引起心的思虑活动。李翱认为第一步还没有超出有动有静的层次。静和动是一对矛盾，由静可以生动，由动可以生静，所以，以静制动是不能真正达到"复性"的目的。

第三步，思虑不仅不存在于心中，连它在心外也不存在了。心外的思（尘埃）都不存在了，自然就没有邪情来污染真性，"复性"的目的也就达到了。

这三步是一个循序渐进的过程，用佛教的术语来说就是从"渐悟"达到"顿悟"的过程，最后达到"至诚"的神秘境界，凡人从此也和圣人相差无几。

柳宗元的世界本原思想是什么？

柳宗元继承了王充的元气自然论的朴素唯物主义传统，并且利用当时的天文地理等科学知识对于唯物主义进行了丰富。他认为物质性的元气乃是世界的本质。世界不是神创造的，而是一元混沌之气的自然存在。他认为九重天是因阳气聚积很盛的结果，并不是谁建造的。他还继承了荀况"阴阳接而变化起"的思想，认为阴、阳、天三位一

121

体，统于元气。元气的冷热交错，形成了天地万物。阴阳二气并不是互相孤立的两个东西，而是元气的两个方面，自然界就是因为有了元气阴阳的矛盾体才能变化万千，发展无穷。

柳宗元是如何批判韩愈的唯心主义的？

柳宗元的《天说》是对韩愈的唯心主义论点的批判。韩愈的基本论点是：天有意志，能赏罚。柳宗元则认为天和地是自然物，和瓜果草木在性质上是一样的，不同的是它的体积比较大而已。他认为天地、元气、阴阳都是客观存在着的自然现象，人们求天、怨天都是不必要的。于是他就提出了天和人"各不相预（干涉）"的观点，肯定了自然的生长繁殖和年岁的凶歉丰裕，社会的治乱，自有规律。

柳宗元是如何将无神论运用到历史领域的？

柳宗元将唯物主义无神论贯彻到社会历史领域里，对汉以来的天人感应、符命祥瑞、君权神授等神学史观进行了深刻的批判，提出了他的反天命的历史观。他提出了"势"的观点，也就是认为人类社会向前发展的客观必然趋势。这种人类社会发展固有的必然性，不是天命或神意，也不是帝王、圣人的主观意志，而是"生人之意"所作用的结果。它是人们要求生存的意愿，沿着固有的必然性，表现出一种不依主观意志为转移的客观趋势。在这个问题之上，柳宗元借用了荀况"假物以为用"的观点，从人们要求生存的自然意愿，导出了假物以为用的必然；由假物以为用又导出了假物者必争的必然；又由假物者必争而导出了产生君主刑政之必然。最后他得出结论，认为分封制度的产生，不是圣人的意志，而是天下大势；郡县制之取代分封制是历史的必然。

刘禹锡的宇宙观有什么特点？

刘禹锡的宇宙观十分的有特色，他认为天是有形物体中最大的，人是动物中最突出的。天和人都是"物"，都属于有形体的事物。刘禹锡认为宇宙万物是一个生长发展的自然过程，天的日月星三光，虽然是万物之中最清明的，但是绝对不是神物，天地都属于物质世界。天是"清"、"轻"的物质，而地是"重"、"浊"的物质，并且"重"、"浊"的地是"清"、"轻"的天的根本。刘禹锡是从地的物质性论证天的物质性。他认为，整个宇宙存在的基础是物质性的"气"，清浊二气的变化，阴阳二气的作用，促成了万物生成；先有植物，后有动物；人是动物之中最有智慧的，能够掌握自然界的规律而作用于自然界。

刘禹锡总结天人关系有哪两种说法？

在《天论序》之中，刘禹锡指出从古至今说天与人的有两种说法——"阴骘之说"和"天人相异"。"阴骘之说"指的是天与人之间，有互相感应的影响，作恶

第四章 儒释道三教并行的隋唐哲学

的人必然得祸，行善的人必然得福，作恶或行善是感，得祸或得福是应，有个主宰之天，赏善罚恶的说法。"天人相异"认为天和人没有感应的关系，宇宙之间，没有什么主宰。

什么是天人交相胜？

刘禹锡肯定天是一种是有形的、具体的东西，也是物质的东西。他认为天上有日、月、星三光，高悬在万物之上的根本是"山川五行"（水、火、木、金、土）。天有阴阳二气，阳气的性质是清轻；阴气的性质是重浊。清是浊所生的，重是轻的开始。阴阳这两仪，是不同的，但是互相为用的。阴阳二气生出有雨、露、雷、风。有了雨、露、雷、风，就生出了万物。万物有许多类，主要的是植物和动物两类。与之前的唯物主义的"轻清者上浮为天；重浊者下沉为地"的观点不同，刘禹锡强调"两仪"的交互作用，认为轻清的"阳"和重浊的"阴"是交互错综、互相依存和互相转化的。在天所能而人所不能的问题之上，天虽然可以胜人，但是在人所能而天所不能的问题上，人也可以胜天，这就是"天人交相胜"。

刘禹锡如何严格区分天和人？

刘禹锡认为是非是人理，强弱是天理。如果有是非，即使是在野外，也是人理胜天理。如果没有是非，即使是在城里，也还是天理胜人理。天并不是有意要胜人，人不管的地方就归于天。人是有意要胜天。天没有意志，所以人可以有意地胜天。人能胜天的原因是因为人能有社会组织。社会能组织起来的原因是因为它有法制。法是社会中的是非的唯一标准。合乎法的就是对的，违反法的就是错的。这种是非，是社会上的公是公非。社会中的人，照着公是而行，就是善的行为。违反公是的行为，就是恶的行为。善的行为必然得赏，恶

刘禹锡园

123

的行为必然得罚。人总是用人的所能以对待天,像四时寒暑这些自然界的变化,人是不能干预的。

刘禹锡认为应该如何认识、了解自然?

对于如何认识和了解自然,刘禹锡提出"数"和"势"两个概念,并且提出"数存而势生"的原则,认为存在一个规律,就有某种形势生出来。天的形是圆的,颜色是青的,周围是可以用度数量的,昼夜是可以用仪表测的,所以说是有规律(数)存于其中。天也不能逃出它的规律,超出它的形势,所以万物能够存在无穷的原因是它们交相胜、互相用。

第五章　封建尾巴、近代启蒙的宋元明清哲学

宋元明清哲学的特点是什么？

如果从时间上来说，宋元明清哲学指的是从北宋到清朝中期（通常指1840年）之间的哲学思想，这个时期是中国传统哲学向近代哲学转变的时期。

宋元明清时期的哲学是中央集权制的封建政治、经济和阶级斗争、民族矛盾在哲学之中的反映，并且对封建制度起到了巨大的维护作用。这一时期也是中国古代哲学理论思维水平发展的新高度。唯心主义阵营形成了朱熹哲学和王守仁哲学的系统理论；唯物主义阵营在张载到王夫之哲学思想的演变过程中得到充分发展。明清之际的黄宗羲、顾炎武、王夫之、颜元、李塨、唐甄、戴震等人对程朱陆王唯心主义特别是"存天理，灭人欲"的伦理思想的批判，是封建社会孕育的早期资本主义萌芽在哲学上的表现，同时也预示着古代哲学的终结和新时期哲学的到来。

宋元明清哲学是在什么样的社会背景下产生的？

宋元明清时期，中国封建社会的经济结构发生了重大的变化，伴随着世家豪族的衰落，封建租佃关系得到了充分的发展，实物地租成为最主要的形式，同时还出现了货币地租，农民的人身依附关系变得相对松弛。尤其东南地区开发之后，农业和手工业得到了空前的发展，出现了前所未有的大的工商业城市。明朝中期之后，资本主义经济的萌芽开始在中国出现，同时，土地兼并的益剧烈导致了贫富分化非常迅速，封建制度所固有的各种矛盾充分暴露。在政治方面，北宋形成了前所未有的中央专制集权，这对防止出现汉唐时期那样的封建割据起到了一定的积极作用。同时，加强了对于人民的控制，虽然部分有远见的地主阶级试图实行改革，但是在顽固和保守势力的反对下，都没有能够取得积极的成果，农民和地主的矛盾进一步被激化和尖锐。广大农民在"等贵贱，均贫富"的口号之下，不断起来斗争。清朝统一全国之后，民族矛盾开始迅速地激烈化，民族的斗争虽然促进了不同民族的融合和统一，但是斗争导致的战争对社会生产和百姓生活造成了巨大的破坏。经济的发展，必然促进科学的进步，最具有代表性的就应当属出现在宋代的四大发明的三种——火药、指南针、活字印刷术，在散文、诗词、书法、绘画、小说等方面同样取得了新的成就，只是在明朝后期，中国的科学技术才开始落后于欧洲。

为什么宋元明清哲学会出现理学为主的情况？

宋元明清时期，佛教哲学已经出现

颓废的趋势，作为正统思想的儒家再次成为主流。这一时期的所有学派大多将理、气、心、性等哲学范畴以及仁、义、礼、智等伦理规范作为主要的研讨对象，所以他们通常被称为理学或者道学。从整体上来说，宋元明清的哲学大体上可以分为从北宋至明朝中期的宋明哲学和明朝中期至1840年的明清哲学两部分。宋明哲学以理学为主，从学说的性质上来划分，这一时期的思想大体上可以分为唯心主义与唯物主义两种。唯心主义的代表有以程颢、程颐、朱熹为代表的"程朱理学"和以陆九渊和王守仁为代表的"陆王心学"；唯物主义的代表有张载、王安石、陈亮、叶适、罗钦顺、王廷相、李贽等。明清哲学的代表黄宗羲、方以智、顾炎武、王夫之、颜元、李塨、戴震等。

宋元明清时期主要的哲学流派和哲学家有哪些？

宋元明清时期的主要哲学流派和哲学家有：北宋邵雍的象数学，周敦颐的濂学，张载的关学，王安石的荆公新学，程颢、程颐的洛学，南宋朱熹的闽学，陈亮为首的永康学派，叶适为首的永嘉学派以及陆九渊的心学等；元代有二程、朱熹学说的延续者许衡、吴澄等；明代有王守仁的阳明学、王艮为首的泰州学派，罗钦顺、王廷相、李贽等；明末清初有黄宗羲、方以智、顾炎武、王夫之、颜元、李塨等，清朝中期则以戴震为代表。

宋元哲学为什么会出现儒学复兴、理学为宗的情况？

北宋钱币

宋元时期的哲学的最大的特点就是儒学的复兴和形成以理学为正宗的哲学特征。唐宋交替之际的中国社会历史的变化、思想文化上的宗教改革、古文运动，儒学重构形成了一个突出世俗性、平民性和合理性的基本精神的社会大背景。政治上的巨大变革导致社会秩序的重建，统治思想基础自然也要发生变化。于是北宋时期的儒学家就通过"道统"的设立和"道学"的创立，将这一时代儒学知识分子对儒学的认同明确化并强化，对宇宙秩序、人伦秩序和社会价值作了重新安排，并应对成熟强大的佛、道的挑战，提出了新的精神追求和政治理想。

为什么宋元时期的新儒学被称为理学？

儒学的复兴可以追溯到唐代的韩愈和李翱，这也是历史上被称为新儒学运动的巨大变革。随着儒学批判和融合佛道思想的展开，到北宋中期，理学思潮开始兴

第五章　封建尾巴、近代启蒙的宋元明清哲学

起，南宋的时候得到了进一步的发展，元朝时期更是成为占统治地位的哲学，再经过明朝时期的发展而愈加的成熟完善，这次复兴的最大成果就是建立了"宋元理学"，也被称为"宋明道学"、"新儒家"或"新儒学"等。

理学家们在儒家孔孟学说和《周易》的哲学的基础之上，吸收道家和佛教的思想资料，建立了比较完善的理论体系。虽然理学所讨论的问题因为时期的不同和流派的不同而有着名明显的差别，但是有一个共同的特点就是都将《大学》、《中庸》、《论语》、《孟子》作为尊信的经典和理学价值系统与功夫系统的主要根据。

宋代哲学探讨的主要问题是什么？

宋代哲学探讨的最主要的话题就是理与气的关系问题。理气范畴起源于宋初易学的发展，周敦颐在他的著作《太极图说》之中提出天地万物生成演化的图式，还提出了"气"、"理"的概念。张载以"气"为最高范畴建立哲学体系，提出"太虚即气"的观点，将气视为物质性的客观存在，以气的变化来说明世界的万事万象，将气的运动变化所遵循的法则，称为"理"；王安石以"元气"为体，以"冲气"为用，建立了元气体用论的学说。程颢、程颐继承并改造了先秦哲学中"理"的范畴，以"理"为最高范畴建立哲学体系，认为天地万物统一之"理"是宇宙的本原，"形而上"的"理"或"道"是天地万物的最后根据。朱熹兼采张载和二程，以理为第一本体，以气为第二本体，认为"理在事先"，"理在物先"，在肯定理对于客观事物的第一性的基础上，进而形成一个庞大的哲学体系。

宋元时期的哲学家如何看待心性问题？

心性关系问题也是宋元哲学讨论的主要问题，张载首先提出了关于心性的学说，认为天地万物有统一的本性，这个本性就是变易。人天生具有的这统一的性，叫做"天地之性"；人因为身体结构而形成的性，叫做"气质之性"。张载还认为心包括性与情。程颢也区别了"天命之性"与"气禀之性"，认为"天命之性"就是"理"。程颐提出了"性即理也"的命题，认为性的内容是仁义礼智。朱熹认为心之"体"是性，心之"用"是情；有理有气然后有心；心是人的知觉，"有知觉谓之心"；心的存在有待于气，"理与气合，便能知觉"。

宋元时期的哲学家如何看到知与行的问题？

知行关系的问题也在宋明时期的哲学之中占有重要的地位。"知"指的是认识；"行"指的是行为。张载区别了见闻之知与德性所知，强调认识与道德的联系。程颐论求知方法，强调格物，认为只要研究了自己身心和天地万物之理，就能觉悟最高本原之理了。程颐着重讨论了知行关系，认为行"须以知为本。知之深则行之心至"，主张知先行后。朱熹认为致知方法在于"即物而穷其理"，"一旦豁然贯通"，就达到最高认识了。陆九渊认

127

为朱熹"即物穷理"的方法过于烦琐,主张直接求理于心。

宋元时期的哲学家对古今问题有什么见解?

宋明哲学还有一个重要的问题就是关于古今的问题。朱熹和陈亮曾经关于夏商周三代与汉唐的历史评价问题展开了激烈的论辩。朱熹推崇夏商周三代,卑视汉唐;陈亮却正好与之相反。朱熹尊古卑今,虽然有宣扬历史退化观点的错误,但是他的思想之中却含有批评现实政治的意义。陈亮提倡历史进化说,但是也只是对当时的政治腐败、世风日下感到不满,在"奉天"的口号之下宣传"重民"思想。

宋元理学为什么会被分为两大学派?

按照传统的分类,宋元理学可以分为程朱理学和陆王心学两大学派。程朱理学是以程颐和朱熹为代表,以洛学为主干,北宋出现,南宋发展到高峰,明代依然占据正统地位的以"理"为最高范畴的学派。陆王心学是以陆九渊和王守仁为代表,产生于宋代,在明朝中后期占据统治地位的以"心"为最高范畴的思想体系。

什么是功利之学

"功到成处,便是有德,事到济处,便是有理",这句话是对功利之学的最中肯的评价。功利之学也被称为事功之学,他们将事业的成功看成是言论的标准,是一种反对理学和心学而强调事功的学说,代表人物是浙江永嘉的叶适和永康的陈亮。

功利之学为什么会被提出来?

陈亮将事业的成功与否看成是言论是否正确的标准,叶适主张"务实而不务虚",认为应当用"功利"来衡量义理,强调理论必须通过实际的活动来检验,认为道德不可能脱离功。功利之学的出现和当时的社会政治状况有着很大的关系,他们生活的年代属于南宋后期,两宋期间,外族的入侵一直都没有停止过,在更多的情况之下,宋王室占据的是一个劣势,所以陈亮、叶适提出事功之学和他们在政治上主张抗击外族侵扰,寻求国土统一的进步思想相一致。他们的思想对后来的颜元、近代的魏源提出"实事"、"实功"和认识论上的"及之而后知"的唯物主义思想有着积极的影响。

永嘉学派的主要学说有哪些?

永嘉学派可以追溯到北宋庆历年间的王开祖等人,后来周行己、许景人将"洛学"、"关学"传到温州。南宋的时候,永嘉地区出了陈傅粮等著名学者,叶适则是永嘉事功学派的集大成者,也是在他手中,事功学派称为和朱熹的"理学"、陆九渊的"心学"鼎足相抗的学派。永嘉学派的出现,和南宋时期永嘉地区商品经济的发展有着非常密切的关系。在那个时候,永嘉地区出现了富工、富商及经营工商业的地主,而永嘉学派正式这些新兴阶层利益的代表。他们纷纷向朝廷上书,要求抵

第五章　封建尾巴、近代启蒙的宋元明清哲学

御外侮，维持社会安定，主张减轻捐税，恢复工农生产，强调买卖自由，尊重富人，提倡实事和功利。

明清哲学是在什么样的社会背景下产生的？

明朝中叶之后，统治阶级日益腐化，明代一直实行的是高度专制的中央集权制统治制度，皇室、宦官、官僚、大地主阶级疯狂掠夺土地，直接导致地主阶级与农民的矛盾十分尖锐，已经到了一触即发的危险境地，这是社会的主要矛盾。第二个主要的矛盾是汉民族与满洲贵族之间的矛盾。满清王朝入主中原之后，对汉民族的反抗进行了血腥的镇压。这一时期许多大思想家都积极或消极地反抗清王朝的斗争。

从明中叶开始，中国社会的经济生产有了一定发展，并出现资本主义萌芽。从农业来看，由于生产线技术有所提高，农业生产总的来说较以前有一定发展。手工业有了相当大的发展，造纸业、铸造业、矿业都有长足的进步，出现了苏州纺织城和景德镇瓷都。农业和手工业的发展，极大地促进了商业的发展，自由商人的人数不断增多，与商品流通密切相联的钱庄业也有了很大的发展。在这种经济条件之下，资本主义出现了萌芽，形成了人数众多的市民阶级，他们为了争取一定的社会地位，必然要表达自己的政治经济要求，阐明自己对宇宙、社会和人生的看法。因为明朝来华的传教士带来了许多翻译的欧洲自然科学著作，促进了中国自然科学知识的发展。

明清哲学在哲学史上占据着怎样的学术地位？

从整体上来说，明清之际是一个批判的时代，是理论反思的时代，是中国古代哲学发展史上的一个承上启下的重要阶段。思想家们对传统文化的批判，在一定程度上反映了新兴市民的部分利益和需求，形成了一股早期启蒙思潮，为近代哲学的出现奠定了基础。

明清时期的主要哲学家有哪些？

明清时期的主要哲学家有：王守仁、罗钦顺、王廷相、王襞、王艮、李贽、方以智、黄宗羲、王夫之、颜元、戴震等。

为什么明朝中叶会出现提倡气学的现象？

从公元1442年宦官王振开始专权以来，明朝统治者内部出现了腐朽势力。1449年发生的"土木堡之变"更使大明王朝的军事力量遭到了严重的打击。后来虽然景泰、天顺两任帝王的竭力恢复，在孝宗统治期间出现了"弘兴中治"的昌盛，在这之后明王朝的势力更是一路滑坡，国势日趋衰弱。

明朝中叶正好是社会矛盾激化的时期，这个时候官僚兼并土地的现象越加的严重，人民的负担非常的沉重，面对这样的民不聊生的悲惨图景，一些有远见的学者开始提出自己的见解，纷纷上书朝廷，希望朝廷能够改变这种状况。可惜的是因为受到祖训的限制和宦官的蒙蔽，明朝皇帝对于外界的真实情况基本上就是一无所知。明武宗统治时期，宦官刘瑾掌控司礼监，手里掌握了东厂与西厂，还增设了内行厂，实行恐怖统治。许多学者为此提出经世致用、均分田赋的政见，但是却都没有被统治者所采纳，许多学者纷纷对于朝廷的不作为和血腥统治，以及政治抱负无法实现而失望不已，于是就专心从事学术著作与研究的问题，而许多学者将批判的矛头指向了理学和心学，提倡气学，其中最为著名的代表就是罗钦顺和王廷相。

中国第一个真正意义上的思想启蒙学派是什么学派？

泰州学派发扬了王守仁的心学思想，反对束缚人性，引领了明朝后期的思想解放潮流。该学派的创始人是王艮，组成人员有上层官僚地主、知识分子、还有下层劳动人者，甚至还有混迹社会的成员。

泰州学派有哪些突出的特点？

泰州学派的突出特点在于大力提倡"百姓日用"之道，他们认为"身与道"是世界的本源。王艮是王守仁的徒弟，在拜王守仁为师以前，他已经有自己的"格物说"，他的"格物说"与王守仁的"良知说"观点比较接近，认为在"止至善"这个命题上，孔子也只是达到"明德"、"亲民"而已。该学派认为在匡救社会过程之中，首要的是"保本"，提出："不知身不能保，又何以保天下国家？"的观点。这种"明哲保身"观点的理论根据是"身"等于"道"。该学派认为性"复其初"是"治天下"的前提，他们极力宣扬孟子的善是本性，恶不是本性的说教；戒备二程的所谓善当然是本性，而恶也不可不说是本性的主张。该学派还宣扬"心说"和"理一分殊"论，认为宇宙是心的城廓，四海是心的边沿，万物是心的体现。

学术界公认的理学鼻祖是谁？

周敦颐（1017-1073年），字茂叔，号濂溪，谥号元，北宋著名哲学家，学术界公认的理学派开山鼻祖，北宋五子之一，出生于现在的湖南道县，派别为濂学，主要哲学著作为《太极图说》、《通书》。他的哲学特点是以《易传》和《中庸》为基础，吸取了道教和佛教的观念，构建了一个以太极为本原并由此产生出阴阳五行进而化生万物、万物又复归于阴阳五行终归于太极的宇宙图式。哲学成就是提出了太极、理、气、性、命等一系列宋明理学共同探讨的基本哲学范畴。

因为《皇极经世书》而闻名的哲学家是谁？

邵雍（1011-1077年），字尧夫，号安乐先生、百源先生，谥号康节，北宋哲学家，北宋五子之一，祖籍河北省涿州市，主要哲学著作为《皇极经世书》、《伊川击壤集》、《观物内外篇》、《渔樵问对》。他的哲学观点是根据《易经》关于八卦形成的解释，夹杂道教思想，建构了一个以太极为本原，太极生阴阳，阴阳生四象，四象生八卦，八卦生万物的宇

第五章　封建尾巴、近代启蒙的宋元明清哲学

宙图式。

开创气学的哲学家是谁？

张载（1020-1077年），字子厚，号横渠先生，谥号明公，北宋哲学家，理学创始人之一，程颢、程颐的表叔，理学支脉"关学"创始人，"北宋五子"之一，封先贤，奉祀孔庙西庑第38位，出生于现在的河南开封。他的主要成就是明清两代，著作被作为开科取士的必读书，创立的中国哲学史上第一个系统地以气和阴阳说明世界运动的哲学体系——"以气为本"的唯物主义宇宙论，主要哲学著作有《西铭》、《正蒙》、《易说》，讲学记录《经学理窟》、《语录》等。

什么样的生活塑造了哲学家张载？

张载从小就天资聪明，由于少年丧父使他成熟较早，当时西夏经常对西部边境侵扰，公元1040年初，西夏入侵，1044年10月议和。朝廷向西夏"赐"绢、银和茶叶等大量物资。这些国家大事对喜欢谈论兵史的21岁的张载刺激极大，他就向当时担任陕西经略安抚副使、主持西北防务的范仲淹上书《边议九条》，陈述了自己的见解和意见，打算联合焦演组织民团去夺回被西夏侵占的洮西失地，为国家建功立业，博取功名。

范仲淹在现在的延安军府召见了他，张载谈论军事边防、保卫家乡、收复失地的打算得到了范仲淹的热情赞扬，认为张载可成大器，劝说你作为儒生，一定可成大器，不须去研究军事，而勉励他去读《中庸》，在儒学上下功夫。

1057年，38岁的张载赴汴京应考，但是正好是欧阳修主考，张载与苏轼、苏辙兄弟同登进士，在等候诏待命的时候，张载受文彦博宰相的支持，在开封相国寺设虎皮椅讲《易》。一天晚上，他偶然遇到洛阳程颢、程颐兄弟，张载是二程的表叔，但是他虚心待人，静心听取二程对《易经》的见解，感到自己学得还不够。张载考中进士之后，先后任祁州（今河北安国）司法参军，云岩县令（今陕西宜川境内）著作佐郎，金书渭州（现在的甘肃平凉）军事判官等职。后来因为弟弟反对王安石的变法，他估计自己要被牵连，于是就主动辞官回乡。张载回到横渠后，依靠家中数百亩薄田生活，整日讲学读书，在这期间，他写下了大量著作，对自己一生的学术成就进行了总结，并亲自带领学生进行恢复古礼和井田制两项实践。

以改革思想而闻名的宋代哲学家是谁？

王安石（1021-1086年），字介甫，号半山，谥号文，封号荆国公，北宋杰出的政治家、思想家、文学家、改革家，是唐宋八大家之一，祖籍现在的江西省抚州市区荆公路邓家巷。主要著作为《王临川集》、《临川集拾遗》等。他的诗作《元日》、《梅花》等最为著名。

王安石为什么要进行变法？

王安石出生于仕宦之家，父亲王益是公元1015年的进士，担任建安（现在的福建建瓯）主簿等地方官二十多年，为人正直，执法严明，为百姓做了许多有益的

中华哲学千问

事。他的母亲吴氏从小好学强记，为人通情达理。王益担任临江军（现在的樟树市）判官的时候，王安石出生，王益调任江宁（现在的南京市）通判，于是全家就迁往了江宁。王安石自幼聪颖，读书过目不忘。从小随父亲宦游南北各地，增加了社会阅历，开阔了自己的眼界，目睹了人民生活的艰辛，对宋王朝"积贫"、"积弱"的局面有了一定的感性认识，青年时期就立下了"矫世变俗"之志。

王安石变法的主要贡献有哪些？

1067年，宋神宗继位，起用王安石为江宁知府，没多久就诏为翰林学士兼侍讲。为摆脱宋王朝所面临的政治、经济危机以及辽、西夏不断侵扰的困境，1068年，神宗召王安石"越次入对"，即上书主张变法。第二年，王安石担任参知政事，主持变法。为指导变法的实施，设立三司制置条例司，物色了一批拥护变法的官员参与制订新法。1070年，任同中书门下平章事，位同宰相，在全国范围内推行新法，开始大规模的改革运动。所行新法在财政方面有均输法、青苗法、市易法、免役法、方田均税法、农田水利法；在军事方面有置将法、保甲法、保马法等。同时，改革科举制度，为推行新法培育人才。这些措施在一定程度上限制了大地主和豪商对农民的剥削，促进了农田水利事业的发展，国家财政状况有所改善，军事力量也得到加强。王安石被列宁称为"中国11世纪的改革家"，毛泽东也称赞"王安石最可贵之处在于他提出了'人言不足恤'的思想"。

开创洛学的两兄弟是谁？

程颢（1032-1085年），字伯淳，号明道先生；程颐（1033-1107年），字正叔，号伊川先生，祖籍河南。两人均为北宋五子之一、周敦颐的学生、洛学的开创者、宋明理学的实际创立者。两人主要的哲学著作有《遗书》25卷，《外书》12卷，《文集》12卷，《易传》、《经说》、《粹言》等。

程颐和程颢兄弟两人，从小就在父亲的熏陶之下开始熟读儒家圣贤之书，后来更是拜理学创始人周敦颐为师，后来终于成为一代大儒，全国各地的士人纷纷拜在两人的门下。程颐在20岁的时候就开始接纳门生、教授儒学，程颢则认为从孟子之后儒家就开始衰落，而自己的任务就是复兴儒学。程颢在1072年退休回家之后就和弟弟程颐住在一起，两人每天都在一起钻研学问，当时他们家每天都被前来拜师的士大夫挤满，著名的"程门立雪"的故事就是其中最为著名和广为流传的拜师趣事。

什么样的生活经历塑造了理学大成者朱熹？

朱熹（1130-1200年），字元晦、仲晦，号晦庵、晦翁、考亭先生、云谷老人、沧州病叟、逆翁，谥号徽国公，南宋著名的理学家、思想家、哲学家、教育家、诗人、闽学派的代表，祖籍现在的江西省婺源，他被视为孔孟之后最杰出的弘扬儒学的大师，被称为"朱

第五章 封建尾巴、近代启蒙的宋元明清哲学

子"；宋代理学的集大成者；二程的四传弟子。

1196年，为避权臣韩侂胄之祸，朱熹带着门人黄干、蔡沈、黄钟来到新城福山（现在的黎川县社苹乡竹山村）双林寺侧的武夷堂讲学，并写下《福山》一诗。在此期间，他往来于南城、南丰。在南城应利元吉、邓约礼之邀作《建昌军进士题名记》一文，文中对建昌人才辈出发出由衷赞美。又应南城县上塘蛤蟆窝村吴伦、吴常兄弟之邀，到该村讲学，为吴氏厅堂书写"荣木轩"，为读书亭书写"书楼"，并为吴氏兄弟创办的社仓撰写了《社仓记》。还在该村写下了"问渠那得清如许，为有源头活水来"的著名诗句。朱熹离村后，村民便将蛤蟆窝村改为源头村，民国时曾设活水乡（现在的属上塘镇）以纪念朱熹。在南丰曾巩读书岩石壁上刻有朱熹手书"书岩"两字，在岩穴下小池壁上刻有朱熹手书"墨池"两字。朱熹还先后到过乐安、金溪、东乡等地。在乐安流坑为村口"状元楼"题写了匾额。应陆氏兄弟之邀，到金溪崇正书院讲学，并书"一家兄弟学，千古圣贤心"相赠。在东乡路过润溪（水名）时，留有《过润溪》诗。

朱熹1148年，进士及第，刚开始的时候担任泉州同安县主簿。任期满后，请求辞官，潜心理学研究，四处讲学，宣扬他的"太极"即"天理"和"存天理，灭人欲"的理学思想体系，成为程（指程颢、程颐）朱学派的创始人。1175年，与陆九渊为首的另一学派在信州（现在的上饶）鹅湖寺相聚，就两学派之间的哲学分歧展开激烈的辩论。1178年，经宰相史浩推荐，朱熹出任南康（现在的江西星子县）知军。第二年的3月到8月，朱熹担任江南西路茶盐常平提举，来到抚州常平司官邸。在任期间，他募集钱粮赈济灾民，百姓得以安生。朝廷计划将他调到直秘阁，他以捐赈者没有得到奖赏不就职。宰相王淮以浙东大荒，改推荐朱熹为浙东常平提举。等到捐赈者得到奖励，他才前往绍兴就职。后来官至秘阁修撰、焕章阁待制兼侍讲。1200年3月9日去世，1207年，朝廷下诏赐遗表恩泽，谥号为文，赠中大夫，特赠宝谟阁直学士。1227年，赠太师，追封信国公，改徽国公。

朱熹是理学的集大成者，中国封建时代儒家的主要代表人物之一。他的学术思想，在中国元明清三代，一直是封建统治阶级的官方哲学，标志着封建社会意识形态的更趋完备。朱熹的主要哲学著作有《四书集注》、《四书或问》、《太极图说解》、《通书解》、《西铭解》、《周易本义》、《易学启蒙》等。此外有《朱子语类》，是他与弟子们的问答录。

什么样的生活塑造了心学的创始者陆九渊？

陆九渊（1139-1192年），字子静，号象山、象山翁，别名存斋先生、象山先生、陆象山，出生于江西省金溪陆坊青田村，宋代哲学家、教育家，陆王心学创始者，主要著作为《象山先生全集》。

133

陆九渊，书斋名为"存"，所以他被称为存斋先生，因为他曾经建茅舍聚徒讲学的贵溪龙虎山外形非常像大象，所以他就自号"象山翁"。陆九渊和朱熹是同一时代人，两人也并称为"朱陆"。他所开创的心学是宋明两代最为主要的唯心主义学派，后来经过明代王守仁的发展而成为"陆王学派"，对近代中国理学产生深远影响，他也被尊称为"陆子"。

1190年，50岁的陆九渊被任命为荆湖北路荆门知军。第二年的九月初三，陆九渊千里迢迢从江西到荆门上任。当时，金兵南侵压境，荆门地处南宋边防前线。陆九渊看见荆门没有城墙，认为这个行政区域位于江汉平原，道路四通八达，南面捍卫江陵，北面支援襄阳，东面守护随州、钟祥，西面扼守宜昌；荆门巩固，四邻才有依靠，不然就会腹背受敌。于是，就下定决心修筑城墙。陆九渊大刀阔斧地改革荆门军的税收弊端和不合理的体制以及官场的陈规陋习。外地的商贩看到荆门的变化，纷纷前来荆门做生意，使荆门的税收日增。他推荐或提拔下属，并不看重资历与出身。他认为，古代录用地方官员，因为不受资历和出身的限制，表现好坏就容易区别，后世斤斤计较资历和出身，有无政绩就不容易判明。

陆九渊清正廉明，秉公执法。有人告状，他不管早晚，都会亲自接见受理。断案多以调解为主。比如说控诉的内容涉及隐私、违背人伦和有伤风化的，他就劝说告状人自动撤回上诉，以便维护社会道德风尚的淳厚。只有罪行严重、情节恶劣和屡劝不改的才依律惩治。所以民事诉讼越来越少，等到他上任第二年，来打官司的每月不过两三起。陆九渊在象山东坡筑亭，宣讲理学，听众通常多达数百人。荆门原先闭塞的民风和鄙陋习俗得到了明显的改变。各级主管部门纷纷列举陆九渊在荆门的政绩奏报朝廷。益国公、左丞相周必大曾经强调，荆门军治理成效突出，可作地方长官"躬行"的榜样。1193年初，陆九渊在荆门病逝，棺殓的时候，官员百姓痛哭祭奠，满街满巷充塞着吊唁的人群。出殡的时候，送葬者多达数千人。他去世后，谥号为"文安"。

陆九渊一生最伟大的成就在于创立学派，从事传道授业活动，受到他教育的学生多达数千人。他以"心即理"为核心，创立"心学"，强调"自作主宰"，宣扬精神的能动性作用。他的学说独树一帜，与当时以朱熹为代表的正宗理学相抗衡。陆象山的学生，最著名的是杨简、袁燮、舒璘、傅子云等，其中杨简，进一步发挥了其主观唯心主义的世界观。象山学派流传不广，等到明代陈献章、王守仁才重新得到提倡。

陆九渊的思想经后人充实、发挥，成为明清以来的主要哲学思潮，一直影响到近现代中国的思想界。著名学者郭沫若、马一浮都认为深受陆九渊思想的影响。

什么是鹅湖之会？

1145年4月，陆九渊与朱熹在江西上饶的鹅湖寺会晤，研讨治学方式与态度。朱熹持客观唯心主义观点，主张通过博览群书和对外物的观察来启发内心的知识；陆九渊持主观唯心主义观点，

第五章 封建尾巴、近代启蒙的宋元明清哲学

鹅湖之会

认为应"先发明人之本心然后使之博览",所谓"心即是理",毋须在读书穷理方面过多地费功夫。双方赋诗论辩。陆指责朱"支离",朱讥讽陆"禅学",两派学术见解争持不下。这就是史学家所说的"鹅湖之会"、"鹅湖大辩论"。

功利之学之中的永康学派的哲学家代表是谁?

陈亮(1143-1194年),字同甫,号龙川,原名汝能,别名龙川先生,祖籍现在的浙江永康,南宋思想家、文学家、诗人,南宋"浙学"中永康学派的代表,著作为《龙川文集》。

陈亮生活在宋金对峙、南北分裂的时代,他反对朱熹、陆九渊的虚玄道学,提倡"实事实功",在当时的社会和思想领域之中产生了非常大的影响。陈亮为人正直,曾经两次被诬陷入狱,公元1193年参加进士考试被擢升为第一,授予建康军节度判官厅公事,还没有上任就去世。

什么是永嘉学派?

永嘉学派可以追溯到北宋庆历年间的王开祖等人,后来周行己、许景人将"洛学""关学"传到温州。南宋的时候,永嘉地区出了陈傅粮等著名学者,叶适则是永嘉事功学派的集大成者,也是在他的手中,事功学派称为和朱熹的"理学"、陆九渊的"心学"鼎足相抗的学派。永嘉学派的出现,和南宋时期永嘉地区商品经济的发展有着非常密切的关系。在那个时候,永嘉地区出现了富工、富商及经营工商业的地主,而永嘉学派正式这些新兴阶层利益的代表。他们纷纷向朝廷上书,要求抵御外侮,维持社会安定,主张减轻捐税,恢复工农生产,强调买卖自由,尊重富人,提倡实事和功利。

将程朱理学变为官学的元代哲学家是谁?

许衡(1209-1281年),字仲平,谥号文正,封号魏国公,别名鲁斋先生,元初名臣、思想家、教育家,《授时历》主编,出生于今河南焦作李封村,哲学著作为《鲁斋遗书》。

许衡年幼的时候就非常喜欢读书,如果听说别人家里有书,就会立刻前去求对方让自己观看。他生活在金元交替之际,25岁的时候,因为躲避战乱,许多避居在泰安东南的徂徕山,后来在大名府收徒讲学,并且和名儒窦默结为好友。29岁的时候应试中选,成为有官籍的儒生,在大名府待了三年之后，战乱基本平定，于是他就回到了家乡。在现在的河南辉县西北遇到了弃官隐居的姚枢，从他那里学习了赵复的伊洛之学，后来致力于研究程朱理学。在他44岁的时候，正好遇到忽必烈到秦中征召儒生，因此被任命为京兆提学，等到忽必烈登基之后，将他提升为太子太保，同时姚枢被任命为太子太师，窦默任命为太子太傅，三个人因为和丞相王文统政见不和，于是就一起辞官，许衡回到怀庆教学。公元1265年，许衡再次被征召，辅佐右丞安童，被任命为议事中书省，后来担任了国子祭酒，负责编写《历代帝王嘉言善政录》，更是参加议定朝廷官制，公元1279年辈任命为中书左丞。1276年的时候，这一年许衡68岁，他主持了修订历法的工作，到1280年，这部被命名为《授时历》的新历法面试，许衡被批准回家养病，第二年去世。

消除了古今经学区别的元代哲学家是谁？

刘因（1249-1293年），字梦吉，号静修，别名静修先生，谥号文靖，封号容城郡公，死后追赠翰林学士、资政大夫、上护军，元代著名理学家、诗人，祖籍现在的河北容城县，代表著作为《静修学案》、《四书集义精要》、《易系辞说》（已失传）。

刘因的学说博采众说，融会贯通，从来都不专守一家之言。他试图兼取周、程、张、邵和朱熹各家之长，成就自己的学说。在治学的过程之中，刘因有一个非常创新的举动，那就是他没有古无经史之分的思想。他在刘因的经学思想中，一个很有见地的看法，就是他在《叙学》中说：古无经史之分，《诗》、《书》、《春秋》原来都是史书，但是因为圣人删定笔削，才立为大经大典而被称为经。明代王阳明所谓的春秋亦经，五经亦史、李贽所谓的经史相为表里、清代章学诚提出的六经皆史等说法，都是沿着刘因古无经史之分的提法的。

提出天为道统之源思想的元代哲学家是谁？

吴澄（1255-1330年），字幼清，晚年改为伯清，谥号文正，别名草庐先生，宋元思想家，教育家，理学家，出生于现在的江西崇仁。主要著作有《吴文正集》100卷、《易纂言》10卷、《礼记纂言》

推崇汉学的忽必烈

第五章 封建尾巴、近代启蒙的宋元明清哲学

36卷、《易纂言外翼》8卷、《书纂言》4卷、《仪礼逸经传》2卷、《春秋纂言》12卷、《孝经定本》1卷、《道德真经注》4卷等并行于世。

1258年,吴澄正好10岁,他开始懂得治学的根本。他努力攻读大理学家朱熹编纂的《大学》、《中庸》等"四书"章句,每日诵习《大学》一二十遍,一直坚持了3年之久,在学业上取得了很大进展。13岁的生活,吴澄为了拓宽自己的知识领域,开始博览诸子百家之书。14岁的吴澄头上挽着两个小角丫,前往抚州郡学补试,本州儒士前辈见其文不凡,竞相赞叹。15岁的时候,他偶然读到朱熹的《训子帖》,见到其中有"勤"、"谨"二字,深为信服,认定这是"持养之要经,为学之大务"。随即,吴澄挥笔写下《勤》、《谨》二箴,又作《敬》、《和》二铭。

1264年的秋天,吴澄陪同祖父前往抚州(治所在现在的江西临川)参加乡试。当时正好抚州郡守邀请朱熹的弟子双峰先生程若庸到临汝书院讲学。吴澄本来就仰慕朱熹,于是就去临汝书院拜谒程先生。当他在书院外厅等待先生出来接见的时候,发现四壁粘满揭帖,内容全是程若庸教诲学者之说,充分反映出程氏在理学方面的独特见解。但是他却发现程若庸的某些说法并不完全符合朱熹的学说,由此引起了他的怀疑和思索,于是等到程若庸出来之后,他接连问了好几个问题,并且收下他为弟子,认为他必有成就。

1275年,元兵攻陷江西,抚州沦为元人统治区。乐安县丞黄西卿是一位忠义之士,他不愿降元做官,于是就携带全家避入深山穷谷,甘心忍饥挨饿,艰难度日。他向来仰慕吴澄讲学之名,特意邀请吴澄前去教授自己的儿子。1277年,江西战乱依然频繁。吴澄侍奉父母双亲到处避难,很少有安居的时候。后来,幸得乡贡进士郑松热情相迎,于是一起隐居布水谷。吴澄与郑松共同结庐于布水谷中,二人每日以论学为事,谷中吴郑两人所居草庐,后人称为古隐观。

1304年10月,经过了多番波折之后,吴澄还是被任命为将仕郎、江西等处儒学副提举,但是他不愿意出仕,所以迟迟未去上官。1308年,新天子即位,广求人才,下诏任命吴澄为从侍郎、国子监丞,并移命江西行省敦促赴官。第二年6月,吴澄就任国子监丞,六馆翕然归向。最初,元世祖命北方名儒许衡出任国子监祭酒,开始以朱熹理学教授弟子。许衡告老以后,继承者多是他的门人,还能恪守师法,但是时间一长,师传渐失,学者散漫无归。而今吴澄一到,决心整治颓风,使诸生为学知其趋向。他每天拂晓便举烛堂上,让诸生依次受业,并各持所疑以质问。直至傍晚,他才退归寓舍稍事休息,而诸生往往执经以从,随时请教。1311年3月,元仁宗即位,罢尚书省。吴澄被改授文林郎,升国子监司业。吴澄在国子监克尽职守,不负众望。他采用宋代程颢《学校奏疏》、胡安国《大学教法》以及朱熹《贡举私议》三者,加以斟酌取舍,专门制订了四条教法:一曰经学,讲授内容有《易》、《书》、《诗》、《仪礼》、《周礼》、《大戴礼记》,再附加

中华哲学千问

《春秋》三传，要求诸生各专一经，并须熟读经文，旁通小学，融会诸家讲说义理；二曰行实，教育诸生孝顺父母，友爱兄弟，尊敬长辈，和睦宗亲，厚待朋友，同情他人；三曰文艺，指导诸生学习古文和诗赋，要求人人能够写诗作文；四曰治事，为诸生讲授有关选举、食货、礼仪、乐律、算法、吏文、星历、水利等方面的知识，对他们加强能力培养。吴澄还未及施行这些教法，却被同僚所嫉恨，于是产生了辞官退隐的想法。1312年正月，吴澄告病辞归。当时，六馆诸生好像失去了父母一般，竟有没有经过允许而追随吴澄南行者数人，从学几年后北归，全都中选高科，成为儒学名士。晚年的时候，吴澄的主要精力都放在了五经之上，在总结数十年治经成果的基础上，着力撰写了《五经纂言》，完成了经学史上的一大壮举，实现了他终生研究经学的宏愿。

完善心学的明代哲学家是谁？

王守仁（1472-1528年），字伯安，号阳明子，别名阳明先生，祖籍浙江余姚，中国明代最著名的思想家、哲学家、文学家、军事家，陆王心学集大成者，封为"先儒"，陪祀孔庙东庑第58位。代表著作为《王阳明全集》、《传习录》、《大学问》，哲学观点为提倡"去人欲，存天理"的"致良知"学说，试图通过加强封建道德的灌输来拯救社会危机。

1499年考取进士，授兵部主事。当时，朝廷上下都知道他是博学之士，但是提督军务的太监张忠认为王守仁以文士授兵部主事，便蔑视守仁。一次竟然强令守仁当众射箭，想以此出丑。不料守仁提起弯弓，刷刷刷三箭，三发三中，全军欢呼，令张忠十分尴尬。王守仁做了三年兵部主事，因为反对宦官刘瑾，在1506年，被廷杖四十，谪贬贵州龙场（修文县治）驿丞。刘瑾被诛之后，任庐陵县知事，累进南太仆寺少卿。其时，王琼任兵部尚书，以为守仁有不世之才，荐举朝廷。1517年，江西南部以及江西、福建、广东交界的山区爆发民变。山民依靠山地据洞筑寨，自建军队，方圆近千里。地方官员无可奈何，于是就上奏明廷。兵部举荐时任右佥都御史的王守仁巡抚江西，镇压民变。第二年正月王守仁平定池仲容（池大鬓）部，奏请设立和平县，并兴修县学。3月，守仁抵达江西莅任。他迅速调集三省兵力，镇压了信丰等地的起义。7月，王守仁感到战争破坏巨大，上奏请求朝廷允准招安。明廷于是委以地方军政大权，准其便宜行事。10月，王守仁率兵攻破实力最强的江西崇义县左溪蓝天凤、谢志山军寨，并会师于左溪。王守仁并亲自前往劝降。11月，王守仁遣使招安，并攻破蓝天凤部。

1527年，王守仁总督两广军务，击溃瑶族和僮族等少数民族的地方武装。两广之役后，王守仁肺病加疾，上疏请求归乡，于1529年元月9日，王守仁在归途中病逝于江西省南安舟中。去世后被谥文成，赠光禄大夫、柱国、新建伯，后又追封为新建侯，万历十二年从祀于孔庙。

王守仁是中国史上少有的全能大儒，他不仅精通儒、释、道三家学问，更是明朝著名的将领，完全可以称得上文能安

第五章　封建尾巴、近代启蒙的宋元明清哲学

邦，武能定国的支柱人才。他曾经被贬到贵州龙场驿（现在的贵阳境内）而结庐阳明洞，这也是他的阳明子的号的来源。他的学说继承了陆九渊的'心学'并加以完善，因为他的卓越贡献也是心学多了一个"陆王心学"的名称。

对象山心学提出批判的明代哲学家是谁？

罗钦顺（1465-1547年），字允升，号整庵，祖籍江西泰和，谥号文定，明朝中叶著名思想家，哲学著作为《困知记》、《整庵存稿》、《整庵续稿》等。

罗钦顺从小就受到理学教育，并且严格地学习四书五经，走上科举的道路，考中举人之后，又花费了十几年的时间钻研佛学，接受禅宗思想。1492年，罗钦顺进士中榜被授予翰林院编修的职位，他借这个机会广泛阅读了翰林院的藏书。公元1508年因为遭到当时专权的宦官刘瑾的排斥而被贬为平民，两年之后刘瑾被杀，他再次进入朝廷，担任太常卿、南京吏部右侍郎、左侍郎，后来改任为礼部尚书，但是因为父亲去世而没有就任，后来被任命为吏部尚书，但是罗钦顺却坚决请辞，回到家乡，二十几年不入城里，潜心格物致知之学。

以教育思想闻名的明代唯物主义哲学家是谁？

王廷相（1474-1544年），字子衡，号浚川，祖籍河南仪封人，明代著名文学家、哲学家，哲学著作为《雅述》、《慎言》、《太极辨》、《横渠理气辨》等。

王廷相从小就非常聪明，显示出非凡的文采。21岁的时候参加乡试中举，28岁的时候考中进士，并且被选入翰林院，后

罗钦顺作品

王艮雕像

来因为得罪刘瑾而被贬到地方任职。他为人刚正不阿、不畏权贵，敢于批评时政，先后两次受宦官的迫害。王廷相对经术非常研究，对一些经学家特别对理学家的论点提出了许多批评，发表了独立的见解。他对自然科学也很有研究，对天文学、地理学也有一定的贡献。

建立泰州学派的明代哲学家是谁？

王艮（1483-1541年），本名王银，字汝止，号心斋，别名王泰州，明代哲学家，泰州学派的创立者，祖籍现在的江苏东台安丰。

32岁的时候，王艮自学成才，凡是别人对经传注疏有不理解的，他都能够解说明白，当地各盐场官民遇有难事不能处理的，他也能帮助解决。他为了将从经书上学来的先贤治世之道传授给百姓，提高他们的觉悟，于是就按照《礼经》之制制作冠服，并且开门授徒，当时有个私塾教师黄文刚，听了王艮讲《论语》之后，说他的简介类似王守仁，他于是就乘船去拜访，经过了一番激烈辩论之后，王守仁非常赏识他。王艮于是就留在王守仁身边从学，并且积极参与讲学活动，但是关于"良知"的学问大多是自己发明，甚至还要超过王守仁，所以他不满足在王守仁身边讲学，想要将自己的哲学思想和政治主张进一步向广大人民群众传播，于是就坐船沿途聚众讲学，直抵京师。当王艮被迫从京师回到王守仁身边的时候，正好赶上淮扬大饥，于是他就从故友真州王商人处贷米两千石，请当地官府按人丁花名册赈济，对饥饿不能行走者做粥给食，后来又多次拿出存粮和家中衣物赈灾。

推动泰州学派发展的明代哲学家是谁？

王襞（1515-1587年），字宗顺，号东厓，晚年自号天南逸叟，明代后期思想家，祖籍现在的江苏东台，著作为《王东崖先生遗集》。

王襞9岁的时候跟着父亲拜访王守仁，在王守仁身边学习的十几年，后来拜师王畿和钱德洪，跟在父亲身边在淮南讲学，父亲去世之后，他子承父业继续讲习，对于泰州学派的发展起到了很大的推动作用。

自称为异端的明代哲学家是谁？

李贽（1527-1602年），字宏甫，号卓吾、笃吾、百泉居士、宏父、思斋、龙湖叟、秃翁、温陵居士，明代官员、思想家、文学家，祖籍福建泉州，代表著作为《焚书》、《续焚书》、《藏书》。

李贽本姓林，名载贽，后来因为家族泉州清源瀛洲林李同宗两姓分派而效仿曾祖父从本姓改为李姓，名字则因为避穆宗载垕（hou）讳而改为贽。李贽的二世祖是一个航海家商人，他经常来往于刺桐港和波斯湾之间，并且还娶了波斯女子为妻，所以家族之中就有伊斯兰教的信仰者，但是到了李贽的父亲的这一代，基本上已经摆脱了伊斯兰教信仰的影响。

第五章　封建尾巴、近代启蒙的宋元明清哲学

李贽曾经考中举人，但是却没有参加会试，先后担任共城知县、国子监博士、姚安知府等职位，后来弃官隐居在黄安、麻城，他在麻城讲学的时候，听讲的人有数千人，其中还有许多的妇女。他经常往来于南京和北京之间，后来因为被诬陷下狱，在狱中自刎而死，他的大部分著作也被下令销毁，但是却依然有许多流传了下来。

将哲学、自然科学、社会科学研究结合起来的明清哲学家是谁？

方以智（1611-1671年），字密之，号曼公、鹿起、龙眠愚者，明末清初画家、哲学家、科学家，祖籍安徽桐城，代表著作为《东西均》、《药地炮庄》、《易余》、《性故》、《一贯问答》、《愚者智禅师语录》等。

方以智是明朝崇年十三年（1640年）进士，被授予翰林院检讨，为复社成员，有"明季四公子"之称。明朝灭亡之后，出家为僧，法号弘智，发愤著述。致力于思想救世的同时，秘密组织反清复明活动。康熙十年（1671年）3月因为"粤难"被捕，10月份，押解途中在江西万安惶恐滩逝世。学术上，方以智家学渊源，博采众长，主张中西合璧，儒、释、道三教归一。一生著述400余万言，多有散佚，存世作品数十种，内容广博，文、史、哲、地、医药、物理，无所不包。

为谏议皇帝选贤用能，革除弊端，实行某些改革，曾写了《拟求贤诏》、《拟上求治疏》、《拟上求读书见人疏》等，决心以襄扶明朝中兴为己任。他曾与张溥、陈子龙、吴伟业、陈贞慧、吴应箕、侯方域等主盟复社，裁量人物，讽议朝局，当时被人称为"四公子"，以文章誉望动天下。方以智的父亲方孔炤任湖广巡抚时被杨嗣昌弹劾下狱，方以智怀血疏讼冤，方孔炤这才得释。1640年，30岁的方以智中进士，选为庶吉士，有人向崇祯皇帝推荐方以智，崇祯召对德政殿，方以智"语中机要，上抚几称善"。后在京任工部观政、翰林院检讨、皇子定王和永王的讲官。1644年，李自成农民军攻入北京，崇祯皇帝自缢，方以智在崇祯灵前痛哭，被农民军俘获，农民军对他严刑拷打，"两髁骨见"，但他始终不肯投降。不久，李自成兵败山海关，方以智侥幸乘乱南逃，大难不死。当方以智在北京誓死不降农民军之事传入江南时，友人皆把他比拟为文天祥。方以智辗转奔向南京投奔南明弘光政权，仇敌阮大铖把持南明弘光朝政，他不断受到排挤、迫害，于是不得不改名吴石公，流寓岭南、两广一带以卖药为生。不久，南明隆武帝以原官庶吉士相召，方以智不应，取名"三萍"，浪迹于珠江山水间。

当清兵大举南下时，他曾经联络东南抗清力量抵抗。1650年，清兵攻陷广西平乐，方以智被捕，清军在方以智的左边放了一件清军的官服，右边放了一把明晃晃的刀，让方以智选择。方以智毫不犹豫，立即奔到右边，表示宁死不降。满清将领相当欣赏他的气节，于

是将他释放。顺治七年，方以智披缁为僧，改名弘智，字无可，别号大智、药地、浮山、愚者大师等。晚年定居江西庐陵青原山，自称极丸老人。1671年的冬天，方以智因为粤事牵连被捕，解往广东，途经江西万安惶恐滩头，11月8日因为疽发卒于舟中。

以《明夷待访录》而闻名的明清哲学家是谁？

黄宗羲（1610-1695年），字太冲，号南雷，别名南雷先生、梨洲老人、梨洲先生，明末清初经学家、史学家、思想家、地理学家、天文历算学家、教育家，出生于浙江余姚，代表著作为《明夷待访录》。

黄宗羲与顾炎武、王夫之并称明末清初三大思想家（或清初三大儒）；与弟黄宗炎、黄宗会号称浙东三黄；与顾炎武、方以智、王夫之、朱舜水并称为"清初五大师"。黄宗羲的父亲黄尊素是万历年间的进士，因为弹劾魏忠贤而被削职归籍，没有又被捕下狱，受酷刑而死，当时19岁的黄宗羲于是就进京讼冤，并且在公堂之上出锥击伤主谋，追杀凶手，明思宗称赞他是"忠臣孤子"。杀死了凶手之后，黄宗羲返回家乡，更加发奋地读书，追随著名哲学家刘宗周学习蕺山之学。清军入关之后，黄宗羲召集里中子弟数百人组成"世忠营"参加反清战斗，持续了数年之久。起义失败之后，黄宗羲返乡闭门著述，清廷屡次诏征，都找借口推辞。黄宗羲认为自己一生有三变：刚开始是东林党人，后来是游侠，最终进入儒林。

黄宗羲多才博学，对于经史百家及天文、算术、乐律以及释、道没有不研究的，尤其在史学上成就很大。清政府撰修《明史》，只要有大的议论就一定咨询他。黄宗羲在哲学和政治思想方面，是一位从"民本"的立场来抨击君主专制制度者，这也是他获得中国思想启蒙之父荣誉的原因，他的政治理想主要集中在《明夷待访录》一书中。

提出"天下兴亡匹夫有责"的明清哲学家是谁？

顾炎武（1613-1682年），明末清初著名的思想家、史学家、语言学家，与黄宗羲、王夫之并称为明末清初三大儒，现在的江苏昆山人。本名继坤，后改名为绛，字忠清；南都败后，改为炎武，字宁人，号亭林，自署蒋山佣，学者尊称为亭林先生。他毕生心力所写的《日知录》是他的代表作，此外还有《音学五书》和《亭林诗文集》等。他的学问以博学于文，行己有耻为主，合学与行、治学与经世为一。

顾炎武本来是顾同应的儿子，后来过继给去世的堂伯顾同吉为子嗣，他的寡母是王述的女儿，独力抚养顾炎武成人，教给他岳飞、文天祥、方孝孺的忠义之事。14岁的时候，顾炎武取得诸生资格后，便和同里挚友归庄共入复社。他武以"行己有耻"、"博学于文"为学问宗旨，屡次考试都没有，认为八股根本就是败坏人才，于是就在27岁时断然弃绝科举帖括的学问，遍览历代史

第五章　封建尾巴、近代启蒙的宋元明清哲学

乘、郡县志书，以及文集、章奏之类，辑录其中有关农田、水利、矿产、交通等记载，兼以地理沿革的材料，开始撰述《天下郡国利病书》和《肇域志》。1643年，以捐纳成为国子监生。清兵入关之后，顾炎武由昆山县令杨永言之荐，投入南明朝廷，担任兵部司务，他满腔热忱，撰成《军制论》、《形势论》、《田功论》、《钱法论》，也就是著名的"乙酉四论"，为朝廷出谋划策，针对南京政权军政废弛及明末种种弊端，从军事战略、兵力来源和财政整顿等方面提出一系列建议。

顾炎武的思想从整体和实质内容上来说都是关于"明道救世"的思想。

以启蒙思想著称的船山先生是谁？

王夫之（1619-1692年），字而农，号涢斋、一壶道人，别名船山先生，明末清初杰出的思想家、哲学家，出生于湖南衡阳，代表作为《周易外传》、《周易内传》、《尚书引义》、《张子正蒙注》等。

王夫之在明朝崇祯年间到岳麓书院求学，拜师吴道行，1638年从学校肄业，在学校期间，吴道行教以湖湘家学，传授朱张之道，比较早地影响了王夫之的思想，奠定了王夫之湖湘学统中的济世救民的基本脉络。明朝灭亡之后，王夫之在1648年于衡阳举兵抗清，失败时候推到肇庆，因为反对王化澄而几次被扔进狱中，后来投奔桂林依瞿式耜，桂林陷没的时候瞿式耜殉难，王夫之于是就决心隐遁，他辗转多个地方之后，回到家乡在石船山下筑草堂而居，人称"湘西草堂"，在这里他撰写了许多重要的学术著作。

王夫之和方以智、顾炎武、黄宗羲同称明末四大学者，他33岁之后就彻底隐居，甚至变姓名为猺人以避世，一直到他死去。王夫之是宋明道学的总结和终结者、中国古代哲学的集大成者，也是一位重要的早期启蒙思想家。他的思想是近代启蒙思潮的重要思想源泉之一，对19世纪的爱国维新运动和20世纪初的革命运动产生了积极而广泛的影响。

提出"理存乎欲"思想的清代哲学家是谁？

戴震（1724-1777年），字慎修、东原，号杲溪，清代著名语言文字学家、自然科学家、哲学家、思想家，祖籍现在的安徽屯溪市，代表著作为《原善》、《孟子字义疏证》等。

戴震的祖先在唐朝曾经做过大官，但是戴震的曾祖、祖父和父亲都没有做过官，等到戴震的父亲戴弁继承家业的时候，家中已经十分的清寒。戴震虽然生在隆冬腊月，可他出生的那天却雷声震天，所以他的父亲为他取名为震。戴震自幼就非常聪明，过目成诵，十岁日读书数千言不休。戴震18岁的时候，随着父亲来到江西南丰，在福建邵武的儿童学校学习。这一时期，同里程询对他非常器重，后来戴震在文章中称程询为"先师"。20岁那年，戴震偶遇年过六旬的音韵学家江永，江永精通三礼，旁通天文，地理，算学及

声韵等。师从江永的日子，戴震学问大进。1755年，戴震33岁，这一年是他一生的转折点。这一年的夏天，戴震在京城结识纪昀，钱大昕等，同时，他的《勾股割圆记》被秦惠田全文刊载，并由吴思孝设法刻印，《考工记图注》则由纪昀刻印成功，戴震因此而名重京城。

戴震对音韵、文字、历算、地理无不精通，又进而阐明义理，对理学家"去人欲，存天理"之说有所抨击。其视个体为真实、批判程朱理学的思想，作为中国文化现代转型的本土资源，对晚清以来的学术思潮产生了深远影响。戴震本人也被梁启超、胡适称为中国近代"科学界的先驱者"。

周敦颐的世界构成观是什么样的？

周敦颐认为世界的本体是"太极"。他的"无极而太极"并不是说在太极之上还有一个无极，而是说太极无形无象，无法用语言去描述，并不是真的存在一个"极"，所以叫做无极。在这个基础之上，周敦颐提出了自己的宇宙形成论：宇宙的最初阶段是"无极而太极"——太极动起来，分化出阴阳二气——阴阳交互作用，生出五行——五行按顺序发生作用而化成万物，变化无穷。同时他还认为五行都有各自的特殊性，但是都统一于阴阳，而阴阳的本原是同一"太极"，所以万物是统一的，而"一"为万物所分有。

对于万物的变化，周敦颐持有什么观点？

对于世界万物运动的最初动力，周敦颐认为太极动而生出阳，动到了极点就是静，静生出阴，静到了极点就又是动，一动一静，互相是运动的根源。他认为，"太极"的动静，是和物的动静不同的。"太极"的动静，不是物质的机械的动静，物质动只是动，静只是静，动中无静，静中无动。太极是超动静的，但是它是万物运动的推动者，万物能够运动的原因，不是万物自己的力量而是由于太极的推动，所以周敦颐说太极使万物发生变化。

周敦颐人性说之中的诚是什么？

关于人性的学说，周敦颐继承了中庸的观点，认为"诚"是一种神秘精神境界。万物的起始点"乾元"，就是诚的本源。他将诚神秘化，认为它"静而无动有"，当它静的时候是无，它动的时候就是有，并且诚还是五常（仁、义、礼、智、信）的根本。

周敦颐持有什么样的修养观？

在提出了诚的基础之上，周敦颐认为因为"诚"是由"太极"派生出的阳气的体现，是"纯粹至善"的，所以以诚为内容的人类本然之性也是善。人和万物一样，都是从乾元获得自己的本性，在它们发展的开始、发展、成熟和结束各个阶段和环节上，"诚"都是贯彻始终的，这种现象被周敦颐称为"立诚"。他进一步认为，"纯粹至善"的本然之性，因为受到物欲的诱惑和环境的影响，刚柔不能适得其"中"，而产生恶。人性有"刚柔"、"善恶"和"中"的分化。所以，周敦颐

第五章　封建尾巴、近代启蒙的宋元明清哲学

十分强调师道，认为通过教育和师友的帮助，人可以改过从善，进而达到中道。道德是可以教育而成的，圣人已经为人类确立了"人极"作为教育的目标。"人极"就是人的标准，它的要求是在人伦关系上以仁义中正为准则，在自我修养上则能"主静"。他认为一切学习，也就是认识的最主要的关键，就是"无欲"。在他看来，无欲诚心是人们认识修养的最高要求，也是成圣之路。

邵雍的世界构成观是什么？

邵雍的哲学思想基本上属于客观唯心主义，但是也包含了一些唯物主义的内容。他认为宇宙的本原是太极，太极生出天地，天是从动中生出来的，地是从静中生出来的。天分为阴和阳，地分为柔和刚。阴阳柔刚，就是四象。阴阳又分为太阳、太阴、少阳、少阴，也就是日月星辰，称为天的四象；柔刚又分为太柔、太刚、少柔、少刚，也就是水火土石，称为地的四象。因为有日月星辰所以才有寒暑昼夜的变化，因为有水火土石所以才有雨风露雪的变化，世界万物都是从这八者的错综变化之中产生的。

邵雍是如何将宇宙形成归结到"象"、"数"的演化过程的？

对于宇宙发生的过程，邵雍归结为"象"和"数"的演化的过程。他认为万物是一个总的本体"太极"演化出来的。太极演化为两仪，两仪演化为四象，四演化为八卦，八卦演化为十六，十六演化为三十二，三十二演化为六十四。他所说的两仪（动、静）、四象（阳阴刚柔）、八卦（太阳、太阴、少阳、少阴、太柔、太刚、少柔、少刚），是"象"。与这些"象"相适应的一、二、四、八、十六、三十二、六十四，就是"数"。他通过这种简单的"加一倍法"，推演出一个神秘的数的系统，并且将它用来说明宇宙的形成。

邵雍推算世界兴衰的理论是什么？

我们应当注意的是邵雍的这种理论只能够在象数上起作用，现实之中却不能做出任何符合客观实际的解释。为了解决这个问题，他在象数的基础之上，用天干地支的"十"和"十二"两种数目的加减

邵雍像

和相乘解释天的四象和地的四象的变化，以及万事万物的变化。他认为世界历史的变化也是按照规定的数的原则进行的。他将世界从开始到消灭一个周期称为一元。他按照一年十二个月、一月三十日、一日十二时辰、一时辰三十分的数目，来规定一元的时间及其变化。他说一"元"有十二"会"；一"会"有三十"运"；一"运"有十二"世"；一"世"有三十年。世界以元为一个历史周期，周而复始，循环无尽。最后他得出结论：三十元是"元之世"，十二"元之世"是"元之运"，三十"元之运"是"元之会"，十二"元之会"是"元之元"。"元之元"总共包含十二万九千六百个元，到了"元之元"，整个世界就发生一次巨大的变更。他根据这种"元、会、运、世"的机械安排推算了世界历史的治乱兴衰的。

什么是气本论？

张载认为只要是能够描述的都是存在，存在的东西都是有形象的，有形象东西都是"气"。宇宙万物是由"气"构成的，世界的一切存在、一切现象都是"气"，而不是什么"无"。他认为太虚是气没有凝聚成万物的一种"散"的状态。太虚是气的本体，本体就是指本来的形态，也可以说是气的原始状态，万物都是从这个本体中发生出来的。在万物的变化运动之中，这个气虽然有聚有散，但是却不会增加或者减少。气凝聚的时候，人们看得见，就将其称为有；气消散的时候，人们看不见，就将其称为虚。换句话说就是无形象的太虚，是散而未聚的气，

是气的本来状态；具有各种形象的万物，是气的凝聚，气的聚散引起了万物的形成和消失。所以，气是宇宙万物的根源，整个宇宙统一于气。

张载的气本论有什么重要意义？

张载的整个哲学的基础是"太虚即气"的气本论，这也是中国哲学史上第一个比较完整的气一元论的哲学体系，开辟了中国古代朴素唯物主义哲学的新阶段。

张载是如何解释"天"、"道"、"性"、"心"的？

"天"、"道"、"性"、"心"是张载的气本体论哲学体系之中的四个重要的基本概念。气有清浊，太虚之气是清的。张载认为"天"是由清的气构成的。他所说的道指的是有规律的意思，也就是气化的规律之道。气化是气的变化过程，这个过程被张载称为道，人的构成与万物的构成同属于气。他还认为构成人的材料是气之清者，构成物的材料是气之浊者一样。人的本质是由清的气经过气化过程形成的，人的本质加上知觉的作用，就产生人的心理活动。所以，张载认为，天和道，都是气，气是最高实体，道气化的过程，太虚也就是天，是指气散而未聚的原始状态。世界上的一切具体事物，都是太虚之气凝聚而成，万物消亡又复归于太虚，太虚、气、万物，是同一实体的不同形态。

什么是一物二体思想？

一物二体的辩证思想是张载从气本论

第五章 封建尾巴、近代启蒙的宋元明清哲学

的唯物主义观点出发得出的,他也是他在中国哲学史上第一个明确地提出世界运动的本源是事物内部阴阳的对立统一的哲学家。他将阴阳未分的气称为太和,将太和之气运动变化的过程称为道,这种运动变化的过程也是元气本身不断地酝酿激荡、斗争、屈伸的过程。因为元气自身之中就具有阳浮阴沉,阳升阴降、阳动阴静的矛盾对立的本性。正是因为这种浮沉、升降、动静的矛盾对立的交互作用,才形成了内部互相激荡,屈伸的动力。张载认为天体的运转是因为内在动力,而不是来自外力的推动。

什么是"天地之性"与"气质之性"?

张载在自己的气一元论思想的基础之上,提出了"天地之性"与"气质之性"的人性说。他认为,宇宙万物都是由气聚结而成的,因为气的清浊,而产生了世界的事物。人得到的是气之清者,物得到的是气之浊者。人类之中,圣贤得到的气是最清者的,一般人得到的是气之浊者,恶人得到的就是气之最浊者。因为人与万物同出一源,所以人的本性也就是天地万物的本性。

张载认为每个具体的人有了生命之后,就具有他自己的本性,这种本性是和他的生理条件、身体特点紧密结合在一起的。这种具体的每个人的本性就被张载称为气质之性。因为人的生理条件,身体特点也不相同,所以气质之性必定是千差万别的。不同的人,他的生理条件可能存在各种的缺点,气质之性也对应地存在缺点,但是但"天地之性"却没有任何缺点,是善的来源。

如何才能恢复"天地之性"?

对于如何使人反本,恢复善的"天地之性"的问题。人的"气质之性"虽然有刚与柔、缓与急的差别,但是"天地之性"却可以参和"气质之性",使之"不偏"。养气而能回到气的本来状况,就能够恢复"天地之性"。对于普通的每个人来说,关键在于"善反"不"善反"。"善反"的一个重要内容就是学习,学习的重点又在于"礼"。

张载还在"天地之性"与"气质之性"的人性说的基础之上,提出了"兼爱"的伦理思想。他认为,人和万物都是天地所生,性同一源,本来就应当没有什么阻隔,彼此应当互相同情,相亲相爱,在这个大家庭之中,君主是天的长子,大臣是帮助君主的管家人,所以每个人都应努力对"天地"尽孝道。做到乐天安命、安分守己。

王安石是如何看待道与万物的关系的?

王安石的社会变革思想和他的元气体用论的哲学理论基础有着很大的关系。他认为,天地的运行"咸法于道",而"道"以"元气"为"本体"。"道"是王安石哲学思想的最高范畴。王安石认为道之体是元气,道之用是冲气的运行;道是产生万物的物质根源,道是"至虚而一"的气,它可以化成万物,但是它本身不是千变万化的万物。道是"天",天是自然，也是元气。冲气是从元气中分化出来的。万物生于无气，所以元气是天下母。王安石认为世界万物生成的具体过程是，道是阴阳二气的统一，又可分阴阳二气，阴阳二气构成水、火、木、金、土五种物质元素，进而化生万物。

王安石的认识论思想是什么？

王安石的元气本体论是他的认识论的基础。他反对两汉提出的天人感应说，主张人的活动要"顺天而效之"，也就是以对天道的认识为基础。认识必须在"观于天地、山川、草木、虫鱼、鸟兽的"外求"活动中才能有得。在王安石看来，人天性就具有感觉和思维的能力，但人通过视、听、思而获得聪明才智，却是在后天经验和学习中形成的。所以，王安石强调"貌、言、视、听、思""五事"。他认为依靠后天的学习、锻炼来发展人的聪明智慧，达到了"明作哲，聪作谋"，以至"睿作圣"。

王安石如何看待运动变化？

王安石认为变化是"天道"的特性，所以，自然界和人类社会都是运动变化的。这种"天道尚变"的辩证法思想，冲击了"天下变，道也不变"的形而上学思想。对于世界万物运动变化的原因，王安石认为是道有阴阳这两个对立的方面，因为阴阳的矛盾斗争，形成某一新的事物，也就是"成于三"。"五行"各有对立面，互相配合产生事物的种种变化。他还认为，不仅事物有对立的两个方面，而且对立面的每一个方面又都包含有对立的两

王安石雕像

个方面。这是说，事物运动变化的原因是有"对"有"耦"。王安石认为，"新故相除"是自然和人类社会共同的变化法则。王安石这种运动变化的辩证法思想，一方面为推行新法作了论证，另一面又从理论上否定了切依旧、一切如故的形而上学思想。

王安石的哲学表现出鲜明的"经世致用"性质。他从"天道尚变"，人应"顺天而效之"的观点出发，得出了"天下事物之变，相代乎吾之前"对法度政令也应"时有损益"的思想。

二程的学说为什么被称为洛学？

唐朝中期之后，儒家就开始批判地吸收佛教和道教的思想，到了北宋周敦颐的时期，理学思潮开始逐渐出现。二程在吸收和发挥周敦颐、邵雍的唯心主义的基

础之上，使它进一步系统化，并且确立了"理学"这个名字，而因为两人长期在洛阳讲学，所以他们的学说也被称为洛学。

洛学是如何传承的？

在学风之上，"洛学"和两汉以来只是埋头于对儒家经典的训诂考释的儒生不同，他们着眼于根本，追寻儒学的精神实质，重点放在对儒学经典之精妙奥义的探索与发掘，抓住关键，进而达到了"一天地之理，尽事物之变"的目的。二程认为读书是为了穷理、致用，如果只是停留在章句之间，就根本没有半点用处。以为求学治道，就在于实用，所以洛学的主要认为就是将孔孟之道的"义理"及其所体现的封建道德、纲常伦理用于修身治国。在多年的学术活动之中，二程培养了一大批理学人才，其中程颐的弟子最多，著名人物有谢良佐、杨时、游酢、吕大中、吕大均、吕大临、邵伯温、张绎等人，其中又以"程门立雪"的主人公杨时和谢良佐最为出色，他们对洛学的传承起到了很大的作用。

洛学的理论思想是什么？

"洛学"以儒家伦理道德作为核心，吸收了道家的宇宙生成论和佛教的思辨哲学，融儒、释、道三教于一炉，建立了理本体论的唯心主义哲学体系，为南宋理学集大成者——朱熹的客观唯心主义体系奠定了基础。二程反对张载的气本论，提出了以"理"为最高范畴的理本论体系，并且将道、天、天命、心、气、性、物都用理贯穿起来，认为"理"世界的根源，永恒的客观存在，不会因人为而加以改变。"理"是万事万物所根据的法则，是物质世界的"所以然"。万物一理，"理一分殊"。"理"还是社会的最高原则，是父子君臣封建伦理关系的标准。

理学的中心问题是什么？

理学的中心问题有两个，分别是宇宙自然和人生的问题，重点是社会人生问题。这和孔子基本上不讲天道，对于自然和社会的关系采取存而不论的态度有着很大关系。孔子强调尽人事、知天命，对有益社会国家的正义事业，要竭尽全力去做，作一个"君子"，应该对社会负责到底，做得到的，那么"天命"就可为，如果失败了，也"不怨天，不尤人"。在孔子之后的荀子和董仲舒等人对天人关系进行了发展，但是董仲舒提出的天人合一、断言存在主宰的天的观点是经不起社会发展和人类社会实践的检验的，所以它必然失去作为封建统治者的精神支柱作用。

为什么理学被称为"道学"？

二程是理学的创始人周敦颐的弟子，所以两人在思想之上也继承了周敦颐的理学思想。理学的创始的目的是为了从形而上学的高度去论证"圣人之道"和伦理道德的至高无上性，所以他们为了达到将天道与人道统一起来的目的，也开始重视对天人关系的研究。他们认为，天地万物和人都统一于"道"。二程主张"理"就是"道"，所以人们也将理学称之为"道学"。

二程的天理论是如何划分层次的？

天理是二程的最高哲学范畴，天理一般被二程称为"理"。二程的天理论是最具典范性的理学思想，所以他是有系统、有层次的，大体上可以分为以下几个层次：

第一，理是超时空的，完满的精神实体。二程认为理是不以人为转移的永恒存在，它绝对的完满，没有存亡加减，也不受时间上今与古的限制，更不会因为社会治乱和人的意志而改变。

第二，理是世界万物的总根源。二程将具有精神属性的"理"视为宇宙万物之根本和总根源。在理与气的关系上，二程坚决反对张载的气本论思想，认为将气作为宇宙万物的本源是不妥的。

第三，理是自然和社会的最高法则。二程的"理"或"道"包含着规律或法则的意义。对事物之中的客观法则，人们必须遵循。这个观点无疑是二程唯心主义体系中同辩证法相符合的合理成分。二程在全面揭示事物的对立统一关系之上，提出了"万物莫不有对"和"理必有待"的合理命题，认为天地万物都处于相互对立、彼消此长的关系之中。

第四，"理"是封建伦理道德之总称。二程在周敦颐的礼的思想基础之上做出了进一步的发展，将封建道德原则和封建的等级制度概称为"天理"，换句话说就是将封建制度及其作为这种制度的人的行为规范，提升到宇宙本体的"理"的高度，认为如果谁违反了它，也就违背了"天理"。

什么是"格物致知"？

对于什么是"格物致知"这个问题，二程直接将"格物"解释为"穷理"，他们认为"知"是人们心中本来所固有的，只要于心上反省内求，就能够认识一切真理。他们释"物"为"理"，认为心外之理和心中之理一致，所以"格物致知"的方法只是向内探求，只要使心中之理发扬光大，就能够穷尽天地之理。

二程认为应该如何去格物？

怎么样去格物呢？二程说穷理的方法包括读书明理，评论古今人物的是非，待人接物处理得当等许多的方面。他们的观点都不涉及改造自然的实践，所以说他们在认识论上，也基本上是唯心论者。他们的这种贯通不是归纳，也不是科学

二程墓

的抽象，而是直觉思维中的脱然觉悟，和佛教禅宗的"顿悟"是一致的。

二程持有什么样的经验论？

二程的认识论并不全是唯心主义的先验论，其中还包含了一些合理因素，这主要表现于他们对"闻见之知"的承认。二程将认识分为"闻见之知"和"德性之知"两个层次。闻见之知是人的感官与外界事物相接触（物交物）而得到的知识，他们强调要多去掌握"闻见之知，还强调多去学习前人的经验，认为只有这样，才可使人从迷到悟、从愚到智。

在二程看来，人生来就禀受了"天命之性"，同时也禀受了"气质之性"，他们所禀受的"气"有清、浊之分，所以性有善、恶之分，恶的方面表现为"人欲"，善的方面表现为"天理"，只有通过认真修养，做到"存理去欲"，才能够变为至善的圣人。

二程持有什么样的人性论？

二程的许多思想都有着非常明显的政治目的，而他们的认识论也是为地主阶级服务的，虽然名义上是反对佛教，但是实际上已经吸取了佛教的僧侣主义及唯心主义。在人性论方面二程提出了"天理"与"人欲"的对立，生性与气禀对立的人性论，重新肯定了孟子的性善说。

从二程提出"性即是理"这个命题之后，中国哲学史上的人性论就不再是一个伦理上的善恶问题，而是属于唯心主义本体论的范畴。理是至高无上的最高原则，是生天生地的总根源。性如果是这个理的体现，从道理上它就不能、也不应该认为是恶的，只能是善的。这也是吸取了佛教唯心主义的佛性学说，用来说明封建社会人性的证据。

二程如何看待恶的问题？

如果说人性是天理的体现，那么人性就应当是至善，又从哪里来的恶呢？对于这个原因，二程归结到气的身上。他们认为气和性都存在于每一个人的身上，是统一的，又是矛盾的。气禀是决定善恶的材料和天资禀赋。他们认为当一个人还没有出生，没有接触外物的时候，人性的善恶还没有办法被发现，就不能说是善还是恶，这是人性的本体，也是纯理。

二程所说的"人性"不是指社会的人和阶级的人，而是抽象的"人"，但是实际上这样的人是不存在的，这样的人性也是不存在的。二程认为人性，如果从本源来说，它只能是善。他有恶的原因是被外物所拖累，是由于思虑的发动。恶是由于"情"的活动发生偏向的结果，也是气禀影响的结果。他们将天理与人欲对立，以为人身为人欲罪恶自私的根源，所以最终必然走向和佛教一样的结果，这也是他们的学说被称为僧侣主义的原因。

二程将人的欲看成罪恶，实际上就是生活不成问题的大地主提出来麻痹贫困人民，压制贫困人民的求生欲望的哲学。曾经有人向程颐提问说孤独的寡妇为了生存是否能够再嫁？程颐回答说：

"饿死事小，失节事极大"，这两句卫道宣言成为束缚妇女的锁链。

朱熹是如何建立自己的理气论的？

朱熹继承了二程将"理"作为最高的哲学范畴的思想，同时他还吸收了张载关于气的学说，认为宇宙之内有理有气。他认为宇宙之中的一切都充满了一个普遍流行和无所适而不在的"理"，理生成天地，成就万物的特性，展现出来就是"三纲五常"。自然、社会和伦理道德领域，都体现了"理"的流行。在这个基础之上，朱熹提出了"太极"的概念，认为"太极"是"理"的总体，是"理"的最高体现。这个观点使他进一步完善了理一元论的世界观。

朱熹是如何论证理气统一的思想的？

为了论证自己的这个观点，朱熹借用了张载气化论的思想资料，对理本体论的世界观作出了合乎逻辑的两步论证：

第一，朱熹从具体事物的角度出发，认为万事万物都存在理，比如自然界就存在四季的变化。他认为这些"理"都是指具体事物的"当然之则"及其"所以然"的原因。理是事物的必然规律，并且"理"存在于"气"之中，"道"在"器"之中。在朱熹看来，"理"是寓于事物之中的，他将"气"当做"理"的安顿处和立足处，认为具体规律不能脱离具体事物。

第二，朱熹从理本论的角度出发，认为理气虽然不可分离，但是理是具有无形体特征的精神抽象，"气"是有形体特征的物质现象。对于两者的先后顺序问题，朱熹认为是先有理然后生气，他从逻辑上强调了理在气之先，"理"和"太极"都是产生万物、支配万物的根本，"气"只是形成万物的具体材料。

朱熹是如何论证"理一分殊"的思想的？

朱熹认为，"太极"是理的总体，就是"理一"。"理一"又有分殊，分殊就是"理"体现于万事万物之中，"理一"和"分殊"之间存在着互相联系的依赖关系。万物全部都统一于太极，而太极又分属于万物。他接过了佛教华严宗"理事无碍"和"一即一切，一切即一"的理论，认为分殊于万物之中的"理"是"太

朱熹讲学的书院

第五章　封建尾巴、近代启蒙的宋元明清哲学

极"完整的全理，而不是全理中的一部分。"理一分殊"否认了个别和一般的差别，把一般与个别相等同，这是形而上学观点。这个观点在政治上是为封建等级制度作辩护的。他认为只要人人安于所居之位，就体现了"天理"的最高原则。这在当时正是对贫苦农民"均贫富"、"等贵贱"革命要求的否定。

理是朱熹哲学的出发点和终结点，但是理必须借助于气而造作，借气才能"安顿"和"挂搭"。物，既是理的体现和表象，也是理借气而派生的。从"上推下来"，理——气——物；或从"下推上去"，物——气——理。在理和气的关系上，朱熹特别强调二者的主次之别，有理而后有气，理制约、决定着气。理生出气而寓于气中，并借助气而生万物。

朱熹认识的目的是什么？

从认识的目的来说，朱熹讨论"格物致知"是为了成就圣人。他认为如果做不到"格物致知"，不管如何就都是凡人，只有达到"物格知至"，才可以进入圣贤之域。格物的任务不是从万物获得知识，而是打通物欲对本心之知的蒙蔽，并通过致知的推广工夫，实现本心之理与外物之理的相互映照而无处不明。这个过程被朱熹称为"合内外之理"。人如果到达了这一层次，格物致知的认识活动才算完成。因而，朱熹的格物致知活动可以和其知行观相互对照。

"格物致知"的具体内容是"穷天理，明人伦，讲圣言，通事故。""天理"主要是指仁、义、礼、智等封建道德，"人伦"、"圣言"、"事故"是天理的阐发应用。朱熹认为，如果放弃对天理的追求，只是将精力花在草木、器用的研究上，那就永远都回不到老家。

为什么朱熹的思想会走向形而上学？

虽然朱熹思想之中有着许多的闪光点，但是却因为受到他的理一元论世界观的约束，而从合理走向了形而上学的归途。他说阴阳一动一静，互为是彼此的根源，于是就形成寒暑交替，这是阴阳运动变化的性能。阴阳既分之后，形成天地、上下、四方，就永远定位不变了。与此相应，在社会政治伦理方面，朱熹也是持形而上学观点。他认为封建的等级秩序和纲常伦理是永恒的"天理"，永远固定不变。将君臣父子之位和封建伦理纲常视为永恒不变，这是直接为巩固封建统治服务的形而上学观点。

朱熹的人性论对中华文化产生了什么样的影响？

朱熹的"气禀有定"思想，能够为统治者阶级的剥削压迫开脱罪责，它要求人民在贫贱中听从命运安排。所以，朱熹的人性论就成了统治者愚弄人民思想的武器。朱熹的这条"存天理，灭人欲"的道德信条，在中国后期封建社会之中，长期约束着人民思想，维护封建剥削制度。

朱熹哲学有什么重要贡献？

朱熹的最大的贡献就是他适应中国后期封建社会政治的需要，建立了一个博大

153

而精深的庞杂的以"理"为核心范畴的客观唯心主义哲学体系。这个体系是以儒家政治伦理为中心，广泛吸取和融合佛、道两家的思想，并且在理一元论基础上吸收了一些唯物主义思想资料而建立起来的。在朱熹在世的时候，他的思想并没有得到统治者的重视，但是在他死后不久，他的思想就得到了理解和重用。南宋统治者不仅追封朱熹为"太师"、"朱文公"，后来又改封"徽国公"，更是下诏将朱熹的牌位供奉于孔庙，让他同孔子同享后人的祭祀。

因为朱熹的学说对维护封建制度有着极大的作用，所以自从南宋末年历经元、明、清三代，每个王朝都将他的学说定为指导思想，他的言论几乎成了判断是非善恶的最高标准。所以说，中国后期封建社会的儒家思想实际上就是朱熹的理学思想。

陆九渊是如何构建心学的？

陆九渊出生在一个已经没落的豪强地主的大家庭，他曾经做过几任地方官吏，晚年的时候在荆门军担任知军。他用主观唯心主义，宣扬人的本心本来具有一切善和美的道德，服从封建秩序就是服从自己的本心。虽然陆九渊自称自己继承的是孟子的道统，但是实际上他更多地接受了佛教禅宗的基本观点。也就是说，他的心学是以儒家思想为骨架，糅合了佛教禅宗思想内容，构成主观唯心主义心学学派。

陆九渊的思想的基础是"心即是理"，他将"理"看成是世界万物的本体，这一点他和朱熹的观点是一样的。但是他认为理不在事外，道和器、理和事是不可分离的。在他的理论之中，"心"就是人所固有的"本心"，也就是良知良能。这个本心就是道德原则，又是宇宙之理。从根本上来说，理不在外，就是这颗"本心"。这种道德意识是生来固有的，是宇宙的最高原理，是世界的唯一基础。因为"心即是理"，所以学习就是穷理，是反省内求。他指出，良知良能是我本来就有的，但是因为物欲的原因，使"本心"染上了"尘埃"，必须"剥落"、洗涤。

什么是"心即是理"？

"心即是理"的命题是陆九渊这个

陆九渊

第五章　封建尾巴、近代启蒙的宋元明清哲学

"心学"思想体系的基础。

他认为宇宙中的事就是自己分内之事，自己分内之事就是宇宙中的事。"宇"泛指宇宙空间，"宙"泛指时间。陆九渊认为在宇宙之中，这个心这个理是同一的。他批评朱熹将心与理分开看的观点，一再强调心与理的合一。在他看来，"理"不在人的心外，它存在于人的心中，只有通过人心的活动，才能感知天地万物的存在，才能体认天地万物之理。虽然说心理合一，但是认识理的存在、内容和实质，只有通过人心的活动才可以，这就是后来王守仁所说的"心外无理"。

陆九渊所说的"心"，从字面上看，包括了自己的心，朋友的心，百代之前圣贤的心，千万代之后圣贤的心，所以就是客观的"心"。他所说的与"理"等同的"心"，基本上就是指作为主观精神的"我之心"。他认为以前的圣贤的心，和我的心是一致的，只是先于我心所得罢了。他认为自己是孟子以后心学的继承人。对于"万物皆备于我"这个主观唯心主义的命题，陆九渊认为既然自己生来就具有"良知"和"良能"，所以只要将这种先天的良知良能发挥出来，就应该使它充分发生作用，做到与天同。

陆九渊是如何完成从客观唯心向主观唯心过渡的？

在陆九渊的哲学体系之中的"心"，既是人身之本，也是天赋的伦理道德，更是宇宙的本源。它在不同的时空以及在人身之中，作用都是相同的。"心"凌驾于一切之上，但是又不会脱离"吾心"的主体精神。"心"与"理"是同一的、相通的。就是通过这样的论证，陆九渊将客观的"理"和主观的"心"融合，进而将二者统一起来，然后再将"心"扩大为宇宙的本原。于是他就完成了从客观唯心论到主观唯心论的过渡，这也是他的主观唯心主义哲学的逻辑结构。

为了配合封建社会的统治，陆九渊还认为"理"和"心"都是封建伦理道德的本体，而"理"和"心"是充塞于天地之地的，所以人们遵守伦理道德也是天经地义的事。

什么是自存本心？

陆九渊的心学是主观唯心主义哲学，所以他的认识论和修养方法都是建立在主观唯心主义的世界观的基础之上的。在世界观之上，他肯定了宇宙就是我心，我心就是宇宙的观点，所以在认识论之上，他认为要想了解宇宙的真实面目，向外追求的是没有必要的，只需要向内反省、认识本心、发明本心，就能够能获得有关宇宙的真实知识。在道德修养之上，要想达到符合封建统治者要求的圣贤的境地，也只需要修养本心，就能够和宇宙混然合而为一。所以陆九渊认为在认识和道德上面最主要的就是自存本心。

陆九渊认为本心就是真理，本心的自我认识，就是真理的自我发现；本心是至善的，本心的自我觉悟，就是道德的自我完成。他主张要能够使本心自立自存，最应该做的就是扫除这些外界的污染，保持本心的纯洁。

陆九渊认为应该如何理解本心？

陆九渊认为社会上的人可以分为四种：最浅显的是追求声色食欲，其次是追求富贵名利，再进一步是追求文章技艺，还有一种人是什么都不理会只谈学问。他将这四种人总结为"胜心"，他所说的什么都不理会只谈学问的人指的就是朱熹。他认为如果封建地主阶级的立场问题不先解决，谈学问是没有任何作用的，和追求声色、富贵的危害性没有两样。

本心是真理的全体，是不能分割的。从理论上说，要体会到它（本心）就全部体会到，要不能体会，就全不理解。就好像佛教所说的顿悟，悟，就要大彻大悟，不悟，就一点也不悟。认识了本心，能自存本心，一切行为就都是正确的；否则，就都是错误的，道是枝叶相通的，不可能了解本而不了解末，认识枝而不认识叶。但是如果从部分入手，通常不能了解全体，因为全体并不是部分的机械的总和。

朱陆之争的内容是什么？

陆九渊和朱熹两人的学说有着非常大的分歧，作为生活在同一时代的两人，争辩自然是不可避免的。两人之间进行了多次的辩论，比较集中的有两次：一次是在"鹅湖之会"上，两人就治学方法的问题而展开了面对面的辩论；一次是两人通过书信针对"无极"和"太极"的问题进行辩论。朱陆之争是中国哲学史上的重大事件。陆九渊所代表的心学和朱熹所代表的理学是南宋最主要的哲学流派，也是整个宋明理学中最重要的两个流派。但是两人之间的争论只是儒学内部的辩争，后来在1190年，两人的争论以各自保留自己的意见，互不相让而告一段落。

世界观方面的争论。陆九渊认为"心即是理"，以心为本体，属于主观唯心主义；朱熹认为"性即是理"，心不能是理，只能"具众理而应万事"，心有认识、知觉的功能，以理为本体，属于客观唯心主义。朱熹的格物说，最后的要求是达到"豁然贯通"的神秘境界，就是他通向主观唯心主义的旁门。陆九渊的宇宙的心，超出了个人的心的小范围，理论上也不是没有通向客观唯心主义的可能。

天理人欲方面的争论。陆九渊反对朱熹区别天理和人欲的见解。朱熹教导人克服人欲，存天理，以理制服人欲，以道心指导人心。而陆九渊认为心是道，是理，是宇宙，没有什么东西在心之外。陆九渊认为心即是天理，如果将人欲与天理对立，就是说心之外还有人欲，等于承认心外有物。

无极与太极、形上与形下方面的争论。朱熹说无极而太极，就是无形而有理，太极是形而上的道。陆九渊却认为太极就是理，心就是理，所以不能离开心而去说太极，更不能承认太极之上还有无极。朱熹极力贬低物质世界的地位（包括与物质有关的气），他将这些都算做形而下的，不认为是可靠的，最根本的存在。陆九渊却认为根本就没有区别形而上和形而下的需要。朱熹将"理"放第一位，并

第五章 封建尾巴、近代启蒙的宋元明清哲学

且"气"留有一定的地位，同时还承认气是构成事物材料。而陆九渊却根本就不承认气的地位。

治学方法、修养方法方面的争论。朱熹认为做一个圣贤，应当从格物开始，通过格物获得知识（致知），一旦豁然贯通了，就能处处符合天理。陆九渊认为要做一个圣贤，首先要端正他的封建地主阶级的立场，立场站稳了，读书明理，就能做到很好，即使是一个字不认识也能堂堂正正做人。朱熹强调"道问学"主张做一个符合地主阶级要求的圣贤，先要有地主阶级的知识、本领；陆九渊却认为做圣贤，首先要有地主阶级的立场，立场不稳固，学了知识，也只能是被敌人所制用。

什么是"道在物中"思想？

陈亮针对程朱理学的形而上的理或道是形而下的气或器的派生者和支配者的观点，提出了"道在物中"的思想。他认为自然界和社会都有自己的"道"，认为"道"是具体事物的法则，人们必须在客观的"事物之间"去认识事物的道理。道在物中，道外无事，相互依赖。对于什么是道的问题，陈良认为，什么物都是道，道与物不能分开，"何物非道"是具有普遍意义的命题。陈亮还认为，理学家主张道在具体事物之外，道与人的具体行动无关，实际上是佛教思想。他反对离开人道（社会生活中具体的道）和天道，肯定了在人道之外还有天道。他认为真正的"孔孟之学"，是主张道表现在物中，理表现在事中，天道体现在人道中的。

陈亮反对程朱理学对"理一分殊"的解释，他认为"道"的含义，除了指具体事物相应的法则外，也指宇宙的总法则，而程朱理学的理一分殊观点却认为一理与万理的关系是神秘的"月印万川"似的关系。陈良认为理一分殊的意义应该是部分和全体的关系。程朱的"理"是脱离具体事物，高高在上的精神本体，万物分享这个理，万物各得此理之全，而不是各得其一部分。陈亮的"理"是不脱离具体事物的理，具体的物从它们的种属分类的关系说，有部分的"理"，有总的"理"。理——分殊的理——是天地万物的理的整体，分殊是这个整体中每一事物的功能。

陈亮如何看待质生活与精神生活？

陈亮依据自己的"道在物中"的哲学思想，认为人的需要是全面的，既要有物质生活，也要有精神生活，两者缺一不可。他说，如果认为精神生活是本，物质生活是末，那么精神生活不能独立于物质生活之外，必须通过物质生活表现出来，所以应该物质生活与精神生活并重。

朱熹认为，义与利、王与霸的对立就是天理与人欲的对立。天理就是义理，人欲就是功利：义理就是讲仁义道德，功利就是讲利欲。他将这一理论运用到历史观上，提出"王霸义利"之辩，鼓吹复古主义，认为认为挽救社会危机的办法只有从"存天理，灭人欲"的道德修养入手，使危殆的"人心"由危而安，微妙的"道心"由隐而显，恢复道统的统治，才能重现三代的王道政治。针对朱熹的这种空谈义理、心性的观点，陈亮提出"义利双行"的功利之学。他认为，物质生活欲望

出于人的天性,能得到正当满足就合乎道德。所以天理人欲完全可以并行。

陈亮持有什么样的历史观?

在历史观之上,陈亮强调事功、功利在道德评价中的重要性。他认为观"心",也就是动机固然重要,但是更重要的是看"迹"也就是效果,"心"要通过"迹"来表现,没有"迹"就无以判"心",三代圣王与汉唐皇帝一样,都是有心有迹的,历史上从来都是"义利双行,朱熹所说的王道政治与霸道政治在历史上也从来是同时被使用的,根本就不存在什么"三代以上"和"汉唐以下"的绝对鸿沟。

陈亮如何处理人欲与天理的关系?

对于人欲和天理方面,陈亮认为物质欲望是人的天性,不应该抹杀,统治者只能在一定程度上节制。他主张统治者应用赏罚的手段来使为善者得到富贵尊荣,为恶者得到危亡困辱,就是说要顺应人的天性来进行统治节制,而不是从根本上否定天性的欲要求。他赞同古代法家的理论,认为"霸术"能够起到驱使天下的功效,所以完全可以使用。霸道原是本于王道的,二者之间并没有本质的区别。陈亮完全从事功效果的角度出发,认为凡事只要能够做到功成事济,就是正确的。

叶适的道物思想是什么?

叶适代表的事功学派是温州创业精神的思想发源。

叶适继承了陈亮的"道在物中"的思想,并且进行了一定程度的发展,这个思想也是他批判程朱理学的"理在气先"和老子的"道行天地"的观点的主要理论武器。叶适认为物与道不能分离,物在哪里,道也在哪里;物与道又是不同的,因为物是有限,道是无限的;不知道得道,就不能概括物,不知道得物就不能达到道,也就是只有通过物才能知得道、达到道;道虽然是无限的,贯通一切事理,但最后仍然要归结到物,而不致使道、物流散。在叶适的理论之中,物是比道更重要、也是更高的范畴,他认为天地之间有形象的东西就是物。

叶适是如何解释世界构成问题的?

叶适反对理学家所说的"太极",认为理学家将"太极生两仪,两仪生四象"奉为"宗旨秘义"是浅陋的表现。他以为,"极"就是标准、准则的意思。"极"不是在物之外存在的一种东西,而是在有物才能建极,不能离开具体事物而另外有"道"和"极"。他还反对朱熹所说的,先有"太极"才有万物的道理,他认为不应作"形而上者"与"形而下者"的区分,认为宇宙间有形有象的都是物,物的真实形态是不同的(多样的)而又是统一的;保证事物完全可以不同但是又不会失去所以统一的,就是事物的规律、事物的理。万物虽然纷繁复杂,但是因为其中有必然的规律,所以解散和遇合都是自然而然,有不可破坏的秩序。

叶适如何看待事物对立统一问题?

"一物为两","一两不同"等是

第五章 封建尾巴、近代启蒙的宋元明清哲学

叶适提出的关于事物对立统一的命题，他认为阴与阳、刚与柔、顺与逆、离与合等，都"相禅而无穷"。矛盾的现象是普遍的现象，凡是物的构成，都有矛盾对立的两个方面，而不是单一的。"两"原于"一"，统一物分解为两个部分，这就是道。各执一端而不明白"两"，那是片面的，必定会出现错误。把握了"两"，但是却将它们凝固化，这必定只能看到行迹而看不到运化，他认为真正的道是"中庸"，就是中和之道。他认为自然界的"中庸"，就表现在日月寒暑、风雨霜露、作物生长等都是有条理的，可以测候推算，并且人类社会的君臣父子、仁义教化等也都有自己的"中庸之道"。他认为"道"不能离开物，人们认识"道"，就必须详细地考察各种客观事物。他强调检验认识的正确与否，应当以客观事实为标准，义理的正误应当以考查全面事实为依据。任何理论都必须根据客观事物加以检验。

叶适如何看待主观与客观问题？

对于主观和客观的问题，叶适认为主观应该服从客观，反对用主观代替客观，他认为认识有两种态度：一种是"以己用"也就是"自用"，这是自以为是的主观主义态度，会导致"伤物"而"己病"；另一种是"以物用"、"不自用"，使主观符合于客观，喜是因为物喜，怒是因为物怒，这也被称为"格物"。格物就是要求人真诚地去格，不能有片刻离开物体。叶适非常重视全面的观察和亲自实践，认为只有这样才能真正掌握事物的规律，避免拘泥于前人经验的失误。他提出了耳目等感官与思维并用的"内外交相成之道"，作为获得知识的途径，认为在认识过程中感性与理性、学与思不可以偏废。要获得正确的认识，一方面要依靠"耳目之官"，另一方面又要依靠"心之官"。"内外交相成"是以感性为基础的。他认为道德意识是天赋的，"觉"就是唤醒天赋的理。

什么是所以然与所当然？

许衡将道作为其哲学的最高范畴，认为道是宇宙的本体，由道而生太极，太极生气，气分阴阳，阴阳合而有天地万物。他强调了道的绝对性，它是独立的本质。道也就是理，许衡也将其称为天理。理的含义之一就是所以然与所当然。

他认为，理是万物所由产生的根据，也就是所以然之理。理作为万物产生的根据，是本原，它先于万物而存在，通过气化流行而产生万物。对于理与物之间的关系，许衡认为认为万物由理产生之后，理仍然是烛照万物，万物并没有离开理，二者相即不离。他的观点不是有物才有理，而是物是体现理的，所以理才是本原的东西。所有事物都必须得理才能成形，万物由理产生，这是必然的。所以，所以然之理也叫做命，也就是事物得以产生的必然根据。

许衡天道思想有哪些辩证法的成分？

在许衡的天道思想中，含有的辩证法的成分表现在他朴素辩证法思想之中。

许衡指出：第一，阴阳是不能分离的，万物都是本于阴阳。第二，阴阳是互为消长的，天道二气，此气少，彼气多，一来一往，没有一起多、一起少的道理。第三，多和少都不是直线进行的，少的时候有多，多的时候也有少。总结起来就是阴阳两极互相依存，互相转化，共处于一个对立统一体中。

许衡的心性论思想是什么？

许衡将心、性、理三者看成是一回事。天生人和万物的时候，就赋予了人心以理，形成人性，而性就是理。在这一点之上，他既不完全和朱熹的性即理相同，也有别于陆九渊的心即理。之所以会出现他将心、性、理一以贯之是因为他在朱陆之间游走的模糊态度。

因为在心、性、理的关系问题之上，许衡游走于朱陆之间，所以，他在关于如何识见天理的心性修养方法上，也是游走于朱熹的穷理以明心和陆九渊的明心以穷理二者之间。他认为在心体未发的时候，修养方法是持敬。心里常存敬畏，其心就能如明镜止水。在心与外物将接而未接的一瞬间，心体之动别人虽然不知道，但是我自己知道，这就叫独知，对于这种情况，办法就是谨慎。他认为一个人的善恶，就是始于最初的一念之差。所以，谨慎就是要抓住一闪念的意思。等到心之已发，也就是心与外界事物已经接触的情况下，许衡强调审察。他认为，审察是对已发生的行为而言的，而对行为的审察，还是要抓住行为背后的意念。所以，这个方法是以内省的方法，由自己判断和纠正自己在行为上的偏颇，进而使自己的行为规范在封建道德的轨道上。许衡提出的持敬、谨慎、审察的功夫，基本上是强调自觉。自觉就是启端和扩充心体本有的知或良知。

许衡的历史观思想是什么？

许衡将封建社会的等级秩序看成是自然秩序，是天定的不易之理。对于历史上治世和乱世交替的事实，许衡用天人交胜的道理来解释。具体地就是，尚质归之于天胜，把尚文归之于人胜，有点在说乱世尚质，是天定的，而人不起作用；治世尚文，是人为的，天又不起作用。他的这种观点直接将天和人割裂，实际上真实的历史正好是天（客观必然性）与人（人的有意识活动）的统一，乱世有天也有人，治世有人也有天。只是他没有看到这一点。

对于什么决定天与人的问题，许衡给出的答案是命，也就是时势。他一方面认为天就是命，命就是天，合起来就叫天命，将命置于天之上，没有必要。另一方面，他又认为命是时势，天也是时势，两者是同实异名，没有任何的意义。实质上，他的思想想要表达人应该顺应天命，顺应时势的观点。

从整体上来说，他持有一种命定论思想。

许衡在哲学史上占据着什么样的地位？

许衡是元代一位重要的思想家，他曾经得到元世祖忽必烈的宠信，为元代多民族大一统的封建正统王朝的建立，使程朱

第五章　封建尾巴、近代启蒙的宋元明清哲学

理学得行于世，并且从私学变成官学，取得了正统地位。他的思想在元明之际影响非常，元代曾经有人把他和吴澄并称为当时思想界的双璧。明清诸儒也都称赞他学术精纯，其行笃，条理精密，规模广大，是朱熹之后第一人。

刘因的天道观思想是什么？

刘因继承了程朱的理本论思想，并且在这个基础之上形成了自己的天道观。

刘因认为，理是天地万物的本体，天地万物都是由理所生，万物形体消灭后又复归于理。宇宙天地之中，只有一个共同的理，这个居中的理散为万事万物，最终又聚合为一个共同的理。刘因认为理有聚散特性，这表明理既是一般，又是特殊，是一理与万殊的统一。

刘因提出天地万物产生以前，只有混沌之气，混沌初开时，元气分为二，也就是阴阳二气，于是产生了天地万物和人类，于是就有了天道、人道之分。实际上，刘因的气是从属于他的理的。他从天道不息的思想出发，强调人道也不息。他主张顺天理而行，自强不息，才能由人道之用，而达于天道之体，就达到了天人合一。他认为，万物有成有毁，这是自然规律。人不能因其有成有毁，就不去积极进行营为、创造。他反对消极等待天化，认为不行人道，不宣天化于人为，那么人类生活也就止息了。

刘因持有什么样的心性观？

刘因认为太虚之气（也就是元气）是万物之根源，所以也是人性之来源。人性善恶，取决于阴阳二气。气有刚柔，刚柔分别都有善恶，所以人性分为四种类型。他是用物质性的气来说明人性之善恶的，他认为善恶来源于阴阳二气，而不是来源于理，也不是心。所以，刘因的人性说既不同于程朱的以理为性，又不同于陆九渊的以心为性。

对于心性修养的问题，刘因强调无待于外，自求本心的求理方法。自求本心就能引发扩充自身固有之天理。对于如何引发、扩充的问题，刘因强调养气持守、不动心。他的这种不动心观点基本上是沿袭了周敦颐的主静和程颢的居静方法，只是刘因视物若无，主张涵养自守，使气不暴在外。

刘因认为一个人的心性修养，是在于为善为君子，不在于身外之事。他提出君子立心之初，不在于事功，所以他反对用世。如果一个人的立志之初在于为善为君子，那么他的志向就可以成功，就能达到目的。匡时济世，治国平天下，虽然是有志之士应当做的事情，但是必须先立心才可以去做事，立心若不首先在于修身，那么必然使中正无外的心自拘于一隅。

刘因轻于用世，仅以修身为宗旨的观点，与他们在政治上采取消极避世的态度有关。因为他们都不愿意到元朝担任官职，所以就主张主静、不动心，闭门玩性理、索诸天，实际上修身就是他们避世的手段。他们的理学也因此趋于沉潜和幽玄。

刘因的道物思想是什么？

对于道和物的关系，刘因坚持物以

道为体，舍道则物无所依据的思想。他口中的物指的是有形可见的客观事物。对这种物的实在性、真实性，刘因在认识上表示怀疑，进而认为因为人们对外界现象的认识是不真实的、不可靠的，所以人们不能认识物的本来面目，应当放弃对客观事物的认识。

在刘因看来，从物之本相的角度来说物是齐的，如果加上人为的去齐，就会反而不齐。而我们所见到的东人之西，西人之东，只是相对的现象而已，所以从不同的地方去看东也行、西也可，他认为，这两者在对待中是同一的，是未始不齐也。但是，如果两人各站东西，东、西之形就会成立，他们都以自己的既定标准衡量东、西，就要相互争论谁是东谁是西，而作为第三者的我，最好的办法是不为东、西二者所制，而是超于东、西之上去制其东、西。刘因认为，这样的争论并不是认取共同的本相，只是根据东、西相对的现象而引起的。所以，他认为据物的现象去认识和争论，就有些以偏而不全。物的本相所以是齐的，是因为有道以为之主。以道观物是刘因有特色的思想。

刘因认为应该如何实现人生的最高目标？

刘因人生理想的最高目标是至圣的思想。

刘因的人生观思想继承了程朱理学从周敦颐那里继承的思想，提出了天下之人皆可为圣人的思想。刘因他强调圣人可企，圣人可至。因为万物归于一理，人与天地一体，天地是人，人也是天地，根据这个逻辑来推论就能得到，圣贤是我，我也是圣贤的结论。这是刘因用天人合一来论证至圣可以期望的观点。下一步，刘因论证了人和物所禀天地之气不同，更有通塞的差别，这就导致了人性与物性的不同，性如果是通的，那么万事都可以达到，所以就能成为圣贤。

人因为受天地之气而生，并禀受了仁义礼智信的先天道德原则，所以，在人性中天生就具备有成圣的资质，这是至圣的先天因素。因为人性原本都是善的，所以人人都具善的本性，也就是说，人人都具有至圣的因素。人们只要通过修身养性，去除物欲，就可恢复本性。所以，能做到无欲的人就有希望成为圣人。但是要将这种可能性变为现实性，必须通过自身的努力。人生目标因人而异，大致分为贤、圣、天三等，也就是圣以天为目标，达到了就是天，不至也是大圣；贤以圣为目标，超过了就是天，达到了就是圣，没有达到就是大贤；士以贤为目标，超过了就是圣，达到了就是贤，没有达到也能留下好名声。实际上，刘因成圣的途径就是践行尽性以尽人道，无欲存诚以复天理。成圣的过程实质就是存天理、灭人欲的过程。

吴澄持有什么样的天道思想？

吴澄以天为道统之原，并且根据《周易》的元、亨、利、贞排列道统，他将道统的发展过程分为上古、中古、近古三个

第五章 封建尾巴、近代启蒙的宋元明清哲学

历史阶段，每一阶段又分为元、亨、利、贞四个小段，把两宋理学排在"贞"的位置。吴澄以"贞"自任，自我标榜是朱子传人，他将近古理学阶段从周敦颐发展到朱熹，按序排列为元、亨、利，而留下"贞"这一空缺。

对于"太极"与"理"、"气"的关系，他认为"理"与"太极"的关系就是万理一原的关系。他通常将把'太极'用于宇宙的本体方面，而理却大多被用在二气五行以至人和万物的演化方面，理是作为形而下的现象界与气相对待的。这样，宇宙就它的本原来说是太极，从它化生二气五行以至万物的过程来看就是理，所以万物之中具体的理与本原的太极的关系，就是万理一原的关系。

吴澄对心的考察基本未出朱熹论心的规模与见解他将"本心"解释为万理之所根，认为"本心"的内容是"仁"，这种观点冲淡了"本心"一词的陆学意味，同时他坚持了朱熹"心统性情"的观点，在对心学之要的理解与说明上，比较多地继承了程颐朱熹的主敬传统。

吴澄的知行观思想是什么？

吴澄的知行论是从"以德性为本"出发，反求于心，主要在心上下功夫，并且对朱熹的"格物"说作了符合心学思想的修正。他将"格物"解释为纯粹的感性认识，并且将"格"解释为"悟"、为"觉"，使"格物"变成了"格心"。同时他在认识上"本心之发见"，同时也就是知物应事，"执著"于事。他主张"明其明德"、"思诚"

以"发见"天理。

吴澄的变易思想是一种封闭的循环的性质。吴澄理论之中出现的"贞下起元"，"元会运世"字眼涉及的"生灭、成毁"都处于一种就地转圈的运动，这种变，实际上是不变。

象数学是吴澄晚年的重要思想。从整体上来说吴澄的象数思想是兼治象数，以求其理。他在就其五行八卦与春夏秋冬的配置，以及对其属性和表征的规定，都和前人不完全相同，是对前人的发挥。

什么是学凡三变和阳明三支？

王守仁的主观唯心主义哲学理论是为挽救地主阶级面临的政治危机，巩固封建统治的要求而提出的，他的思想在中国、日本、朝鲜半岛以及东南亚国家都有重要而深远的影响。王守仁学术的创立过程，黄宗羲总结为"学凡三变"。"学凡三变"可以"龙场悟道"为界标，分为前"三变"和后"三变"两个阶段。前"三变"为"泛滥于词章"、"遍读考亭遗书"和"出入佛老"；后"三变"为"以默坐澄心为学的"、"专提致良知三字"和"所操益熟，所得益化"。

在王守仁去世之后，阳明学派分为三个分支：从虚寂的本体方面改造王阳明的良知说，代表人物为王龙溪，主张用"四无教"概括王学主旨，实现了向禅学的转化的浙中学派；重视生活世界，主张"百姓日用之道"，代表人物是王艮，提倡"百姓日用即道"，从另一个方向率领阳明哲学走向禅学的泰州学派；重视致良知

163

的"工夫",主张"致虚守寂"的江右学派。

为什么王守仁采用委婉的方法开展自己的思想?

"心即理"是王守仁心学的逻辑起点,也是他的哲学思想的理论基础。

王守仁在陆九渊心学的基础之上将主观唯心主义体系发展得更加细致,以至于在明朝晚期甚至成为当时我国封建社会的支配思想。

因为在当时的社会,朱熹的学说被官方视为正统思想,所以如果想要直接反对他的学说是有很大的困难的,甚至还会给自己带来巨大的麻烦,于是王守仁就从朱熹著作中抽取出与主观唯心主义思想接近的三十五篇文章编成《朱子晚年定论》,说朱熹晚年已经转变为主观唯心主义者。王守仁的主观唯心主义被当时的统治者所采纳,这和当时明朝正处于一种危急时刻,大官僚大地主阶级试图在哲学思想上变换一种新的形式来挽救明朝的危机。可惜的是,王守仁的主观唯心主义仍然不能挽救明朝的危机。

王守仁的主观唯心主义是如何形成的?

"心即理"是自从南宋以来主观唯心主义哲学的基本命题。"心即理"就是认为心为天地万物的本源。主观唯心主义者都以孟子学派的主观唯心主义思想作为基础,认为封建伦理道德观念是先天的,王守仁继承了这个习惯和主张,并且直接用孟子"良知"的说法,宣称自己的主观唯心主义为"致良知"。

作为一个全能大儒,王守仁对于禅宗的思想理解同样非常深刻,他的学说也受到了禅宗的主观唯心主义思想的影响,他对禅宗教导人逃避君臣、父子、夫妇的封建社会关系的观点非常不满意,但是他反对的不是禅宗在世界观方面的观点,而是在社会政治方面的观点,这一点和两者所处的位置有着极大的关联。

王守仁的主观唯心主义发展了陆九渊的思想,提出天下无心外之物,无心外之理。王守仁所说的心也叫"良知",又被称为"天理",指的是先天的道德观念。"良知"是先天的、人人具备、不教自能的封建道德品质。这种"良知"是天地万物发生的源泉,既是社会赖以存在的原则,也是自然界、天地万物赖以存在的根据。

王守仁如何看待物与心的关系?

对于物与心的关系问题,王守仁认为事物的产生是由于人心所发生的意念的活动,没有人的意念就没有客观事物。他的观点是对客观事物由人的意念发生所作的进一步肯定。同时王守仁还提出了"物即事也"的说法,认为"事"必须由人去做,人在做"事亲"、"治民"、"读书"这些事。他抓住意识的能动作用,然后将它夸大,于是就得出了人人的主观意识才是唯一真实的存在,而客观事物则只能是意识的体现的结论。他还将身,心、意、知、物说成一回事,以混淆身和心、心和物的关系,进而否认了事物的客观存在。他将视听言动等精神活动完全归结为

第五章　封建尾巴、近代启蒙的宋元明清哲学

心（思维）的产物、心的扩展，更是认为身是由心充塞而成的，彻底否定了人的身体的物质性，认为心（精神）和身就没有差别，都是"心"的作用。

王守仁认为只要认识到宇宙间存在的只是人的"灵明"，那么就不会有任何事物超出人的心外，就达到"人心与物同体"如果人们执著于物或人的形体上的区别，认为物与客观的物，人与主观的我并非一体，不相信人的主观精神能吞并整个世界，所以他们放松在心上用功，而去追求身外之物，受到所谓"物欲"的蒙蔽，这就会阻碍自我精神（良知）的扩展。

为什么说王守仁的主观唯心主义是为统治者服务的？

王守仁的主观唯心主义哲学运用到社会政治上，就是他提倡的"明德""亲民"的主张，想要达到天下就好像一家，中国就好像一人，使人人做到父慈子孝，兄友弟恭，夫妇有别，君臣有义，不使一个人发生违背封建伦理教条的行为的理想境界。王守仁所提出的这些思想正好是历代封建正统学者所强调的"亲亲仁民"的原则，所以他的学说才会被统治者所采纳，而他本人更是认为农民起来反抗地主是违背他所说的"良知"条理而镇压农民起义。所以说，王守仁哲学观点之上的主观唯心主义更多的是在为统治服务。

王守仁的良知思想是什么？

王守仁理论之中的"良知"指的是天地造化的根本，这个"心"在本体论方面成为事物的源泉；在认识论方面则是是非的标准。真理或谬误不是由客观实践去检验，而是为人的主观良知所决定。他反对人通过实践去探求客观事物的规律，而是以"良知"作为事物的天然法则，将天下的事物都纳入"良知"的条理之内，自然万事万变就可以为"是非之心"所完全理解。

王守仁认为心的"良知"本体是无善无恶的，由心所生的意志活动也应当是无善无恶的，但是因为一般人都摆不掉私欲的障碍，所以必须采用"致知格物"的方法克去私欲，然后才能恢复心体的原来面目。王守仁站在维护官僚和地主的角度，认为劳动人民为了争生存而进行的斗争是最可怕的，是最大的"人欲"，它会直接摧毁封建的"天理"的，所以他认为属于"中人以下"的劳动者，对于"致良知"应当更为迫切而且艰巨。

王守仁的"致知格物"思想有哪些方面？

王守仁的"致知格物"学说总结起来可以分为三个方面：

第一个方面，心外无理，心外无物。"致知格物"就是致心之理，格心之物。"致知格物"不是探求事事物物的客观规律，而是把心之"良知天理"贯彻到事物中去，使万事万物和我心的"良知"相符合。

第二个方面，王守仁认为，"格物"如果是格万事万物，那么天下事物是格不尽的，所以去格事物将会是徒劳的。他提出了必须先认识自己的"心"，也就是主观意识，然后才可能认识事物，如果先去

165

认识事物，就是把功夫用颠倒了。

第三个方面，王守仁的"格物"学说主要是为实现他封建的"天理"，加强封建道德修养的手段。圣人所精通的乃是封建的"天理"，不能要求圣人对名物度数、鸟兽草木这些普通知识都能精通。这个观点表明"致知格物""致良知"完全是为了实现先天的道德原则，它并不是解决一般的认识论问题，是将认识论变成道德修养的手段，想要用封建的道德禁锢人的思想。

王守仁是如何论证"知行合一"的？

王守仁提倡"知行合一"，将"知行合一"当作是"对病的药"，用于人们"克服不善的念"，这个学说是为了反对程颐、朱熹的"知先行后"学说而提出的，他从两个方面论证了这个说法：

第一，行统一于知，知、行都是由心所生，知的时候就是行。王守仁将行看成是知的一种表现形式。他认为当人看到好色产生美感或者爱慕心，是知，也是行；闻到恶臭的时候产生恶感或厌恶心，同样是知，也是行。他的这种观点是否认知行的差别，以知代替行。因为人的爱慕心或厌恶心虽然有其产生的客观原因，但是当他还没有在实际行动上表现其爱或恶的时候，这种爱慕心或厌恶心终究算是主观感情或思想动机了，还并不是"行"。王守仁主张不要分别"知"和"行"，否认"知"是来源于"行"的，而是主张行来源于知（良知）。知是决定行的，行是体现知的，行是知的补充；抹煞了知和行在性质上的区别。

第二，"知行合一"以"致良知"为标准，知是知的"天理"，行是行的"天理"。知不以"良知"为准则是"悬空思索"；行不以"良知"为准则是"冥行妄作"。人只要切实地去掉"人欲"，保存"天理"，就自然能达到"知行合一"。

主观唯心主义者所主张的"知行合一"，否认知是经过行而后获得的，他们的知、行不同于一般的知、行。虽然他们的知不同于一般的知，但是整体来说还是属于知的范畴的，而他们的行，却是完全不属于一般的行，因为他们以知为行，实际上就是以不行为行。

罗钦顺在哲学上占据着什么样的地位？

罗钦顺继承了明初以来理学理气论的发展趋向，但是又对程朱理学进行了内部的改造。他认为朱熹理气观存在着非常严重失误，理不适形而上的实体，而是气的运动的条理，所以理气实际是一体，也就是归于"气"，理只是气这一实体自身的规定、固有的属性与条理。从整体上来说，罗钦顺的思想体系接受了朱熹和张载的关于气的思想，在批判禅学的同时，也批判了王守仁的心学。对于王守仁的心学，罗钦顺指出，心学和佛教禅宗有深刻的内在联系，象山之学，在他看来就是产学。他和王守仁的辩论一直进行到王守仁死后为止，但是他对象山心学的批判却一

第五章　封建尾巴、近代启蒙的宋元明清哲学

直没有停止过。实际上，罗钦顺自称是站在程朱理学派的角度，为了维护朱熹理学而与王守仁辩论的，但是他的思想和朱熹有着很大的不同。黄宗羲认为，罗钦顺在理气观上和朱熹有区别，而在心性论上又与朱熹相同。

罗钦顺的思想是明清之际哲学家王夫之、戴震等人思想的过度桥梁。

罗钦顺的理气观是如何形成的？

在对程朱理气思想提出批评的基础上，罗钦顺提出了自己的理气观。他认为气是世界万物的本原，理气关系必须在这个基本前提下去解决。在理与气何为本体的问题上，他坚决否定了朱熹的理本体论，明确地提出了气一元论。在他看来，物质的气才是宇宙存在的根本，是万物的本原。世间的一切都是一气之发育流行。世界只有一个本原，这就是气。这个观点和张载的气本体论是一致。

罗钦顺的气本体论的思想从解决理气关系着手，他认为在气的运动之中没有一个主宰在那里指挥，气的往而来、来而往本身就显示出理的存在。他认为，理是物质的气本身所固有的规律，它决不能脱离物质而存在。罗钦顺将气的运动规律更加具体化和普遍化，这是对理学的一个重要改造，也是对气学思想的一个重要发展。罗钦顺在发展气学思想的同时，也摒弃了张载以性与气并提，以性为万物本原的观点。罗钦顺认为从宇宙的总体规律的角度来说，理是气化运动的规律；但是从具体事物的角度来说，理都是由气凝聚而成，既有聚则有散。气有聚散那么物就有生灭，而事物之理也随之存亡，有此物就有此理，无此物就无此理。

罗钦顺持有什么样的天道器物观？

罗钦顺认为天地万物，人间万事都有一阴一阳之道蕴涵其间。我们应当注意的是，在道器的问题之上，罗钦顺批判地继承了程颢的说法，并进行了一定的改造。他说自己的理气为一物的观点也得自程颢（明道）的思想，但又作了发挥和改造。他说要分出个形而上和形而下的原因，是为了避免人们理解上出现偏差，虽然在语言概念上说出形而上或形而下，但并不意味着道器为二，实际上，道器仍为一物。所以说，罗钦顺从理气不分引申出道器不分，将他的气一元论贯彻到底。

在所有的程朱理学学者的观点之中，理最后都被贯彻到人们的日常行为和社会的伦理道德中去，罗钦顺虽然也坚持了这个宗旨，但是他和程、朱又有不同。程、朱以天人一理来论证他们的思想，他们认为自然界和社会都由理来支配，人也应遵循理，这个理就是伦理道德规范。罗钦顺并不反对天人一理的命题，但是却将天之道直接用在人之道之中，而是将两者作了区分，认为人之道皆是当然，这种当然包含着伦理关系在内，比如君臣、父子、夫妇、兄弟关系等。维护这些关系的正常存在就是人的日常行为之理。人之道是以天之道为依据的，以天之道为本。

罗钦顺持有什么样的人性论？

在人性论的问题之上，罗钦顺认为既然理气为一，那么理也不能离欲，所以理

欲就应该是统一的。他不同意理学家关于天命之性和气质之性的说法。他认为，性虽是理，但是理者气之理，所以不能分为二性。

他认为，性只有一个，就是气质之性。既然理气不二，所以，理欲不是对立的，而是统一的。理就是在欲中，而不能离开人的形体欲望。罗钦顺将两性视为一体的观点，是对宋理学家们一贯主张的人性论的突破和发展。罗钦顺主张以道心制约人心，以性制约情，但是他在天理人欲的问题上却作了与朱熹有所不同的解释。罗钦顺认为，欲并不是恶，所以不应当去掉。他认为，欲和情一样，都是性之所有，情不可去，欲也不可去。他的情欲说带有自然人性论的倾向。他认为，欲出于天，既是必然，又是当然。人都有欲望，这是自然而然的，不是人力所能取消的。既然如此，如果硬要人们去掉欲望，那就违反了自然，事实上是办不到的。罗钦顺虽然肯定了人欲的合理性，但他并不主张纵欲，而是主张以理节欲。

王廷相持有什么样的宇宙生成论？

王廷相是一个唯物主义思想家，他认为"元气"是世界的本源，"气"是不灭的，有了"气"才有"理"。在这个观点之上，他继承了张载的认为上天下地、虚空和实物，都是气所构成的气一元论，并且在这个基础之上，提出了现实宇宙的生成理论：元气是万物由以产生的原始物质，由元气分化为阴阳之气，二气的气化过程先产生了天，然后又产生了日、星、雷、电、月、云、雨、露，于是有了水、火；由水、火又蒸结为土地，有了土地才生出金、木，五行的产生有其先后顺序。一切有形的物体，都有生有灭，有始有终，而元气却一直都充塞宇宙，无形无迹，无始无终。气化的过程之中形成了许多不同的事物，是因为在原始物质元气中包含了后来发展为各种不同物类的"种子"。他指出，既然君臣、父子、夫妇都是在有天、地，有气化之后才有的，所以礼义也不是永恒的，而是有人类社会之后才有的。

王廷相的"气"有什么特点？

王廷相在著作《太极辩》之中，提出了自己的唯物主义自然观的纲领。他的气一元论是张载的气学的继续和发展。但是他发挥的是中国哲学史中的气一元论的唯物主义传统。王廷相明确地说明，"浑沌清虚"是形容"元气"的状况，"虚不离气，气不离虚"，并不是于气之外另有所谓"虚"。他所说的"道"，就是"理"，但是他沿用道学家所说的"理"的概念，没有比较明确的分析和说明。他的"理"还是包含有规律、典范、准则等意义。但是王廷相关于"气"的理论却和以前的唯物主义哲学家不同之处：

第一，王廷相所说的"气"，就是空气。他认为自然界的事物都是空气所构成的，这显然是错误的。但是王廷相主要是要说明，他所说的"气"是物质性的东西，并不是一种抽象的概念。

第二，王廷相试图用气的湿度不同，进一步说明阳气为什么是"轻清"，阴气为什么是"重浊"。

第五章 封建尾巴、近代启蒙的宋元明清哲学

第三，王廷相认为"气"之中包括有万物的种子。

朱熹认为"理"是常存不灭之物，王廷相却认为"理"是"不朽"的，这是不通之论；说"理"是不变，也是无稽之谈。他指出，"道"有变化，是因为"气"有变化。朱熹认为"理"是"生物之本"，气是"生物之具"，"人物之生，必本此理而后有性；必本此气而后有形"。人的性是从"理"来的，形是从"气"来的。王廷相明确地指出来人的"形"和"性"并不是平行的两种东西，人的"性"是人的"形"所发生的作用。他将心和耳、目相提并论，所以他所说的"心"是指五脏之一的心。

在王艮的眼中，什么是道？

"百姓日用即道"是王艮哲学思想的中心论题。这个论题不仅贯穿了他讲学传道的全过程，而且也是王艮躬行践履、实现为"天地立心，为生民立命"政治抱负奋斗终生的主要目标。对于这个论题，他分别从"道"、"性"、"中"、"天理"、"良知"、"圣人经世"等不同角度作了论述。

从认识论的角度来看，王艮"百姓日用即道"思想来源于他的"安身"说。他将"安身"作为天地万物之本和"善"的最高境界，要求人们"修"、"立"、"明德亲民"，他的这种观点具有两重意义：一，基本的物质需求是人类生存的必要条件，所以"安身"是百姓的合理要求，属于天然自有之理；二，对统治者来说，为了要国治天下平，就必须首先解决百姓的衣、食、住、行、用等基本的生存和生活条件。

王艮的这种唯物主义的认识论无疑是非常正确的、积极的。他将"百姓日用"提到"道"的高度来认识，不仅反映了其学术思想的人民性和合理性，同时也从认识论的高度，较为正确地回答了"物质第一性"这一哲学的基本问题。

在强调"日用"为"安身"的同时，王艮还强调"行道"。他要求每个人在解决自身日用获得身安的同时，要推己及人，体恤关怀他人。

王艮的"万物一体之政"的思想是什么？

王艮从"万物一体"的世界观和"百姓日用即道"的认识论出发，希望建立君民同乐、人人平等的大同世界，这就是他的"万物一体之政"思想。

根据王艮的理论，在这大同世界里，无贵贱、等级之分，万物各得其所，人人君子，家家安乐。他将社会政治景象分为三种不同类型——羲皇、三代、五伯景象。不用说，王艮最崇尚和理想建立的是人人平等、自由快乐的羲皇政治景象。他最反对的就是压迫、剥削、掠夺争扰的五伯政治景象。

李贽思想有什么重要意义？

李贽的唯心主义哲学思想，是属于王守仁学派的，但是他的反抗封建正统的思想，却是历史上任何一个学派都不曾具有的。如果从师承上来说，他也许可以算作是泰州学派的成员，但是关于这一点学

术界一直存在争辩。李贽经常以孔孟传统儒学的"异端"而自居，对封建的男尊女卑、假道学、社会腐败、贪官污吏，大加痛斥批判，主张"革故鼎新"，反对思想禁锢。

当然，没有任何一个哲学家的思想是完美无缺的，李贽同样不例外，他对封建礼教和封建道德的批判是不彻底的。他称朱元璋为"千万古之一帝"，并认为明朝是"仁义立国，爱民好贤"，甚至认为水浒之中只有心怀朝廷、一意招安的宋江是忠义之士，这些都说明他没有根本摆脱正统儒家思想的束缚，但是这并不影响其反封建反传统的历史进步性。

李贽是如何批判封建正统思想的？

在明朝中叶之后，上层统治阶级和广大农民、商人、手工业者的矛盾日益加剧，尤其是土地兼并问题再次尖锐，大量的农村破产沦为佃户，人民生活在水深火热之中。江浙一带出现的资本主义萌芽，也随之在纺织业之中产生了资本主义雇佣关系，在城市之中由城市手工业者和小商人组成的市民阶层为了反抗统治者的剥削压迫，举行了规模不等的反抗斗争，逐渐形成一股新的力量。李贽的反传统"道学"和封建礼教的异端思想就是在这样背景之下诞生的。他在很早的时候就有反传统的倾向，他自认为不信道、不信佛、更不信儒。他看见道士感到厌恶，看到和尚也感到厌恶，看到道学先生更是厌恶，这种厌恶的情绪一直影响了他的一生，也包括他的学说。他后来收到阳明心学和禅宗的影响，他师承泰州学派的王襞，对于敢于反对征收额外赋税获罪的何心隐高度赞扬。他还十分赞赏魏晋时期的嵇康和阮籍，因为在他看来，这些人的思想和自己有相似之处，都是和那些腐朽虚伪的道学家正好相反。

除了对孔子进行批判之外，李贽还对六经、《论语》、《孟子》等儒家传统经典进行了抨击。在他看来，儒家经典不过是道学家借以掩人耳目的"口实"和假人聚集的"渊薮"。六经、《语》、《孟》都是些过分吹捧的话，或者是那些糊涂弟子们所随意记录，有头无尾，抓住后边忘了前边，根本就不可靠。即使是出自圣人之口，也只是针对当时的情况而提出的方法罢了，用这种方式来教导所有的学生，显然是错误的。这样，他对儒家经典的权威性进行了公然的否定，强烈地震撼了当时官方正统思想的基础。他还指出，做人没有必要效法孔子，如果一定要效法孔子，那么孔子以前的人就不成为人了。每个人都有他自己的作用，不必依傍孔子。孔子说："为仁由己，而由人乎哉？"李贽认为孔子本人就是这样教育人的，孔子并没有教别人学孔子。

李贽对韩愈以来儒家所宣扬的"道统"说也进行了激烈的批判。他用水与地的关系作为比喻，说明道不离人、人不离道的统一关系，否认有离开具体人事而存在的"道"。他认为韩愈、程朱所谓从尧舜至孔子的道统传到孟子，孟轲死后就没有传下来的说法是极大的错误。宋代程朱学派自认为承接了孟子的道统，李贽用历史事实反驳，宋儒所宣扬的"道统"说，是自我标榜，"好自尊大标帜"，是对

第五章 封建尾巴、近代启蒙的宋元明清哲学

千百年人们的"诟诬"、"诬罔"。李贽对道学和道学家的批判,对孔子偶像和儒家经典的抨击,对"道统"论的反驳,表现了反封建权威、反教条、反传统的精神,在批判封建正统思想方面起了积极的作用。

"非"也可以转化为"是",这样是非就没有定论了。李贽正确地看到是非是相对的,是随时代的变迁而改变的,但是他却否定了是非的客观标准,将真理的相对性绝对化,也因此陷入了不可知论的泥潭。

为什么李贽的思想会陷入不可知论?

李贽故居

在对道学家的本质进行揭露的斗争之中,李贽尤其对当时任督察院左副御史的理学家耿定向的丑恶面目作了无情的抨击。在他看来,这些以遵守"孔孟血脉"自居的卑劣小人,反而不如市井小夫表里如一,朴实有德。李贽对道学以为口实和赖以生存的孔子偶像及儒家经典也进行了猛烈的抨击。他反对什么事情都以孔子之是非为是非,指出儒家经典并不是"万世之至论"。他指出是非是随时改变的,不应该把孔子的话看作绝对真理。他进一步提出"是非无定"的观点。无定质指的是没有固定的本质,"是"可以转化为"非",

李贽如何看待再婚问题?

针对道学家宣扬的"饿死事极小,失节事极大"的封建伦理教条,李贽主张婚姻自主,肯定寡妇再嫁是好的,并且痛斥那些维护封建礼教、不许死了丈夫的妇女再嫁的腐儒是"不成人"。他非常赞许卓文君私奔和司马相如结合的行为,认为如果卓文君先求其父,其父必不同意,但是如果尊从父的命令,那么就会失去佳偶,辜负了一段良缘。他和道学家认为寡妇再嫁、私奔是"失身"、"淫奔"的观点针锋相对,明确指出,卓文君改嫁、私奔是获得幸福而不是失身。他更加反对道学家将国家的败亡归咎于妇女的谬见,说即使夏朝没有妹喜、吴国没有西施,他们也一样灭亡。这些在当时确实是大胆的"异端"之见,完全可以说是中国早期的女权思想。

李贽认为,"德礼刑政"全部都是束缚人民的工具。德礼(道德与礼教)是钳制人民思想的;政刑(政治与法律)是束缚人民手足的。它们扰害人民而使人民不得其所,不能"各获其所愿有",是社会动乱与人民痛苦的根源。所以,他认为这些都应该废除掉,这是

对封建德治礼教的抗议。

李贽是如何论证"致一之理"思想的？

针对封建礼教的危害及其对人性的束缚，李贽提出了"致一之理"的平等观和"任物情"的个性自由思想。侯王不知"致一之理"，所以自认为高人一等，不能和百姓平等。实际上，根本就没有什么高下贵贱的区别，这里李贽利用"致一之理"反对了封建等级制度和高下贵贱之别。对于这个问题，他从三个方面进行了论证：

第一，在认识论上，人人都是生知的。他在一定程度上承袭了阳明的"良知"说，但是却否定"唯上智与下愚不移"的正统儒家观念，主张人人在认识能力上是平等的。

第二，在实践论上，人人在办事能力上也是平等的。人人都有"能"与"不能"，凡人有所"能"，圣人有所"不能"，所以不应该"下视凡人"而"高视圣人"。

第三，在德性论上，每个人的德性也是相同的。一方面，人人都有"私心"，即使是圣人也不可能没有"势利之心"，"私心"是普遍的人性，即使是"大圣人"也不例外；另一方面，圣人与凡人又都有同样"善"的"德性"，每个人从根本上说都具有广大精微的"德性"。此外，圣人本身还是以百姓之善为善的，既然人人都有同样的"德性"，那么人人就都能够成圣。

什么是任物情思想？

在"任物情"的个性说的基础之上，李贽重新解释了"礼"，认为"礼"的实质正在于"任物情"而使人都获得自己的愿望。"礼"不是违背人性的枷锁，而是因"物情"而使个性得以自由发展的治世方针。而"物情"各不相同，所以"礼"，本来就是一个千变万化的道理。他和封建礼教的"礼"相对，赋予"礼"一个新的道德内涵。这种旧说的"礼"，作为"一定不可易之物"，从根本上违反了"物情"，是强迫天下人都服从于自己，驱使天下人都服从礼教，结果只能是人遭受种种苦难。在李贽的眼中，真正的"礼治"，是因人而治，要"因乎人者恒顺于民"，只有这样，才能达到"至道无为，至治无声，至教无言"的理想政治。

在批判封建道德方面，李贽提出了"穿衣吃饭即是人伦物理"的伦理学。这是对泰州学派所谓"百姓日用即道"的发挥，强调"人伦物理"（也就是人与人的关系及自然现象的规则）就在"穿衣吃饭"之中。在穿衣吃饭这些"百姓日用"之外，并没有什么"道"或"理"。他肯定物质生活的重要，而且认为升官发财追求富贵，也是自然合理的，应任其发展。他甚至认为人的贪欲和权势欲都应该予以满足。除了这样，对于有道德的人，还要给他一个空名，让人民瞻仰；对于有才能的人，要给他以重要职位，让他们随意用钱。这样，就能使每个人的专长都得以发挥。这实际上是对程朱理学"存天理，灭人欲"的思想纲领的否定。

方以智思想有什么重要意义？

方以智的学说反映了当时的一个重要的时代特征，也就是将哲学研究与自然科学、社会科学的研究结合起来。他将学

第五章 封建尾巴、近代启蒙的宋元明清哲学

方以智草书

术分为"通几"（研究"所以为物之至理"，就是事物变化的深微根源，类似现在所说的哲学）、"质测"（研究"物理"，就是对实际事物进行精细的考察以发现事物运动变化的固有规律，类似现在所说的自然科学）、"宰理"（"专言治教"，类似现在所说的社会科学），重视三者的相辅相成。

方以智对理学和佛教禅宗都进行了批判，认为理学排斥词章之学与考据之学，但是他对自然与历史的实际情况都不加以研究，完全陷于空虚无用。他的辩证思想和他的相对主义错综交织。他提出"反因"也就是"相反相因"思想，指出一切矛盾的对立面又同时互相连接、相互依存、相互转化。他用"随"、"泯"、"统"作为他方法论的总纲，随、泯、统三者统一。事物的发展过程是由"交"、"轮"、"几"实现的，"交"是对立两方面的相互作用相互渗透，"轮"是对立两方面的相互转化相互推移，"几"是事物运动变化的内在源泉。

方以智的思想来源是什么？

从学科范畴方面来看，方以智的哲学思想是和当时由欧洲传入的自然科学结合起来，建立在他多年研究西方自然科学知识的基础上的。他自幼就接触自然科学，18岁爱好天文学，19岁制作木牛流马，21岁写出了涉及天文、地理、典章制度、人生日用的"小百科全书"《物理小识》，27岁写成《医学》，39岁出家为僧，漂泊江湖。他将哲学建立在自然科学的基础之上，否定"舍物言理"和"扫物尊心"的宋明道学唯心主义路线，主张儒佛道三通。他在自然科学基础上论述哲学和科学的关系，认为在"质测"之自然科学的具体知识中蕴含着"通几"哲学所探求的原理并成为其基础；"通几"哲学可以克服自然科学的局限，自然科学应当以哲学为指导，哲学应当以自然科学为基础。

方以智的禅学有什么特点？

方以智认为，要集古今之智，但是不可以泥古，要发挥本心的作用，参禅要参

自己本分的禅，专心至致。这种禅学观，正是他禅学的一大特色，主要表现在三个方面：

第一，"参自己本分禅"要求发挥主体之心的作用。

中国儒家要求"慎独"，让主体之心发挥作用，抵制外界的大染缸，所以不必向外寻求，这种观点与佛教极为相似。中国道家认为"天大，地大，人亦大"，在宇宙大化流行中，人的作用是根本的，而发挥人的主体之心的作用是必要条件。方以智却坚持不必外求、只求内省的禅家思想。他认为为解决生死问题的参禅，必须经历一个真参实究的切实体验、感悟的过程，树立自信，向内返求初心，参究本来面目，就能够变难为易。

第二，参禅不能"知足"。

对于本分禅的参禅方法，方以智提倡举一反三的修道论，不能满足，不可以只作口头禅，浮在现象的表面，要用心去参透佛法，领悟佛法的真谛。他主张，心与宇宙为一，就没有大小精粗之别，这样才能达到妙有境界。他强调人的主观精神作用，突出人的主体能动性、创造性和实践品质。方以智认为，只有尽心之官能思的特点，扩充善端，在实践中磨练和认识，才能达到"以无知之知为体"。他对明末清初之际禅宗流弊有着非常深的认识，认为症结所在为八个字——道听途说，听讹传讹，方以智不满一知半解的"口头禅"，而注重永不知足的用心体悟、用心思考。

第三，参本分禅的同时，不忘外传。

在传释论方面，方以智主张与道家相似的"无言"，又积极吸取儒家自利利他的一面，将言语道不尽的思想，以佛家悲悯情怀，启发引导学禅者，在不说中已然"已说"。方法根据不同的情况可以分为三种：第一，对待根基稍好者，以不答答之；第二，对待能应机接对者以机锋棒喝令其体验；第三，正面开示以间接方法不能体会意旨的初学者。方以智认为，求正知见的目的是返求自己的初心。他并不片面反对求知见，而是要求求正知见。

为什么方以智的思想会有三教融通特点？

三教融通是方以智哲学最主要的特点，而之所以会出现这种特点有着重要的原因，具体的地可以分为三个方面：

第一，方以智的三教融通思想源于儒佛道三家相互渗透、融合的悠久历史。后期道家从自然天遭中吸收佛教科仪、戒条、法统和儒家社会人道的一面；儒家从社会人道中吸收道家自然天道和佛教科仪一面；佛教在中国化过程中以"格义"的方法与儒道互摄。南北朝时梁武帝萧衍，创"三教同源说"，称老、孔、释为"三圣"，以佛为核心，会通三教，视老、孔为释迦之徒。宋明时期，程朱理学、陆王心学对于佛、老都是"外斥内援"，不断援引佛道。这些主张都是方以智的三教融通的思想渊源。

第二，方以智的家学渊源、师长等的影响。方以智生长在士大夫家庭，具有深厚的融通思想渊源。方以智的外祖父吴应宾是三教合一的坚定主张者，他因为主张三教合一而以"三一公"扬名于世。他的

第五章 封建尾巴、近代启蒙的宋元明清哲学

曾祖父方学渐、祖父方大镇、父亲方孔熠都是当时名士，著作之中融通、通变思想都有明显的表现。塾师王宣、白瑜等的教诲也给方以智很大影响。正是在大量的家学、师教和游学中，方以智逐渐形成三教融通思想。

第三，方以智以"归异于同"的方法找到三教的相通处，打通三教，实现融合。他用自然之公的视野观看各学术派别实为"大同"，唯求其实质之精神，才可以看出"同"来。他提出了三教融通的学术观，并要将三教要旨融于一炉，以炼成三教合一之"象环"。他认为三教是息息相通的，但是，为了"补救其弊"，各派需要相互激发，于是他提出了"以理学激禅"、"以禅学激理"、"以老救释"、"以释救老"。

黄宗羲的哲学思想占据什么样的重要地位？

黄宗羲对宋明哲学进行了批判总结，形成了富有时代特征的哲学思想和学术史观。在理气关系上，他主张"气外无理"、"心即是气"，肯定理并非"别有一物"，"道"只是事物的内在规律。但是他并没有摆脱阳明心学的影响，指出客观的"万物之万殊"，通过人们的认识可以反映于主观，成为"此心之万殊"。但他强调了人心的统摄作用，认为事物的多样性是由"变化不测"的心产生的。

在清理道学的过程之中，黄宗羲主持编纂《宋元学案》，亲手写定《明儒学案》，开创了系统编写学术思想史的

黄宗羲雕像

先例。他将哲学思想发生差异、争论的原因归于思想本身，明确表达了以"心体"为本的学术史观；他还强调，学术思想是复杂的，对于那些渊源不同、水平不一的学术思想言论，必须如实加以介绍、评论。要在详细占有资料的基础上，把握最能概括思想家"得力处"的"宗旨"、"要领"，加以比较，然后"分源别派"，清理血脉的线索。研究思想史的人，还需要自己具有创造精神，才能"以水济水"，使哲学史成为"一本而万殊"，主线虽一而形态万殊的认识发展史。

在《明夷待访录》之中，黄宗羲从君主和万民、"天下之法"与"一家之法"的矛盾出发，批判了君主专制和封建法统的罪恶，深入揭露了封建末世的社会矛盾，提出了"天下为主君为客"的政治主张，并提出了限制君权、学校

175

议政、计口授田、工商皆本、废除科举、提倡"绝学"等政治和社会改革方案。

什么是气外无理，心即是气？

清康熙六年（1667年），黄宗羲时年58岁，他恢复重建了他的老师刘宗周创办的"证人书院"，并且开始转入对哲学的研究。黄宗羲强调读史，强调博览，强调读书要融会贯通，他的这种学风启迪了主张事功之学、提倡经世致用的浙东学派，对后来全祖望等浙东史学派的兴起产生了重大的影响。黄宗羲的哲学思想主要体现在两个方面：

第一，在理气问题之上，黄宗羲宣扬"理在气中"的唯物主义观点，批判了程朱学派的客观唯心主义。理与气的问题，是我国古代哲学争论不休的一个问题。对于世界的本质是理还是气，两者的关系又是怎么样的问题，一直都没有确定的答案。黄宗羲系统地研究了宋明时期各派哲学家的思想，最后他肯定了明代一些唯物主义哲学家的见解，认为"理为气之理，无气则无事"。他将物质性的气当作根本，反对程朱学派认为精神性的理是世界的本质、气是由理生成的看法。他认为，天地之间只有一气（物质元气），人和物都是气所生的。

第二，在心物问题之上，黄宗羲宣扬"一切惟心"，接受了王守仁"心外无理"的主观唯心主义，坚决反对理在心外的唯物主义观点。

顾炎武的爱国思想是什么？

顾炎武作为一位伟大的爱国学者，他一直就受到了中国人民的赞誉和敬仰，不仅是因为他至死忠于明朝政权和执著地追求自己的独立人格，更是因为他的这两种行为所反映和体现的是他对自己的国家的眷恋与热爱。

顾炎武的爱国思想本质上是他为"王者复起"后不再亡国而展开的关于明亡原因的思考，通过这种思考，他突破了传统忠君之德的禁锢，倡导具有一定民主精神的忠民之德，他将这种新道德纳入"仁"范畴而落实到"行己有耻"的观点之上，进而化"忠"为"耻"。与忠君之德不同的是，"耻"不是耻于不能"保国"，而是耻于不能"保天下"。"保天下"是"礼义"对区别于禽兽的人的最高要求，但是它并不是内在的要求"保国"。顾炎武期望"后王"立国于这种多少带有近代民主性质的社会制度来保障其国家的长治久安。

顾炎武的多次抗清活动是他坚守"君臣之礼"而尽"忠"的一种表现；他入清后消极对抗清朝的遗民活动却是尽"孝"的表现。顾炎武一生赋诗332篇428首，其中顺治年间的作品主要是反映了他积极从事抗清活动时候的爱国心，康熙年间的作品却主要反映他作为明朝遗民在日益强大与稳固的清朝统治下越来越感到复国无望的悲凉心态。

顾炎武的治学思想是什么？

实学作为一种学术思潮，开始于北宋，宋明理学也有着实学思想，特点在于重实行以臻于归依"实理"的"诚意"，是为实心之学。明清之际的实学

第五章　封建尾巴、近代启蒙的宋元明清哲学

思潮是当时市民价值观的扩散和社会内部种种矛盾双重作用的结果，其主旨在于化解当时的民生危机和民族危机，其特点在于重事功以求"吾儒经世之用"，是为经世之学。

"博学于文，行己有耻"是顾炎武实学最基本的原则，他主张为学必先学会做人，而为人之本在于"行己有耻"，他认为只有抱负经世泽民之大志，才能做成利国利民的真学问。为了成就有益于天下的大学问，必须"博学于文"，也就是"好古而多闻"，既博览群书，又广师学友。顾炎武特别强调应当把对书本知识的博学同认知交往中的广师结合起来。

顾炎武实学的原始动力来自于明崇祯末年他"感四国之多虞，耻经生之寡术"，其学术初旨就在于掌握"经生之术"，这种"术"本质上是他为拯救国家于危难之际而自觉意识到其个人所必须掌握济世经邦的实际本领，为达成其"术"，他孜孜于追求广博的学识。然而到了清初特别是康熙朝以后，他的救国意识随着其国家的逐渐消亡而逐渐消退，此时他警觉到"先王之道"有被毁之危险而生起了"保天下"之心，因此产生了从事"明道救世"之学的思想，这种学问所追求的是"救世之道"，其与"经生之术"的根本区别在于："经生之术"是其个人赖以从事济世经邦之实践的知识基础；"救世之道"则是被他视为华夏民族赖以生存和发展的文化基础。

在治学方式之上，顾炎武实学在刚开始的时候追求的是"学识广博"，后来改变为讲求"学有本原"，他的实学形态也从广泛探究的杂学逐渐转变为研究"五经"及"圣人之语录"的经学。顾炎武经学特点，在于其研究范围极广，凡是经、史、子、集之类都在他的视力范围之内，也在于他运用史学方法来开展经学研究。他经史研究方法以归纳与演绎法的结合为基本特征，但是他运用最多最广的，是作为其归纳法之基础的考据法。他的考据活动最能彰显他的实学功夫，是他的实学思维的集中体现，也是其思维方式根本区别于宋明理学之所在。

顾炎武实学作为一种新儒学，是一种有别传统儒学的实证儒学，其实证性突出表现在其轻权威而贵创新、重经验而征共识。他声称"孔子未免有误"，认为在学术上不应以孔子之是非为是非，主张冲破陈规老套，进行知识创新，但他决不自以为是，而是一有"独见"，必细心求证，不仅旁征博引于群书，更广泛征求于学友，把追求创新和征求共识结合起来，这种实证精神的实质在于强调"保天下"的事业非个人可以独断独行的私事，而是"匹夫之贱，与有责焉"的一项大众性事业，必须求得普遍的社会共识才能成功。

顾炎武的实学精神，概括起来说，就是"天下兴亡，匹夫有责"的"豪杰"精神。正是这种"豪杰"精神，促使他去追求"实学"；也正是出于对"实学"的追求，才导致他在思维方法上终于突破了中国自古以来的形上直觉

177

思维传统，尤其突破了为他所推崇的朱子之学的思辨性演绎思维模式，创立了以归纳为体、演绎为用的思维方法。

王夫之的思想是在什么情况下发展起来的？

王夫之继承和发展了张载的气化论，通过对"气"范畴的新规定，运用"质测之学"的新成果，对理气关系进行了深入的理论分析，指出"气外更无虚托孤立之理"，坚持"天下惟器"、"道在器中"的主张，批判了宋明理学家"离器而言道"的观点。在认识论上，王夫之肯定了佛教对"能"、"所"的区分，指出"所不在内"，"能不在外"，提出了"能必副所"、"行可兼知"的主张，指出在认识过程中要注意"事之来"和"心之往"两个侧面，强调要发挥"心之往"的主动作用，才能如实反映外物。在社会历史观上，王夫之坚持人类史是从野蛮到文明不断进化的过程，提出了"理依于势"、"理势合一"的历史规律论，但是也肯定了偶然性在历史中的作用。对于历史发展的动力，王夫之将其归结为"人之所同然"或"人心之大同"，坚持"即民以见天"的历史见解，在新的历史条件下发展了荀子、贾谊等的重民思想。

什么是太虚一实？

王夫之以张载的唯物主义气化论为基础建立了自己的哲学体系，深入地批判了各种宗教神学和唯心主义，总结了宋明以来哲学上唯物主义与唯心主义的斗争，继承和发展了唯物主义传统。

王夫之丰富的唯物主义思想，突出地表现在他对气的论述之上。气，又称为元气，是我国古代哲学的一个传统观念。唯物主义者一般将气看成一种极其细微的流动性物质，用气来说明万物的物质性和世界的统一性。张载就提出"知虚空即气则无无"的观点，王夫之在他的观点的基础之上，明确肯定"太虚即气"，提出了"太虚一实"的唯物主义原则。

"太虚即气"就是说：人们所看到的虚空，实际上是气的一种存在形式。王夫之认为，宇宙间充满了阴阳二气，除此之外，更无他物，也没有间隙。他进一步指出，气不仅是普遍的，无限的，而且是永恒的，只有聚散而没有生灭。他举了一个例子来说明：一车薪柴燃烧过以后，化作火焰、烟埃和灰烬，从表面上看起来原来的柴消失了，实际上构成柴的各种物质元素仍然存在，只是特别精微细小，人的眼睛看不见而已。容器中的水经过加热蓬勃飞散，最后一定存在一个归宿，如果用盖子盖严、密封起来，蒸气就会集在容器中而不飞散，如果不盖起来它最后的复归地就是地。王夫之用这些科学知识和科学实验的事实来证明物质不会生灭，物质永恒存在的观点。

王夫之持有什么样的自然观？

王夫之曾长期研究《易》，也从老子和庄子的学说中吸收了许多有用的资料。《易》是我国古代儒家的重要经典，主要通过八卦（象征天、地、雷、风、水、火、山、泽八种自然现象）的形式推测自然和社会的变化，把阴阳两种势力的相互

第五章 封建尾巴、近代启蒙的宋元明清哲学

王夫之雕像

作用看作产生万物的根源，其中还包含了变化、矛盾等丰富的辩证法思想。王夫之对于《易》理有深刻的研究，面对明清之际大动荡的社会现实和错综复杂的社会阶级矛盾，他的选择不是回避而是正视，同时他具有丰富的自然科学知识，善于观察自然现象和社会现象，所以提出了许多精彩的辩证法观点。

他用"太虚"之气解释宇宙，强调宇宙自身是不停运动，永不止息的。太虚元气包含着阴阳两个对立面，孕育着运动变化的生机，阴阳对立引起元气的运动变化，有对立就有运动，所以运动是物质本身固有的属性。在这种观点的基础之上，王夫之提出运动是绝对的，静止是相对的，运动是永恒的，静止只是运动过程中的一种特殊形态。任何事物都有动、静两个方面，人们所说的静，实际上只是"静动"，并不是不动。宋明唯心主义理学中有一种"主静"的形而上学观点，将静看成是绝对的，运动看成是相对的，试图来证明世界上存在着超越于物质世界之上的绝对不动的精神本体。王夫之用"动静皆动"的观点，否认了这类"主静"的学说。

王夫之的知行观是什么？

王夫之研究了佛教唯识宗教义，他对于佛教唯心主义和陆王心学的主观唯心主义也采取了这样的态度。他认为要深入到《老子》思想体系内部加以分析，吸取其中有用的思想资料进行改造，同时又要揭示其主观片面的方面，使人们看到它的谬误。

"所以知"和"所知"是中国古代哲学之中的一对范畴，前者指的是人（主体）的认识作用，后者指的是认识的客观物件（客体）。后来翻译的佛教经典之中有"能"、"所"的名词，也是指主观认识作用和客观认识物件的关系。能，指能知，也就是认识主体；所，指所知，也就是认识物件。僧肇认为能、所是不可分离的，但是强调的是所离不开能，颠倒了认识物件与认识主体之间的关系，将认识物件消融在认识主体之中，否定了客观世界的存在。王夫之指出所作为认识物件，必须是确实的存在物件；能作为认识物件，必须是确实的存在物件；能作为认识主体，是有功者，必须发挥自己的作用（实有其用）。有了客观物件才能引起认识作用（因所以发能），认识必须与客观物件的实际一致（能必副其所），才能取得正

确的认识。

对于知行关系，就是认识和实践的关系问题，王夫之提出了以行为基础的知行统一观点。认为知、行各有效用，而且又相互为用。正是因为两者相互为用，才知它们相互分别；由其相互分别，才能在认识中统一起来而显现其效用，知与行必须在行的基础上，才能统一。从人的认识来源角度来说，王夫之认为，认识应该是"行先知后"。

从知、行本身来说，行比知更重要，知是依靠行，通过行表现出来的，行却不是通过知来表现的。一个人去行某件事，证明他对那种事是有所知的，而他知道某种事，却不能证明他就能行那种事。行，包含了知，可以获得知、体现知，而知并不能包含行。知而不行，就不能说他已经行了。

"行可兼知"是王夫之知行观中最重要的思想，它说明了认识必须依赖于实践，只有实践才能使人们获得功效。王夫之强调行的重要性，启发人们要重视现实，鼓励人们积极实践。

王夫之如何看待历史问题？

因为所处时代的不同和抗清斗争的经历，使得王夫之非常关注社会历史问题，他曾经表明自己研究历史是为了从中吸取经验，以作为当前的借鉴。为此，他不仅深入研究历史事件，而且在隐居深山的时候，亲自考察了尚处于落后社会的少数民族，试图说明人类社会前进和发展的规律。

对于人性问题，王夫之也做了一定的研究，他反对先天人性论，认为人性是后天学习而成的。他提出别开生面的"性日生日成"论，批判唯心主义人性不变的形而上学观点。他认为人的习惯与本性相互作用、相互结合，习惯变了，本性也随之变化。人类生活在自然界之中，从自然界的二气五行中取得人体需要的材料，人的感觉和思想反映自然界的现象和规律。自然界不断变化，人的身心各方面也一天天在发生变化，所以人性是日生日成的。人的身体日渐发育，理性日渐成熟，人的本性自幼而少，而壮，而老，随生活的变化而变化。人在初生的时候接受了天赋的理性，而这种天赋须靠后天学习、培养才能起作用，如果没有性的日生日成，那么随着岁月流逝，人会一天天忘掉自己的本性。他用"习与性成"的理论批判了"存天理，去人欲"的禁欲主义思想。他认为，理、欲都出于自然，是由外物引起的，天理、人欲并非绝对对立，而是相互统一，天理在人欲之中，离开人欲无所谓天理。今日之"欲"可能成为他日之"理"，今日之"理"也可能成为他日之欲。他主张满足"人欲"，反对压抑"人欲"，这在当时是具有启蒙意义的思想。

颜元思想有什么重要意义？

颜元的学术思想有一个发展变化的过程，24岁的时候，他非常喜欢陆王心学，26岁的时候才知道程朱理学的要旨，34岁的时候主张恢复尧舜周孔之道，猛烈抨击程朱陆王学说，从原来笃信理学变成批判理学的杰出代表，学术思想发生了根本性的转变。

第五章　封建尾巴、近代启蒙的宋元明清哲学

颜元毕生都在从事的职业是教师，他62岁的时候还应郝公函的聘请，主持肥乡漳南书院。他亲自规划书院规模，制定了"宁粗而实，勿妄而虚"的办学宗旨，他培养的学生有记载的就多达100多人。他深刻地批判了程朱理学脱离实际的书本教育，竭力提倡"实学"和"实用"的教育。他的教育思想和实践，尤其是他的体育思想和实践，在我国教育史上，开创了使受教育者得到全面发展的辉煌先例，对我国近代甚至是现代的教育思想和实践产生了深远影响。

颜元是从哪些方面批判传统教育的？

颜元代表的实学教育思潮最明显的特征就是对宋明理学教育的批判，他的批判主要分为三个方面：

第一，揭露传统教育严重脱离实际的弊端。颜元指出，传统教育最突出的弊病就是脱离实际，将读书求学误认为是训诂，或是清谈，或是佛老，而程朱理学更是全部都包括，所以它脱离实际最为严重。传统教育培养出的人既不能担荷圣道，更不能济世救民。

第二，批判传统教育的义、利对立观。颜元认为，传统教育的另一个弊病就是在伦理道德教育方面，将"义"和"利"、"理"和"欲"对立起来。针对这种偏见，颜元继承和发展了南宋事功学派的思想，明确提出了"正其谊（义）以谋其利，明其道而计其功"的命题。他认为"利"和"义"两者并不是绝然对立，而是能够统一起来的，其中，"利"是"义"的基础，"正谊"，"明道"的目的，就是为了"谋利"和"计功"。同时，"利"也不能离开"义"，而且"利"必须符合"义"。

第三，抨击八股取士制度。

颜元深刻揭露了八股取士制度对于学校教育的危害，对八股取士制度进行了猛烈抨击。他认为学校是培养人才的正当途径，而那种传统的科举制度，以八股文取士，是用八股文代替实学，不仅不能选拔真才，反而会将学者引入歧途，贻误人才。

虽然颜元是打着古人的旗号批判传统教育的，然而，在当时朱子思想统治天下的社会条件下，他无惧性命之忧，敢于猛烈批判传统教育，尤其将抨击的矛头集中指向程朱理学，这在当时的思想界起了巨大震动，梁启超就评价颜元是当时思想界的大炸弹。

颜元如何看待学校教育？

颜元非常重视人才对于治理国家的重要作用，他视人才为治国安民的根本。所以，他在"九字安天下"的方针之中，将"举人才"列为首位。九字安天下指的是：举人才，正大经，兴礼乐。

颜元不仅重视人才，而且进一步指出人才主要依靠学校教育培养，他认为朝廷是政治的根本，学校是人才的根本，没有人才就没有政治。从人才的角度来说，颜元正确地揭示了学校、人才、治国三者之间的关系，突出了学校教育的重要地位。

颜元教育主张有哪些反传统性？

颜元关于教育内容的主张，是以反传统、反教条、反程朱理学脱离实际的书本文字教育的攻击姿态出现的。所以为了培养"实才实德之士"，在教育内容之上，颜元提出了"真学"、"实学"的主张。这种学说的特点是崇"实"而卑"虚"，与传统教育，尤其和程朱理学教育针锋相对。

什么是六府、三事、三物？

颜元认为尧舜周孔时代的学术就是"真学"、"实学"，所以大力提倡当时的"六府"、"三事"、"三物"。这里所说的"六府"、"三事"，也就是"水、火、金、木、土、谷"和"正德、利用、厚生"；"三物"就是"六德"（知、仁、圣、义、忠、和）、"六行"（孝、友、睦、姻、任、恤）、"六艺"（礼、乐、射、御、书、数）。在颜元的眼中，"三物"与"三事"是异名同实。"三物"之中又以"六艺"为根本，"六德"、"六行"分别是"六艺"的作用和体现。所以，颜元大力提倡"六府"、"三事"、"三物"。其核心是在于强调"六艺"教育。

颜元设置的六斋分别是什么？

颜元强调"六艺之学"，并不是希望回到尧舜周孔时代，而是托古改制，在古圣昔贤"六艺"教育的旗帜下，宣扬自己的主张。晚年的时候，他曾经规划漳南书院，陈设六斋，并且规定了各斋的具体教育内容，这是对他"真学"、"实学"内容最明确、也是最有力的说明。漳南书院的六斋及各斋教育内容为：

一、文事斋：传授礼、乐、书、数、天文、地理等科；

二、武备斋：传授黄帝、太公及孙、吴五子兵法，并攻守、营阵、陆水诸战法，射御、技击等科；

三、经史斋：传授《十三经》、历代史、诰制、章奏、诗文等科；

四、艺能斋：传授水学、火学、工学、象数等科；

五、理学斋：传授静坐、编著、程、朱、陆、王之学；

六、帖括斋：传授八股举业。

什么是"习行"教学法？

强调"习行"教学法，是颜元在学术思想转变后关于教学方法的一个最基本也是最主要的主张。颜元认为，想要获得真正有用的知识必须通过自己亲身的"习行"，寻求诸客观的实际事物。所以他所说的"习行"教学法，就是强调在教学过程中要联系实际，要坚持练习和躬行实践。只有这样，学得的知识才是真正有用的，否则，不和自己的躬行实践相结合的知识是无用的。

颜元为什么重视"习行"教学法？

颜元重视"习行"教学法，一方面和他朴素的唯物主义认识论有密切关系，他主张"见理于事，因行得知"，认为

第五章　封建尾巴、近代启蒙的宋元明清哲学

"理"存在于客观事物之中，只有接触事物，躬行实践，才能获得真正有用的知识；另一方面是为了反对理学家静坐读书、空谈心性的教学方法，他认为"从静坐讲书中讨来识见议论"，因为脱离实际，不能解决实际问题，同时也终日兀坐书房中，影响健康。

颜元的"习行"教学法有什么不足？

颜元的"习行"，虽然谈论的是个人行动，忽视了"知"对"行"的指导作用，看轻了理论思维的重要性，所以没有社会实践的意义。但是他强调接触实际，重视练习，从亲身躬行实践中获得知识的观点基本上可以说是中国古代教学法发展上一次手足解放的运动，它一反脱离实际的、注入式的、背诵教条的教学方法。

颜元为什么重视劳动教育？

重视农业知识的传授是颜元教育思想的另一个特点，他非常注重劳动在培育人才中的作用。因为颜元长期生活在农村，亲自参加农业生产劳动，虽然后来从事教育和学术研究活动，但是却从来没有脱离劳动。正因为有着这样的背景，所以他能够冲破自孔丘以来儒家轻视农业生产劳动的传统思想束缚，对劳动有一个新的认识，不仅认为人人应该劳动，而且还重视对学生进行劳动教育。

什么是理存乎欲？

戴震，精通经学、史学、训诂考据等，他批判了理学家的理欲观，依据自己的自然人性论，提出"理存乎欲"的观点，指出理学把理欲割裂并对立起来，宣扬"存天理，灭人欲"，完全是"以意见为理而惑天下"。他在揭露道学家"以理杀人"的同时，深刻指出了"理欲之辩"的理论来源是佛老之学，其根本错误在于不懂得人的自然本性。他反对程朱的理本论，提出了"气化即道"的气本论。在认识论上，戴震反对程朱的"理具于心"和陆王的"心即理"的观念，强调心中无理，理是客观事物之理，心（"神明"）只有认识理的作用。

戴震的理学超验本体论思想是什么？

戴震的元气实体思想是在批判理学超验本体的基础上形成和发展起来的。理学以释老为其形而上学架构，所以有形而上与形而下、天命之性与气质之性、理与欲的分别。理学的超验本体论具有不可调和的内在矛盾。换句话说就是，在"形而上"的层面，理学试图建构一个超越世界之上的"理在气先"的本体论体系，也就是理本论体系。但是在"形而下"的层面，理学在对一些具体问题的研究和叙述之上，却又突破了其理本论体系的限制，并提出了大量合理正确的思想光辉。正因为理学体系自身所具有的不可调和的矛盾，自从明朝中叶之后，理学内部便发生了严重的分化，出现了两个互相对立的学派：一派是对理学"性理之学"的改造，发生了"由外向内"的学术转向，产生了以王阳明为代表的心学；一派是继承和发展了理学合理进步的成分，产生了以罗钦

顺、王廷相等为代表的气学。两派之间互相辩难、论争，于是在明清思想史之上，就出现了理学、心学、气学三足鼎立的格局。

戴震的伦理学思想是什么？

戴震的哲学没有摆脱儒家哲学传统从天道到人道的思维模式。但是他将朴素唯物论的宇宙论落实到了伦理学之中，提出了以"血气心知"为基础，将感性与理性相统一的新伦理观。这个新伦理观主要是通过对宋明以来的"理欲观"的重新审视建立起来的，它将道德伦理建立在万民具体的感性欲求之上，在感性欲求之中寻求中正不失之善，而不是用灭欲的方式来建立伦理学之善。戴震明确反对宋明儒者将理欲截然分为两者的观点，并且多次批评宋明儒的理欲之辩是"忍而杀人之具"他主要从伦理学的知性认识角度，强调了认识的作用，对传统的道德泛化倾向进行理论的批判。

和王夫之等人"理欲"辩证统一论者不一样，戴震指出了宋明伦理学的自身危机就在于其理论上的失误。信奉这种伦理学的人，即使有通常所说的正义感也难以达到理想的结果，因为他们所说所信的"理"本身是"非理"，所以不可能产生利国利民的效果。在伦理学领域，戴震还将"理"界定为"情之不爽失"。

因为戴震的早逝，所以他的哲学规模不够宏大，很难和王夫之相提并论，但是他生活在康乾时代，在思想空气普遍沉闷的情况之下，能独树一帜，对作为官方意识形态的"程朱理学"及其现实危害性进行了深刻的理论批判，以具有近代科学的实证思想和近代人道主义相结合的理论特色，预示了中国古典哲学的终结。

第六章　循着"中国走向何方"寻找光明的近代哲学

中国近代哲学是在什么样的社会背景下产生的？

中国近代哲学从时间上来说指的是从1840年鸦片战争爆发到1915年新文化运动开始的这段时间的哲学。

公元1840年，鸦片战争爆发，标志着中国从此进入了半殖民地半封建社会。在外国资本主义、帝国主义的侵略下，农民和手工业者的个体经济受到了冲击，出现了新兴的民族资本主义经济，诞生了无产阶级和民族资产阶级。但是中国人民仍然受着帝国主义和封建主义的双重压迫。帝国主义和中华民族的矛盾、封建主义和人民大众的矛盾成为中国近代社会的主要矛盾。

中国近代哲学研究的核心问题是什么？

历史的发展向中国近代社会提出的中心问题是："中国向何处去？"中国近代哲学正是围绕这一问题发展起来的。太平天国的农民革命领袖洪秀全、资产阶级维新派康有为和严复、伟大的民主革命先行者孙中山等人，为争取国家独立、民主，都曾经想西方寻求救国救民的真理。

五四运动以前中国近代哲学呈现什么样的特点？

1919年"五四"运动之前，中国文化思想领域的斗争，是资产阶级新文化和封建阶级旧文化的斗争，也就是新学与旧学、西学与中学的斗争。19世纪末，西方资本主义进入帝国主义阶段，扩大了对中国的侵略和掠夺，中国面临着随时被瓜分的危险。在这种危急关头，一批有先见的知识分子清醒地认识到，中国想要摆脱贫困落后的状况。彻底摆脱帝国主义的欺凌，发展民族资本主义，只有改变社会现状。尤其是中日甲午战争之后，资产阶级维新派发出了"变法"的强烈呐喊。维新派思想家以达尔文的进化论作为变法的理论根据，他们试图通过自上而下的改良方式，将中国的封建专制制度变为资产阶级的君主立宪制度，并且为此和封建顽固守旧派展开了一定的斗争。但是因为顽固守旧势力的根深蒂固与庞大，维新运动以失败而告终。20世纪初，中国兴起了资产阶级民主革命的潮流。资产阶级革命派也将进化论作为主要的思想武器，但是他们主张用暴力革命的手段，推翻清王朝的统治，建立资产阶级民主共和国。1911年爆发的辛亥革命，结束了中国2000多年的封建专制统治，但是没有能够真正完成民主革命的任务。第一次世界大战期间，随着中国民族资本主义的进一步发展，中国无产阶级的队伍不断壮大，在1917年俄国十月社会主义革命的影响之下，1919年中国爆发了"五四"运动，中国无产阶级开始作为独立的政治力量登上了政治舞台，中国革命从此进入了新民主主义革命时期。

中国近代哲学可以分为哪两个时期？

中国近代哲学主要是指旧民主主义革命时期的哲学，这一时期的哲学可以分为近代初期哲学和近代资产阶级哲学两部分。

近代初期哲学主要是指从1840年到1894年的甲午中日战争期间，这段时间是中国近代哲学的酝酿准备时期，主要代表人物有龚自珍、魏源、洪秀全、洪仁玕、郑观应等。甲午中日战争到五四运动的这段时期是近代资产阶级哲学的部分，主要代表人物有戊戌维新时期资产阶级改良派的康有为、谭嗣同、严复等人和资产阶级革命派孙中山、章太炎等人。孙中山以进化论为特征的哲学思想达到了较高水平。

近代初期哲学是在什么样的社会背景下出现的？

清朝从乾隆末年就开始有衰落的迹象，政治日益的腐败，嘉庆帝和道光帝也失去了早期君主锐意进取的精神，掌政风格日趋保守和僵化。官场之中，结党营私、相互倾轧、卖官鬻爵、贿赂成风。军队之中，装备陈旧、操练不勤、营伍废弛、纪律败坏。财政之上，国库日益亏空、入不敷出。整个国家的阶级矛盾激化，相继爆发白莲教和天理教等农民起义。公元1840年，中英鸦片战争爆发，清政府签订了丧权辱国的中英《南京条约》，标志着中国从独立的封建国家逐步变成半殖民地半封建的国家，中华民族开始了一百多年屈辱、苦难、探索、斗争的历程。

近代初期哲学的主要代表都有谁？

近代初期以龚自珍、魏源等为代表的一批开明的地主阶级思想家活跃于思想界。他们用"三世"变易观作为理论依据，针对国家的政治利弊，强烈要求改革。他们主张学习西方的先进技术来抵御西方资本主义的侵略。太平天国革命时期，农民革命思想家洪秀全、洪仁玕等人从西方基督教那里吸取了"上帝"观念和"平等"思想，用来宣传农民的革命要求。虽然他们在宇宙观方面是宗教唯心主义的，但是他们明确提出，要用革命的方式变革清王朝的封建统治，建立农民的"天国"的思想却是有进步意义的。太平天国革命之后，从旧的封建士大夫阵营之中出现了一批具有新思想的知识分子。虽然他们在哲学上仍然墨守"道"不能变的陈腐观点，但是他们提倡西学，主张变革，为中国近代资产阶级哲学的产生作了充分的准备。

近代资产阶级哲学的特点是什么？

近代资产阶级哲学指的是从戊戌维新运动到五四运动这段时间的哲学。19世

第六章 循着"中国走向何方"寻找光明的近代哲学

纪末维新派的代表人物康有为、梁启超、谭嗣同、严复等人最早在中国提出了比较系统的资产阶级哲学思想,他们是中国近代资产阶级哲学的奠基者。辛亥革命前后,资产阶级革命派孙中山等人进一步把中国近代资产阶级哲学推向前进。从产生的那一刻起,中国资产阶级就始终抓着"中国向何处去"这个政治主题,资产阶级思想家们用西方进化论思想作为理论武器,论证国家的独立、自强和发展。他们对进化论进行取舍、加工、改造,形成了中国资产阶级哲学独特的进化观。康有为、谭嗣同、严复等人的社会历史进化观都主张和平渐变,反对革命突变,所以他们都属于资产阶级改革家,而章太炎和孙中山却属于资产阶级革命家。

鸦片战争纪念馆

资产阶级改良派的代表都有谁?

康有为首先在自然观方面接受了进化论。在万木草堂讲学的时候,他就开始向学生们讲授人类进化的知识。他是将进化论运用于人类社会,借助公羊三世说的"微言大义",表述了进化的社会历史观——社会按照"据乱世"、"升平世"、"太平世"三个阶段循序前进。

谭嗣同积极宣传"日新"的进化观点。他认为人类社会沿着"逆三世"、"顺三世"的轨道向前进化发展。他在《仁学》之中抨击封建伦常名教是"据乱世之法",指出变法维新首先必须变革三纲五常。

严复,1895年,在天津《直报》发表了著名的论文《原强》,介绍了达尔文《物种起源》一书的观点。1898年他又翻译了赫胥黎的《天演论》,并且在其中加了许多按语,结合中国的实际需要,积极宣传达尔文的进化论。他认为人类社会与生物界一样,也有生存竞争;中国人必须奋发图强。他主张中国必须改革,走西方国家的道路。在按语之中,他还用达尔文的进化论反对了宗教神学的创世说。

著有《己亥杂诗》的清代经世哲学家是谁?

龚自珍(1792-1841年),改名易简、巩祚,字尔玉、瑟人、伯定,号定盦、定庵、羽琌山民,别名"龚定庵",清代思想家、文学家及改良主义的先驱者,出生于浙江杭州,代表著作为《己亥杂诗》。

龚自珍16岁开始通读《四库全书提要》,1810年,和表妹段美贞结婚;1813年4月再次参加顺天乡试,第二次名落孙山，7月妻子因为误诊而死于徽州府署。第二年写成《明良论》，第一次直接表露自己的政治见解，对君权专制进行抨击。他指出，腐败的原因首先在于皇帝将臣下视如犬马、奴才，使大臣不知廉耻，只知道朝夕长跪，只知道追求车马、服饰，用言词取媚君上。其评判的可谓是入骨三分，外祖父段玉裁看完之后又惊又喜。祖父病逝之后，龚自珍跟着家人回到杭州守孝。两年后返回北京，租住在北京法源寺南。27岁的时候龚自珍考中举人，在京师与魏源一起拜今文学家刘逢禄为师，研读《公羊春秋》。38岁考中进士，在殿试对策之中，他仿效王安石"上仁宗皇帝言事书"，撰写了《御试安边抚远疏》，议论新疆平定准格尔叛乱后的善后治理，从施政、用人、治水、治边等方面提出改革主张。他的直言不讳让在座的评审都吓得不敢说话，而主持殿试的大学士曹振镛是个有名的"多磕头、少说话"的三朝不倒翁，他找了个理由将龚自珍置于三甲第十九名，不得入翰林，仍然担任内阁中书。在担任京官的20年时间之中，龚自珍多次上书，指斥时弊，但是都没有被采纳，甚至被同僚视为"痼疾"。在京中，与龚自珍密切交往的好友，除了魏源等常州学派的师友之外，还有不少忧国忧民的有识之士，主要有姚莹、汤鹏、张际亮、黄爵滋、包世臣等。1838年11月，当时还是湖广总督林则徐受命为钦差大臣到广东禁烟，龚自珍极表支持，写了《送钦差大臣侯官林公序》，向林则徐建议严惩烟贩，积极备战，并表示愿随同南下，共事禁烟。49岁的时候，龚自珍辞官南归，第二年在江苏丹阳云阳书院因为患急病暴卒。

清朝农民革命思想的代表是谁？

洪秀全（1814-1864年），原名洪仁坤、小名火秀，汉族客家人，原籍广东嘉应州，生于广东花县（现在的广州花都区）福源水村。太平天国创建者及思想指导者，称为"天王"。代表著作为《原道救世歌》。

洪秀全说："人心太坏，政治腐败，天下将有大灾大难，唯信仰上帝入教者可以免难。入教之人，无论男女尊贵一律平等，男曰兄弟，女曰姊妹。"洪秀全尊耶和华为天父，基督为天兄，不过洪秀全的"拜上帝教"跟主流的基督教在教义上相差甚大，洪秀全自称耶稣之弟，天父的次子，下到人间来替天行道。太平天国天王洪秀全最初在广州附近传教，但是没有取得很大成功。

1844年，洪秀全和冯云山转到广西一带传教。没有多长时间洪秀全就返回广东，冯云山留下发展，在当地的信徒与日俱增。1845年至1846年间，在家乡的洪秀全写下《原道醒世训》、《原道觉世训》、《百正歌》等作品。1847年初，洪秀全在广州的一所基督教堂学习了几个月，曾经要求受洗。但是教士认为洪秀全对教义的认识不足而拒绝了他的要求。洪秀全后来再到广西会合冯云山，并陆续制订拜上帝会的规条及仪式。洪秀全的拜上帝会与地方政府的矛盾日渐加深，洪秀全等人在1850年决定反清，加紧准备。会众在下半年间陆续前来金田团营，在1851年

第六章　循着"中国走向何方"寻找光明的近代哲学

洪秀全雕像

1月正式宣布起义,揭竿而起。

1851年初,洪秀全称天王,建立太平天国。1852年太平军离开广西进入湖南,1853年攻占南京,改名天京并且在这里定都。太平天国前期,军政大事由军师负责,洪秀全退居幕后很少理会朝政,冯云山、萧朝贵都已死去,大权落在东王杨秀清手上。定都天京之后,洪秀全主张把四书五经列为禁书,杨秀清不同意,借"天父下凡"逼迫洪秀全让步,后者只好同意四书五经在修改后可以刊印流传,但是,直至太平天国灭亡仍然没有刊行。后来洪秀全又修改《圣经》,按照政治上的需要及个人喜恶改动内容,在太平天国的范围之内颁行。天王洪秀全与东王杨秀清的矛盾日渐加深。洪秀全知道北王韦昌辉、翼王石达开及燕王秦日纲三人对东王不满,于是就在1856年密诏三人诛杀东王,9月发生天京事变,东王、北王与燕王先后被诛。翼王石达开在天京主政一段时间后,为洪秀全所忌,洪秀全封自己的亲兄弟洪仁发、洪仁达为王,想要牵制石达开,引起了石达开的不满。1857年石带领大军出走,脱离天王指挥。自天京事变及翼王出走后,洪秀全虽然掌握了朝政大权,太平天国却开始走下坡。

著有《盛世危言》的维新思想实业家是谁?

郑观应(1842-1921年),本名官应,字正翔,号陶斋,别名罗浮偫鹤山人等,中国近代最早具有完整维新思想体系的理论家,揭开民主与科学序幕的启蒙思想家,实业家、教育家、文学家、慈善家、爱国者,祖籍现在的中山市三乡镇雍陌村,代表著作为《盛世危言》。

郑观应在1858年的时候参加童子考试没有考中,于是就被父亲送到上海远游,弃学从商,在任上海新德洋行买办的叔父郑廷江处"供走奔之劳"。第二年,经过亲友的介绍进入上海一流的英商宝顺洋行任职。同年的冬天,被派往天津考察商务。1860年返回上海后掌管洋行的丝楼,并且兼管轮船揽载事项。同时进入英国人傅兰雅所办的英华书馆夜校学习英语,并对西方政治、经济方面的知识产生了浓厚兴趣。

著有《新学伪经考》的维新改革哲学家是谁?

康有为(1858年3月19日—1927年3月31日),别名祖诒、康南海,字广厦,号长素、明夷、更甡、西樵山人、游存叟、天游化人,近代著名政治家、思想家、社会改革家、书法家、学者,籍贯广东南海，代表著作为《康子篇》、《新学伪经考》。

康有为出生在一个士宦家庭，是广东的望族，世代为儒，以理学传家，他信奉孔子的儒家学说，并且致力于将儒家学说改造成为可以适应现代社会的国教，曾经担任孔教会会长。

1888年，康有为到北京参加顺天乡试，没有考取。这一年的9月，他上书光绪帝，陈述国家的危亡，批判因循守旧，强烈要求变法维新，提出了"变成法，通下情，慎左右"三条纲领性的主张。1891年，康有为回到广东，开办万木草堂学馆，聚徒讲学，并且为变法运动创造理论。在学术上，他从研究今文经学出发，写成《新学伪经考》、《孔子改制考》两部著作，这两部书都是在尊孔名义下写成的。前一部书将封建主义者历来认为神圣不可侵犯的某些经典宣布为伪造的文献；后一部书将本来偏于保守的孔子打扮成满怀进取精神，提倡民主思想、平等观念的人。这两部书对封建顽固守旧分子构成了很大的威胁，所以这两部书被他们视为异端邪说。

在为变法奠定了理论基础之后，1895至1898年，康有为积极地进行了变法实践。1895年，康有为听说清政府要和与日本订立丧权辱国的《马关条约》，连夜起草了一份一万四千多字的上皇帝书，各省举人一千三百多人集会，通过了这个万言书。5月2日，这份万言书送交都察院，这就是著名的"公车上书"。在这次会试之中，康有为考中了进士，并且被任命为工部主事。后来，康有为又连续给皇帝上了几次书，光绪皇帝对康有为提出的问题，触动很大。他系统地阐述了自己的变法思想，从政治、经济、文化教育等几个方面系统地提出了自己的见解。

为了组织和发展维新派的力量，康有为在北京组织了强学会。强学会被李鸿章等人封闭之后，他又在德国出兵占领胶州湾之后成立了保国会。但是保国会却遭到了顽固势力的弹劾，而不得不减少活动。康有为还通过发行报刊进行舆论宣传，动员力量，扩大自己的阵地。他通过一系列的政治实践，在社会上名声非常大。1898年6月11日，光绪皇帝发布《明定国是诏》，宣布实行新政，开始"变法自强"。五天之后，光绪皇帝正式接见康有为，并赏给他六品衔，任命他为"总理衙门章京上行走"，同时给他以专折奏事的权力。没有多长时间之后久，梁启超、谭嗣同也都在政府中任了职。正当康有为等人踌躇满志的时候，以慈禧太后为首的反对派发动"戊戌政变"，就把改良派打了下去。光绪皇帝被囚禁，谭嗣同等人被杀，康有为、梁启超逃往国外。戊戌变法，持续了前后一百零三天后彻底失败，又称"百日维新"。

康有为的思想在辛亥革命之后逐渐趋于保守，称为了保皇派的舆论组织者。

为改革而英勇献身的近代维新哲学家是谁？

谭嗣同（1865-1898年），字复生，号壮飞、华相众生、东海褰冥氏、廖天一阁主，中国近代资产阶级著名的政治家、思想家，维新志士，"戊戌六君子"

第六章 循着"中国走向何方"寻找光明的近代哲学

之一,祖籍湖南浏阳,代表著作为《仁学》。

1877年,谭嗣同拜师涂启先系统学习中国的典籍,开始接触算学、格致等自然科学。从1884年开始,他离家出走,游历了直隶(现在的河北)、甘肃、新疆、陕西、河南、湖北、江西、江苏、安徽、浙江、山东、山西等省,观察风土,结交名士。1888年,他在著名学者刘人熙的指导下开始认真研究王夫之等人的著作,汲取其中的民主性精华和唯物色彩的思想,同时又搜集和阅读当时介绍西方科学、史地、政治的书籍,丰富自己的视野。

《马关条约》的签订让谭嗣同开始详细考察西方数十年的政治变化,并且穷究事理,试图寻找挽救民族危亡的根本大计——必须对腐朽的封建专制制度实行改革,才能救亡图存。1897年夏秋之际,谭嗣同写成了维新派的第一部哲学著作、也是他自己的重要著作《仁学》,他认为物质性的"以太"是世界万物存在的基础,世界万物处于不断运动变化之中,而变化的根源在于事物的"好恶攻取"、"异同生克"。他把"以太"的精神表现规定为"仁",而"仁"的内容是"通","通之象为平等","仁——通——平等"是万物的发展法则,是不可抗拒的规律。

代表作为《天演论》的近代哲学家是谁?

严复(1854年1月8日—1921年10月27日),原名宗光,字又陵、几道,清末非常有影响的资产阶级启蒙思想家、翻译家、教育家,中国近代史上向西方国家寻找真理的"先进的中国人"之一,祖籍福建侯官,代表著作为《天演论》。

严复出生于一个医生家庭,1866年,他考入了家乡的福州船政学堂,学习英文及近代自然科学知识,五年之后以优等成绩毕业。1877年到1879年,严复等被公派到英国留学,先进入普茨茅斯大学,后来转到格林威治海军学院。留学期间,严复对英国的社会政治发生兴趣,涉猎了大量资产阶级政治学术理论,并且最为赞赏达尔文的进化论观点。1879年,严复毕业回国,到福州船厂船政学任教习,第二年调任天津北洋水师学堂总教习(教务长),1889年后捐款捐得选用知府衔,并升为会办、总办(校长)。严复还曾经担任过京师大学堂译局总办、上海复旦公学校长、安庆高等师范学堂校长,清朝学部名辞馆总编辑等职位。

回国之后,严复从海军界进入思想界,积极倡导西学的启蒙教育,完成了著名的《天演论》的翻译工作。在《天演论》之中,严复用"物竞天择"、"适者生存"的生物进化理论阐发自己的救亡图存的观点,提倡鼓民力、开民智、新民德、自强自立、号召救亡图存。他的著名译著还有亚当·斯密的《原富》、斯宾塞的《群学肄言》、孟德斯鸠的《法意》等。他第一次将西方的古典经济学、政治学理论以及自然科学和哲学理论较为系统地引入中国,启蒙与教育了一代国人。

严复对中国近代新文化的贡献可以概括为这样三个方面:以新的思想武器批判封建旧文化,开展思想启蒙;正确阐明科学与民主的时代意义,构建近代新文化的核心内容；翻译介绍介西学，推进中西文化交流。

提出"三民主义"思想的近代革命哲学家是谁？

孙中山（1866-1925年），学名文，字德明，号日新、逸仙，乳名帝象，化名中山樵、杜嘉诺、高野长雄、陈文、陈载之、中山二郎、吴仲、高达生、艾斯高野、阿罗哈，民国时期著名革命家、政治家、理论家、思想家，中国国民党创始人，三民主义的倡导者，祖籍为广东省香山县翠亨村，代表著作为《三民主义》。

孙中山出生在一个农民家庭，父亲在村里负责打更报时。6岁的时候，他就上山打柴放牛，还跟着邻村三合会人办的武馆偷学拳术。10岁的时候，孙中山进入私塾，三年后就成了全家最有学问的人。

1878年在长兄孙眉的资助之下，在檀香山学习了5年，回国后看到巫医骗人，于是就将神像捣坏，然后出走香港。到香港后洗礼加入了基督教，后来又转入广州博济医学院，结识了三合会首领郑仕良，后来以优异的成绩考入香港西医书院，经常和同乡杨鹤龄以及陈少白、尤列等人共议国事、抨击朝政，被人称为"四大寇"。1892年7月孙中山以首届毕业生中第二的成绩毕业，并获当时港英政府总督威廉·罗便臣亲自颁奖。

1905年，孙中山再赴远东，7月抵达日本横滨。在宫崎寅藏介绍下，与黄兴见面，并开始筹划联合各革命组织。1905年8月，在日本人内田良平的牵线下，结合孙中山的"兴中会"、黄兴与宋教仁等人的"华兴会"、蔡元培与吴敬恒等人的"爱国学社"、张继的"青年会"等组织，在日本东京成立"中国同盟会"。孙中山被推为同盟会总理，再度将"驱除鞑虏，恢复中华，建立民国，平均地权"确定为革命政纲，并将华兴会机关刊物《二十世纪之支那》改组成为《民报》。他在发刊词首次提出"三民主义"学说，即"民族、民权、民生"，继而编定"同盟会革命方略"，正式宣示进行国民革命，举所誓之四纲，力图创立"中华民国"，并定"军法之治、约法之治、宪法之治"三程序。1909年至1911年期间，孙中山大部分时间花在旅途之上，多次在各国华侨、留学生中筹划革命经费及外国政府支持，然而所得极为有限。

1919年10月，孙中山将中华革命党改组为中国国民党，并发表所著《孙文学说》、《建国方略》。1921年4月，在广州重组军政府，任非常大总统。1924年1月，孙中山在广州召开中国国民党第一次全国代表大会，发表改组国民党宣言；确定"联俄、联共、扶助农工"的三大政策；通过新党纲、新党章，把旧三民主义重新解释为新三民主义；将中国国民党改组为包含工人、农民、小资产阶级和民族资产阶级的革命联盟，从而实现了第一次国共合作。

1925年3月12日，在北京不幸病逝，终年59岁。1925年4月2日起，孙中山灵

第六章 循着"中国走向何方"寻找光明的近代哲学

柩停放于北京西山碧云寺内石塔中。北伐成功后，于1929年6月1日，永久迁葬于南京紫金山中山陵。

从信奉转为怀疑科学进化论的近代哲学家是谁？

章炳麟（1869-1936年），名学乘、绛，字枚叔，号太炎、膏兰室主人、刘子骏私淑弟子，清末民初民主革命家、思想家、中国近代著名朴学大师、著名学者，出生于浙江余杭，代表著作为《新方言》、《文始》、《小学答问》。

章太炎青年时期曾经拜师俞樾，甲午战争之后，他投身维新运动。维新的失败让他认识到必须用革命手段推翻清朝统治，随后他接受孙中山民主革命主张。章太炎因为参加维新运动被通缉，不得不流亡日本。1900年剪辫发，立志参加革命。1903年因为发表《驳康有为论革命书》并为邹容《革命军》作序，触怒清廷，被捕入狱。1904年与蔡元培等人合作，发起光复会。1906年出狱之后，孙中山将他迎到日本，参加同盟会，主编同盟会机关报《民报》，和改良派展开论战。1911年上海光复之后回国，主编《大共和日报》，并担任孙中山总统府枢密顾问。1917年脱离孙中山改组的国民党，在苏州设章氏国学讲习会，以讲学为业。1935年在苏州主持章氏国学讲习会，主编《制言》杂志。晚年愤日本侵略中国，曾赞助抗日救亡运动。

章太炎早年接受西方近代机械唯物主义和生物进化论，在他的著作之中阐述了西方哲学、社会学和自然科学等方面的新思想、新内容，主要表现在《訄书》之中。他的思想还受到佛教唯识宗和西方近代主观唯心主义的影响，随着旧民主主义革命失败，他在思想上渐趋颓废。他一生著作颇多，约有400余万字，代表作有《新方言》、《文始》、《小学答问》、《儒术新论》、《订孔》等。

如何从整体上认识魏源的思想？

在刚开始求学的时候，魏源学习的是王阳明的心学，后来改学今文经学，论学以"通经致用"作为宗旨。对于充斥朝野的考据学风和理学的性理空谈，魏源给予了严格的贬斥，提出了"变古愈尽，便民愈甚"的变法主张。道光年间，魏源先后担任江苏布政使、巡抚幕僚等职务。鸦片战争爆发之后，他根据好友林则徐的《四洲志》，参照历代史志及两人记录编写了《海国图志》。《海国图志》首先介绍了西方各国历史地理状况，主张学习西方的先进科学技术，提出了"师夷长技以制夷"的主张。

在认识论上魏源重视习行，反对脱离实际，具有明显的唯物主义倾向。他正确地强调了习行，但是没有能够解决感性经验和理性认识的关系问题。他认为任何事物都包含着矛盾，"天下物无独必有对"，并且矛盾的两个方面可以互相转化，而矛盾的相克相生，促成事物的变化和发展。他的社会历史观具有

193

较明显的变易进化观点，但是有很大局限性。

魏源的教育思想主要包括哪两个方面？

魏源生活的年代是阶级矛盾和民族矛盾空前激烈的时期，在特定的社会历史条件之下，在深厚的湖湘文化的熏陶之下，魏源提出了"师夷长技以制夷"的口号。他的教育思想主要包括以下两个方面：批判封建教育制度，主张改革传统教育；提出切合时代要求的教育目标和人才培养模式。

魏源对科举制度基本上持有"扬弃"的态度，从取士制度的历史发展角度来看，科举以命题考试为准，入选者不分氏族和寒门，具有公平的竞争起点，这是科举制度比氏族选举进步的地方。但是，魏源对科举考试的内容和方法却不满意，认为科举制度教育目的与教育手段从体制上脱节。

魏源对于封建教育的目的和人才模式提出批评主要表现在哪四个方面？

对于封建教育目的和人才模式，魏源没有明确地提出正面的批评意见，但是他的观点却明显的和这种教育目的和人才培养模式相反，这种观点主要表现在四个方面：

第一，在国家对人才的总体需要和人才价值观念问题之上，魏源提出要培养"经世致用"的人才，而不能培养那种"口心性，躬礼义"的腐儒和以"恒饤为圣学"的陋儒，成才养士的目的在于经邦治国，并且他还提出应当将品德与才能的培养结合起来。根据这种原则，魏源认为在选人用人方面就需要有方面之才或专门之才。

第二，在德与才德关系问题之上，魏源注重"德"。但是他理论之中的"德"的内容，既不是"明伦守礼"，也和我们现在提倡的"德育首位"中的"德"仙童。他认为，一个人只有有德才能够有效地将德在实践过程之中显示出来。所以，国家"造（教育）之试（选拔）之"德人才，都要以经世致用为的。

第三，魏源经世教育思想还体现在他的学习论和教化论上。魏源非常重视实践在学习中的作用，反对"生而知之"的唯心主义先验论，主张通过"习"与"行"才能获得新知识。认为离开理论基础来说明脱离实践是不能获得真知的

第四，魏源用"睁眼看世界"的目光注重吸引进自然科学，为实现"师夷长技以制夷"的教育理想奠定近代自然科学知识基础。虽然魏源不是专职的教育家，但是他的《海国图志》却涵盖了世界地理、历史、政治、经济、民族、文物、历法、数学、机械、军事等方面的丰富知识，而且还图文并茂。写成之后风行海内外，成为当时关心时务的知识分子必读之书，在日本一些地方的教馆，《海国图志》甚至被作为教材。

魏源的经济思想主要表现在那些方面？

魏源在经世致用的思想原则的指导之下，提出了一系列的经济思想，主要表现

第六章 循着"中国走向何方"寻找光明的近代哲学

在以下五个方面:

第一,重视以农业为主的第一产业的发展。

第二,主张发展商品经济。

第三,主张引进近代机器工业。

第四,主张在经济发展方面向西方发达国家学习。

第五,主张通过利民来实现利国。

魏源是如何发展商品经济的?

魏源意识到中国经济大变革的方向,西方资本主义商品经济通过对外战争和殖民地的方式迅速蔓延世界各地,中国经济在被外国打开国门之后,也将不可避免地融入到世界商品经济的大潮中。于是他就顺应这种时代潮流,提出了大力发展商品经济的观点。在鸦片战争之前,他将"富民"分为"有田之富民"和"无田之富民",前者是指农民的富裕,后者是指商人的富裕。鸦片战争之后,他又提出了"缓本急标"的产业发展观。他希望国家把主要精力从单纯农耕经济中转移出来,大力发展商品经济。同时,魏源还重视发展民营商业活动,倡导改革政府对商业活动的垄断。

魏源如何看待现代工业?

魏源主张发展现代工业生产,将工业作为国家实现富强的重要产业基础。他认为政府应当广泛建立现代工厂,发展民族工业。魏源指出,建立的新式工业不应当只是局限于国防军事领域的军火生产制造,还应当在民用大众产品领域大力发展现代制造业。政府应该允许和鼓励商民自行设厂以发展新式工业,允许东部沿海的私人资本自由进入新兴工业,制造新式轮船、生产枪炮和其他机制工业产品。

魏源为什么会提出"师夷长技以制夷"的思想?

魏源在将西方列强和中国进行多角度深入比较分析之后,看到了当时的中国的国民经济要比西方资本主义国家落后,特别是工业和技术落后,没有一项擅长的技艺,这是中国在战争中一再失败的根本原因。针对这种社会现实,他提出了要学习西方国家的现代科学技术,要兴办中国自己的现代制造业的"师夷长技以制夷"的经济发展建议。他还指出,开始是购买西方的先进武器机器,然后是利用他们的人才到我国来制造先进的武器和机器,再次是培养自己的人才来制造先进武器设备,最后还可以超越西方国家,将产品出口到西方国家。

魏源如何看待国富与民富的问题?

魏源深刻认识到富民对国家和社会的重要性,在国富和民富的问题之上,魏源主张社会富裕是国家富裕的基础,百姓富裕是政府富裕的前提,只有这样,才能实现民富国强。他指出,当一个地域的人民富足殷实的时候,即使国家有大的战争,或者遇到严重灾难等不利的事情,都可以得到充足的给养,让这些问题得以顺利解决。国家的经济政策应当有利于民富。

龚自珍的经济思想是什么？

1823年，龚自珍在《农宗》中提出了一个具体的社会经济改革方案，主张在全国农村建立一种基于封建宗法的经济结构，也就是按照血缘关系划分出"大宗""小宗"、"群宗"、"闲民"四个不同的等级，分别授予不同数量的田产，企图以此调节土地的占有，克服"大不相齐"的矛盾。他的这种思想是一种地主阶级的社会改良思想，虽然改革的目的依然是维护中下层地主的利益，实际上也没有触动封建土地剥削制度。但是，它在地主阶级内部进行适当的土地调整，在有土地的人之间搞平均，在一定程度之上还是缓和了地主阶级和农民之间的尖锐矛盾，有利于抑制当时豪门地主的土地兼并，也有利于农民的休养生息，发展生产，所以，有一定的积极意义。

龚自珍的"公羊三世说"的内容是什么？

龚自珍的史学思想主要有"公羊三世说"，而学者讨论的比较多的就是他的"公羊三世说"和他史学思想的体系问题。

龚自珍社会历史观的核心就是主张变易的公羊三世说，他从这里面寻找变法的理论和历史依据，为自己的政治变法的现实需要服务。他的"公羊三世说"是一种非常典型的历史循环论，虽然他提出了"一祖之法无不弊"，"无八百年不夷之天下"等宝贵的观念，但是他同时又宣扬"天下有万年不夷之道"，这和董仲舒的观点根本就是一脉相承的，所以所龚自珍的"公羊三世说"实质上是公羊家观点的重复，包含着浓厚的历史循环论思想。但是他的学说也存在一定的突破，具有了进化论的鲜明特色。出于批判现实、倡导变革的政治需要，龚自珍抛弃了公羊学原有的那种与阴阳五行说杂糅在一起的迷信神学思想，吸收了其"变"的精髓，将"据乱——升平——太平"旧三世说改造成"治世——衰世——乱世"的新三世说，使公羊学摆脱了以往注经的束缚，具有了崭新的时代内容，进而为进行社会改革提供了有力的理论基础。

龚自珍的历史观虽然从今文经学中受到启发，吸收了今文经学的某些说法，但作为其历史观真正理论表述的文章，却已经突破了今文经学的框架，成为有相当理论深度和逻辑严整性的历史哲学。

龚自珍的世界本原与人性论思想是什么？

作为龚自珍思想的重要组成部分，哲学思想在其整个体系中占有重要的地位，他哲学思想的探讨主要围绕世界本原、人性论等问题。

对于世界本原的问题，龚自珍一方面承认物质世界是不依赖于任何力量而独立存在的客观实体，同时还承认有不依赖于物质而独立存在的精神实体，所以，他在世界形成问题上的认识是不确定的，属于哲学上的二元论学派。

龚自珍所坚持的是抽象人性论，并没有真正说明人性的本质。其"善恶皆后

起"的论断揭穿了圣火"天生慈善"的神话,剥夺了他们在道德上高人一等的先天地位;他认定人情皆私,揭露了"大公无私"的"正人君子"的虚伪性,为他的反对贫富悬殊的经济主张提供了理论基础。

龚自珍是如何批判五行与灾异关系的观点?

龚自珍批判了刘向在《五行传》中矫揉五行之性、拼接五行与灾异的做法,否定了五行灾异与社会交易的联系;他继承了前代进步哲学家关于天人关系的唯物论观点,表达了物质先于精神的唯物论观念。龚自珍对天文学与占验灾异的五行学作了根本的区别,他期盼编成一部有关彗星等诸天文现象的科学书籍,体现了一种科学的精神;他的非灾异感应说和他的唯"我"、"心力"之说是一致的,解除了封建迷信的束缚,突出了人在宇宙的地位,对传统的天人关系进行了一个根本的倒转,也就是重建了"我"、"心力"的本体论。他对五行灾异说的批判为后人所继承,并且为实学和西方科学的传入开辟了道路。

为什么洪秀全的朴素平等思想会受到广大农民的欢迎?

朴素平等思想是洪秀全的政治思想的主体和核心,皇权主义是封建专制主义对他的思想影响。两者的影响结合在一起,并且在革命实践之中不断发生变化。太平天国以洪秀全为代表的朴素平等思想,充分证明农民阶级有自己的思想武器。

洪秀全在7岁到16岁接受的是封建主义教育,18岁到37岁当垫师期间,传授的也是孔孟之学,封建主义的思想对他的影响很深,最初走的也是"学而优则仕"的道路。但是他四次科举考试的受挫加上他从鸦片战争的失败之中看到的清政府统治的黑暗和腐败,极大地激起了他的反抗心思。在和洪仁玕讨论时事的时候,他总是痛斥清王朝听任烟毒泛滥,白银大量外流,使人民无以为生,惨遭奴役,于是就决定走上革命的道路。

因为朴素平出生在一个农民家庭,并且亲自参加过劳动,所以对广大农民的痛苦和要求有深切的了解和体会。长期封建主义教育和垫师生活,使他具有一定的文化素养,为他集中表达广大农民的迫切愿望提供了有利的条件。洪秀全的朴素平等思想产生的社会物质根源是当时的阶级压迫和民族压迫。它利用了中国古代"大同思想"中"天下为公,选贤与能"的思想材料,并给予了新的解释;它的特点是以神学异端出现,用宗教外衣掩盖着农民民主主义的内核;它代表了鸦片战争之后,在封建势力和外国资本主义双重压迫之下,极端贫困和无权的中国广大农民迫切要求解放的呼声。

洪秀全的经济平等政策的表现有哪些?

经济平等思想的实施,主要表现在两个方面:第一,在革命队伍内部,不分上下过着带有军事共产主义性质的平等生活;第二,在社会上剥夺地主阶级的财物,除供应军队需要外并散发给广大贫苦民众。为了反对"所爱所憎,一出于私"

和革命的实际需要，太平天国早在金田团营的时候，就建立了圣库制度。参加起义的拜上帝会教徒"将一切所有缴纳于公库，全体衣食俱由公款开支，一律平均。因有此均产制度，人数愈为加增，而人人亦准备随时可弃家集合"。与圣库制度密切结合的另一重大措施是建立缴获归公的制度。缴获归公制度不仅为圣库提供了物资来源，而且是维护圣库制度必不可少的条件。

曾国藩从理学转向洋务思想的过程可以分为哪些阶段？

曾国藩从封建理学家到洋务派大官僚的思想转变过程，大致可分为三个阶段。

第一阶段：第一次鸦片战争前后，曾国藩独崇程朱理学，从宇宙观到伦理政治观念奠定了其思想体系的基础。一般说来，他比理学中主敬派实际一些，具备着从地主阶级顽固派中分化出来的内在因素。

第二阶段：道光末年至第二次鸦片战争，太平天国起义爆发，封建统治阶级产生了空前严重的危机感，曾国藩兼采汉学认识论和治学方法中的某些合理因素，开始注意西方情况，重视西方武器在战争中的作用。同时，曾国藩顽固维护封建伦理政治观念，自觉地反对太平天国向西方寻求真理与改革国内政治结合起来的进步方向。这一切，为其洋务思想的产生准备了条件。

第三阶段：第二次鸦片战争后，与传统的封建统治思想相比，曾国藩的思想出现了具有新内容的变化，在伦理政治观念上由原来对内维护三纲五常、对外保持天朝至尊，转变为对内维护三纲五常、对外讲究"忠信笃敬"、"守定和约"。同时，他更重视引进西方技术的活动，认为是"救时之第一要务"。曾国藩的洋务思想至此基本形成。

郑观应的赋税思想是什么？

郑观应一生都在从事工商业活动，是典型的中国近代资产阶级改良主义思想家的代表。他主张收回关税自主权，否定中英南京条约中的协定关税条款，要求以国际公法为准绳，争取国家的主权。他意识到了关税自主的重要意义，主张实行保护关税政策，以促进我国民族工商业和对外贸易的发展。他认为清朝进口关税税率太低，应"重订新章，一律加征"。

郑观应的重商思想还体现在他的裁厘主张之上。他列举了厘金税的十大弊端和桅，认为"厘捐不撤，商务难以振兴"。他还借鉴西方印花税的制度，提出以印花税代替厘金税的设想。

什么是商战？

郑观应经济思想的核心是他的"商战"论。郑观应将外国资本主义的侵略手段归结为"兵战"（军事侵略）和"商战"（经济侵略），并且认为后者比前者更为隐蔽、更具有威胁性，所以中国在反侵略方面也应该把反对经济侵略放在比反对军事侵略更加优先的地位。郑观应是中日甲午战争前后风靡一时的"商战"论的主要代表。

"商战"是对应于"兵战"来说的。

第六章 循着"中国走向何方"寻找光明的近代哲学

兵战,指的是军事冲突。商战指的是在市场上进行竞争。他提出"习兵战不如习商战"的口号,主张学习西方,只是热衷于购铁舰、建炮台、造枪械、制水雷、设海军、操陆阵,讲求战事不遗余力,还不如像西方各国那样全力振兴商务。

郑观应对于商战提出了哪些建议?

郑观应认为,要想进行"商战"就必须破除以农为本、以商为末、重本抑末的成见。进行"商战"就是从传统的农耕经济转变到现代工业经济,从传统的自给自足的自然经济转变到现代市场经济。商战必须根本改变传统的贱商观念和士农工商等级结构,充分肯定现代企业家在社会发展中的主导作用。为了实现这个目的,郑观应特别抨击作为社会精英的"士"固守传统观念,已成为工商业发展即进行"商战"的重大障碍。商战,还需要造就一大批现代商务人才,也就是现代企业家与行政管理者,他们都能按照世界范围内行之有效的规则不断推进工商业的发展。为改变这一状况,全面提高工商业者及相关行政管理者一的素质,郑观应要求在中央在六部之外特设商部,在各省水陆通衢分设商务局,由有声望的绅商担任局董,支撑和保护工商业者发展实业。同时,在各府、州、县设之商务公所,由工商业者自行选举商董,由他们自己研究谋划,决定兴废。

郑观应的哲学思想是什么?

郑观应通过对西方近代自然科学和社会管理科学的吸收,从事借用中国某些传统形式来变革中国传统哲学尝试,所以使自己的世界观具有比较明显近代哲学的特征,为中国哲学史增添了新的内容。

在本体论方面,郑观应首先提出带有西方近代自然科学色彩的"道"范畴,并且将"道"归结为物质性实体,进而带有机械唯物主义的光芒。同时他又将伦理道德规范的"中"作了非科学的抽象,并把这个抽象化了的"中"也规定为"道"的内涵,所以他的哲学变革还受到了根深蒂固的传统思想的束缚。

在认识论方面,郑观应对中国传统的名实关系、知行关系等理论,赋予了西学的内容,主张学以致用,行而后知。

在发展观方面,郑观应提出了具有新学内容的人的主观能动性以及常与变等问题。他从意识对物质的反作用出发,认为人既能改造自然,也可以仿行西法,从事于对社会的改造。在常与变问题之上,郑观应提出"以西学化为中学"的观点,在发展观上具有着质变的意义,但是,他最终还是肯定了"器可变,道不变",进而在方法论上陷入形而上学。从整体上来说他的发展观是一种承认渐变甚至承认突变,但是又歪曲突变的渐变论,这是资产阶级既要求改造封建生产关系,而又妥协于封建等级制的形而上学的一种特殊形态。它反映了中国近代哲学在机械唯物论的倾向之中,包含有联系、发展的思想特点。

康有为的人权思想的内容是什么?

孔子的人道论是康有为的人权思想的

康有为蜡像

理论依据。孔子人道论的核心是"仁"。康有为认为"仁"不仅是人道的核心，同时也是一切事物的根源。从哲学的角度来看，康有为用不忍人之心论仁，目的在于说明以元为体的宇宙本体论。在宇宙万物之中，"人之所以最贵而先天者"，在于人之神气本于元，而元又是万物之本。人在天地之中，所以人为天地之心，而仁又为人之心，仁是世间一切善中最高的善。通过将人道释为仁道，进而释为平等博爱，康有为努力充分发掘出孔子仁学的永恒意义。这就是将人视为宇宙间最可尊重的，圣人不以天为主，圣人以人为主，要求将人视为衡量政治法律制度乃至一切事物的标准。

康有为从解放人类拯救人类的意义上倡导人权。他的著作《大同书》就是一部人权书。为人去苦求乐，是康有为所认定的最高人道主义原则。他认为评价历史上一切思想家的学说理论，都应当坚持这一标准。

康有为认为人们的苦难有哪些？

根据去苦求乐的人道主义原则，康有为深刻揭露了黑暗的社会制度给人们带来的种种苦难。这些苦难有："压制之苦"、"阶级之苦"、"卑贱之苦"、"贫穷之苦"、"刑狱之苦"等等。在这种社会制度之下，人间只是"一大杀场大牢狱而已"。为了解除人类的苦恼，康有为提出了"救苦"之道，这就是破除九界。九界分别是："国界"、"级界"、"种界"、"形界"、"家界"、"业界"、"乱界"、"类界"、"苦界"。这九界在康有为的眼里就是人类遭受痛苦的根源。九界的实质就是以封建专制制度为核心的封建纲常名教。专制制度造成有利于专制统治的愚昧观念。这种君为臣纲、夫为妻纲的封建意识形成后，又进一步加强和巩固专制统治。

天赋人权的核心是什么？

平等和独立，这是天赋人权，也是人类达到理想境界的根本途径。独立的核心便是自由。自由在他的眼中是实现大同理想的基础。平等和自由是人权的基本精神和基本内容。人权的基本特性就在于权利的平等性，而人权的核心内容就是基本自由权。

康有为为什么会提出天赋人权观？

康有为所说的天予人权或天赋人权是

第六章 循着"中国走向何方"寻找光明的近代哲学

针对封建专制社会中君主有权而人民无权的状况提出的。在他的著作之中使用"民权"又不完全等同于"人权","民权"一词既可以指包括人权在内的人民中的每个人的权利,也可以指人民作为一个整体所应当享有的权利。倡导的是人权意义上的民权,康有为经常将民权与自由并提,强调民权的自由内容。重民权人权,轻君主君,这是康有为人权思想的一大特点。以康有为为代表的改良派所倡导的民权,积极的意义在于,以民权倡人权,当时有利于人权思想的发扬光大;消极的意义是以民权反民主,表现出改良派的软弱和妥协。

康有为为什么要倡导民权?

康有为倡导民权人权的目的是为了批判封建专制主义的"三纲"。他对"君为臣纲"、"父为子纲"、"夫为妻纲"逐一进行了批驳。他使用的思想武器就是天赋人权论。他指出君为臣纲"违背了天赋人权的平等性。他在《大同书》之中,详细表达了宣传天赋人权、主张男女平等的思想。康有为的人权论是道地的天赋人权论。中国传统思想中"天"的概念被定义成人权的具体来源。人权被康有为视为一种天权,是天赋予人类的。天先于人类而存在;天也先于人权而存在。人被当作天子;民被当作天民。将民权上升为天权,进而赋予人权民权以神圣不可侵犯的意义。

康有为是如何证明中国不能实行民主共和制?

为了证明中国当时只能实行君主立宪制而不能实行民主共和制,康有为用西方诸国在民权人权制度方面的共同点,来淡化君主立宪与民主共和之间的实质性区别。从理论上来说,康有为当时对西方君主立宪制同民主共和制的关系的认识是比较深刻的,因为他看到了人权民权是西方各种政体所要达成的目标。但是,康有为在运用通过经验考察得出此种认识反驳革命派的共和主张的时候,却走得太远,以至于最后他完全陷于君主立宪与民主共和的争斗之中而不能自拔,甚至为了反对革命派的主张,竟否定人权自由在中国的价值和意义。在康有为后期思想中,君权主义、国权主义极端膨胀,人权自由消失得无影无踪。

康有为"天道尚变"思想的内容是什么?

康有为哲学中最富有积极意义的思想是强调"全变"的进化论。

康有为改造了《周易》主张"变易"的发展思想,又吸收了近代自然科学知识,提出了"天道尚变"的宇宙发展观。天、地、人都处于变化之中,没有什么事物是凝固不变、永恒如此的。他认为,这种变化不是单纯的量变,而是以新去陈的质变。新陈代谢是事物的不可抗拒的法则。对于为什么事物能变化发展问题,康有为认为是因为任何事物都是由矛盾着的对立面构成的,矛盾双方的对立与斗争促进事物变化发展。他的这些辩证法思想,强烈地冲击了两千年来"天不变,道亦不变"的传统观念,也突破了早期改良主义思想家的"器可变,道不可变"的局限性，为进行维新变法提供了理论武器。

康有为的"三世说"是什么？

康有为借用了《春秋公羊传》中"三世"说，将人类历史划分为三个历史阶段，也就是三世说——"据乱世""升平世"（小康）"太平世"（大同），其中康有为重地描述了太平世，认为这是人类最高，最理想的社会，这个社会"天下为公"。在这个社会里"无贵贱之分，无贫富之分，无人神之殊，无男女之异""人人相亲，人人都奉于公产""无所用其私"，人人从事劳动，通过风俗教化，改良人种。在这个社会中"一切皆本公理"，无国界，家界，身界。一切压迫和歧视都消失了。"人人皆公，人人皆平"大同时代。他认为，当时的欧美资本主义国家已经达到"升平世"的阶段，但是也只是达到这个阶段。比这个阶段更高的还有"太平世"。

康有为认为人类应当如何实现大同？

康有为在《大同书》之中将人类描写成为一个受苦的人类。他将人类"诸苦"罗列出来，共有六类三十八项之多。他认为在现存的社会之中，无论什么样的人都是苦的。不仅是被统治被剥削的人是苦的，就是统治剥削的人也是苦的。他认为，甚而至于"神圣仙佛"也是苦的。他认为人类诸苦的原因，是由于有九种分别，这也是他所提出的九界思想。康有为认为，"界"是一切所有苦难的根源，要脱离"诸苦"的最根本的办法是去

"界"。康有为认为，在大同世界中不但没有国界，人类和其他动物之间的界也没有了，这样，大同之道就实现了。

康有为的思想存在哪些弊病？

在当时世界中资本主义正兴盛的时候，康有为看到了资本主义制度比封建制度优越，也指出了资本主义社会并不是社会发展的最高阶段。但是，《大同书》之中有非常多的幼稚论点。康有为甚至认为帝国主义吞并弱小民族，也是通往大同世界的一个途径。他要求"去种界"，可是他心中先有种族分别的成见。他认为白人第一，黄人次之，其余都是劣等民族。

康有为的问题从哲学的标准来看，实际上是轻率的，答案是简单的，论证是粗糙的、肤浅的。他甚至不能分别精神和物质的界线，而是将二者混同起来。

被誉为"佛学彗星"的两位哲学家是谁？

在中国佛教史之上，有两个人被赞誉为"佛学彗星"：一个是东晋时期鸠摩罗什的弟子僧肇，他只活了30岁，却留下一部佛学经典之作《肇论》，奠定其在佛教史上不可撼动的地位；另一位就是积极变法的谭嗣同，他虽然只活了33岁，却赋予了佛学现代的精神。僧肇是"理论佛学"，谭嗣同开拓了"应用佛学"的领域，将佛法精神贯注于现实社会。

谭嗣同是在什么时候转向佛学的？

谭嗣同转向佛学是在1896年北游访学之后，他研讨佛教哲理，逐步形成了以佛

第六章　循着"中国走向何方"寻找光明的近代哲学

学唯心主义为基础的哲学体系。

谭嗣同的变法思想是什么？

谭嗣同的思想是在甲午中日战争之后改变的，在这之后他积极投入维新变法活动。在揭露帝国主义的侵略行径，决心致力于变法图强，和帝国主义侵略者争战的同时，他还向国人发出强有力的呼吁，认为不能"坐为异邦隶役"，不能丧失"自主主权"，应该起来救亡，用自强的办法来争民族生存的权力，争民族的完全独立。他还痛恨清政府封建专制制度的腐败，号召大家起来打到纲常名教，冲决一切封建的枷锁。

出卖谭嗣同的袁世凯和各国使节

谭嗣同为什么会选择佛教作为精神力量？

谭嗣同的变法受到了来自封建顽固派的压制，在当时极端困难的境地之下，他认为维新变法迫切需要有一种精神力量的支持，依靠这种精神力量，去抵抗封建顽固派的压迫。他对当时存在的耶稣教、民间的"在理教"与佛教作了各种比较，认为佛学理论比其他教派的理论学说要好，能够用来救中国。

谭嗣同从哪些方面吸取了佛学思想？

在谭嗣同的眼中，佛学思想是当时任何一种思想都不可比拟的，他甚至认为佛学无所不包。他还认为，当时西方自然科学所能达到的水平，佛书中早就已经存在。在他看来，佛教的威力也是不可限量的。他从佛学中吸取了一些在他看来是非常积极、十分有用的思想，主要表现在以下几个方面：

第一，改造了佛学中的相对主义思想。

第二，继承了佛学中的平等观念。

第三，吸取了佛学中"我法两空"的"无我"思想。

第四，发扬了佛学中的大无畏精神。

谭嗣同是如何改造"一多相容"和"三世一时"思想的？

"一多相容"和"三世一时"，本来是华严宗佛学里的相对主义思想。谭嗣同却吸取了这种思想，将它看成是"天地万物自然而然之真理"，并且加以改造和发挥。他完全继承了华严宗的说法，将过去、现在与未来、人与我、大与小、部分与全体等范畴，全部都看成是相对的。但是他还作了进一步的发挥。在他看来，客观世界的任何事物，都是迅速地向前发展变化的，没有一成不变的东西。这种变化又是有规律的，任何人要想违反这一规律是办不到的。他还由此而引申出"日新"的理论，指出万事万物都在不断地发展变化着。谭嗣同利用了王夫之等人的一些唯物主义思想资料，同时又改造了佛学华严宗的相对主义，形成了自己的"日新"思想。他还将这种自然界和人类的发展变化的规律搬到人类社会，认为人类社会也应该不断变化、更新，认为如果不实行变法，必将亡国灭种。他轻蔑地断言这些腐朽势力终将成为"极旧极敝——残朽不灵之废物"。谭嗣同的议论，富有革新进取的精神，而且对于那些反对维新的封建顽固派来说是一个重大的打击。

谭嗣同的平等思想是什么？

谭嗣同从他所代表的民族资产阶级利益出发，强烈要求打破官僚地主阶级垄断政权的局面，与他们平起平坐，所以极力宣扬平等，将平等作为奋斗的目标。他极力推崇佛教，原因之一就是认为佛学中有平等的思想。在他看来，要打破中国数千年来的封建制，就必须凭借佛学中的平等思想。他认为世界上只有佛教是讲一律平等的。在佛教中，君臣、父子、夫妇、兄弟等都是一律平等的，全部都像朋友一样，没有上下尊卑之别。他还认为，佛教的平等观念来源于佛教的大同思想。他进一步揭露，一切不平等现象都是由封建名教造成的，而名教又是人"创造"出来的。他运用了佛学中的平等思想作武器，向不合理的封建专制制度，特别是"三纲五常"，展开了猛烈的进攻。他认为一切不平等现象都应该废除，其中首先要反对君主专制，认为国君并非有什么超人的地方，在刚开始的时候是由民众推举出来的，能推举出来，当然也可废除，这应该是天经地义的事。

谭嗣同从佛教的平等观念出发，提出了反对君权、反对封建礼教，提倡男女平等、人人平等的要求，用以推进变法事业。从理论上来说，基本上是一种历史唯心主义的观点，所以在实践上也不能收到很大的实际效果。但是他的这种思想在当时，对于揭穿"君权神授"的迷信，打击封建君主的绝对权威，瓦解封建论理纲常的理论基础，冲决一切封建网罗来说，是发挥了巨大的作用的。

谭嗣同是如何改造"无我"思想的？

印度大乘佛学空宗有"我法两空"的理论，它一方面把人类的自"我"说成都是"空"的，同时又把客观世界的万"法"也说成都是"空"的。谭嗣同却从中吸取了"无我"的思想，使之变成一种"为人不为己"的高尚的人生观，一种奋不顾身的自我牺牲精神。他认为，人的生死不过是躯壳的变化，所以不必好生恶死，更不必对死产生畏怖的情绪。既然把生死置之度外，就应该把自己的一生献给正义的事业，一切为了利人、救人。谭嗣同还认为，一个人要有救世之心，必须具备佛教所说的"无我"精神。

第六章 循着"中国走向何方"寻找光明的近代哲学

严复批判封建旧文化与前人的区别是什么？

严复批判封建旧文化相比前人有两个明显的特点：直接以西学为武器进行评判分析，具有思想上的深刻性；站在时代的高度进行中西文化比较，具有理论上的深刻性。

第一点，直接以西学为武器进行评判分析，具有思想上的深刻性。

第二点，站在时代的高度进行中西文化比较，具有理论上的深刻性。

严复使用的思想批判武器是什么？

严复使用的思想批判武器主要来源于西学，比如说"天赋人权"论、民权论、自由论、进化论等西方资产阶级理论，具有鲜明的新时代色彩。正是因为这样，所以他对旧文化的批判通常都抓住要害、剖析深邃、入木三分，这一点在他的《辟韩》一文得到了充分的体现。"辟韩"是指批评唐代思想家、文学家韩愈的《原道》。针对韩愈宣扬的"君权神授"谬说，严复以近代民主学说给予了反驳。他说：君主并不神秘，君权并非神授，君主及国家本是由人民确立的，设立君主与国家的本意是为"卫民"、"利民"，而不是"害民"、"虐民"。君主、国家与人民的正确关系应当是：人民的平等、自由权利完全是天赋的，不是封建统治者恩赐的。他用新的民主理论驳斥了束缚国人思想达千年之久的"君权神授"论，而且直斥封建君主为"大盗"、"民贼"，撼动了君主论的思想基础。

严复是从什么角度对封建文化进行批判的？

严复从中西文化比较的角度批判、反思中国的传统文化。在中日甲午战之前，"中学为体，西学为用"思想在一部分进步士人之中十分的流行。这种观点认为，中国的文物制度、道德伦常是世界上最完美的，远胜于西方，所不如西方的只是在于科学技术方面。

严复对这种观点嗤之以鼻，在中日甲午战争之后，他深刻反思了"中体西用"论，对其提出了批判。他认为中国开办学堂有年，但是效果非常小的原因就是受到"中政为，本西艺为末"、"立于中学以西学辅其不足"等错误观念的制约。他明确指出"中体西用"的错误在于人为地把中西文化自身的"体"与"用"割裂

严复故居

开,并把它们机械地拼凑在一起,不仅于国事无补,反而会造成"合之则两亡"的后果。在这种观点的基础之上,他提出了"会通中西"的主张。对于中西学术文化的取舍,一以是否能解决中国的现实问题为标准。

严复眼中的科学是什么?

严复做的最主要的事情就是对科学进行了重新解释。在甲午中日战争以前,中国人对科学的认识还比较肤浅,称之为"格致学",将科学等同于声光化电之学,国人的科学观只是停留在狭义科学概念的水平之上。严复不仅自幼受过系统的自然科学训练,具有深厚的近代科学基础,而且广泛研究了西方人文社会科学,对科学的认识自然与众不同。他对科学作过多方面的论述,概括起来分为四个层次:狭义科学、广义科学、科学方法论和科学精神。

狭义科学与广义科学有什么区别?

狭义科学指的就是名、数、质、力等自然科学。

广义科学的定义是科学是一个包括自然科学和社会科学在内的知识体系。在严复看来,声光化电等自然科学是科学,哲学、政治学、社会学、历史学等社会科学同样是科学。他将科学看成是关于认识事物客观规律的知识体系。他在《京师大学堂译书局章程》之中按照"西学通例"将科学分为三个层次,"一曰统挈科学,二曰间立科学,三曰及事科学。"绝大部分自然科学、人文社会科学都包罗其中,可以从中窥见严复广义科学概念的概要。他所说的"统挈科学"包括"名数两大宗",也就是逻辑学和数学。"间立科学"分"力质两门","及事科学"是指"治天地人物之学也",包括天文学、地质学。在严复提出的这个科学系统中,以逻辑学和自然科学为基础,包括了应用科学、思维科学和各种社会科学,沟通自然与人事的是群学,就是社会学。

什么是科学方法论?

关于科学方法论,严复认为科学不仅可以为人们提供知识,而且还能开发人的智慧,提供思考和研究问题的可靠方法。从某种意义上来说,科学方法的层次要高于科学知识的层面。他认为在科学方法的三个层次之中,实验法最为重要。严复对于西方逻辑学的介绍非常重视,翻译过两部逻辑学方面的著作——《穆勒名学》和《名学浅说》。严复在关于逻辑学的译著和著述之中,既谈到归纳法,也论及演绎法,将两者视为进行科学研究的重要方法。因为受到穆勒逻辑学思想的影响,严复更强调归纳法的重要性,认为它是获取对事物规律性认识的可靠途径。严复强调归纳法的一个深刻用意是出于开民智、破旧学,改变传统思维方式的需要。在他的眼中,中国传统思维的主要特征是以演绎推理为主,但是所依据的理论前提并非来源于科学的归纳。

什么是民权说?

严复的民权说只是指人民的政治权利

第六章 循着"中国走向何方"寻找光明的近代哲学

来说的,至于人民的平等自由之权,却被他划归于社会权利的范围。严复认为因为"天赋人权"是天经地义的,那么,人民理所当然地是国家的主人,拥有国家政治权利。但是,严复并没有得出实行民主共和的结论,而是在思想上倒向君主立宪一边。

严复如何看待自由?

与政治权利相比,严复对争取人民的社会权利更为看重。因为社会权利要比政治权利更具有广泛性和普遍性,是构成政治权利的基础成分。严复关于平等自由方面的论述主要是社会权利问题。严复认为,平等自由是西方民主政治的核心内容,任何人的自由都是天赋的,应该得到国家法律的保护。

严复的历史观思想是什么?

严复吸取了西方进化论、社会学、政治学等思想学说的观点,提出了新的社会历史观。他认为人类社会发展存在着一定的规律性,也就是"运会",而这种"运会"是不以人的主观意志为转移的。在他看来,弱肉强食、竞争进化是人类社会的"运会"所遵循的根本原则。他不仅承认社会处于不断的发展变化之中,而且指出这种变化的趋势和特点是不断从低级向高级、野蛮到文明的进步过程,而不再是一治一乱的历史循环,是一种全新的社会历史观。

对于中国的国情,严复如何看待?

严复结合中国的国情阐述了自己的政治见解,他依据新的社会进化学说明确指出中国社会兼有封建社会和资本主义社会的特点,处于从传统向近代的转变阶段,但封建社会的性质更明。在这种看法的基础之上,他认为中国社会与西方国家的差距太大,缺乏立即实行民主制度的社会条件,而当务之急是给国民更多的自由权利,提高国民素质,为实行民主制准备条件。

严复眼中的科学与民主是什么?

科学与民主是中国近代资产阶级新文化的核心内容。严复的论述基本上摆脱了对"科学与民主"具体形态的认识局限,已经尝试进行理论上进行提炼与概括。他以"崇真"和"为公"分别表述科学与民主的本质内涵,反映出国人的科学民主观正在发生从感性认识阶段向理性认识阶段的历史性转变。从认识的逻辑顺序看,严复的表述体现的是"从科学到民主"的逻辑思考。因为他具有丰富的西学背景,非常清楚中西社会文化的差异差距,知道要缩短这种差距并不是短时间就能完成的,必须先从最基本的社会改革做起,为将来的政治变革打好基础,所以他对社会文化方面的因素比较看重。

孙中山将宇宙发展分为哪三个阶段?

孙中山吸取了近代自然科学成果、特别是达尔文的进化论思想,对自然界及人类的起源、演化问题作了科学的说明,形成了他的宇宙演化论思想。

孙中山十分推崇达尔文的进化论。孙中山根据进化论原理，将宇宙发展划分为三个阶段：第一是"物质进化之时期"，指宇宙的起源和形成阶段；第二是"物种进化之时期"，指生命的发生和发展阶段；第三是"人类进化之时期"，指人类的产生和发展阶段。在他看来，宇宙是一个以物质进化为基础的自然发展过程。

孙中山的"知难行易"认识论的内容是什么？

《孙文学说》最重要的是提出并系统论证了"知难行易"的认识论学说，这也是孙中山哲学思想的最精彩部分，也就是他的进化论的唯物主义知行学说。孙中山认为辛亥革命失败的原因之一，是一些革命党人思想保守，意志衰颓，对资产阶级民主革命的道路、方略产生了严重的怀疑和动摇，所以导致革命队伍分化。这些人的理论依据就是"知之非艰，行之惟艰"的传统理论，他们认为孙中山的理想太高，在中国行不通，百般抵制孙中山提出的许多革命主张。保皇党人也是受了这种思想的影响，所以反对革命。孙中山认为他在革命实践中遇到的最大的思想理论上的祸害就是这种思想和与它相近的王守仁的"知行合一"学说。他认为，这种思想的流弊是因为"知易"，所以就想先求知而后行，但是一遇困难，就不去求知。因为"行难"，所以不知就坚决不去行，而知道了又不敢行，那么天下事就没有可以去做的了。结果就是，既不能求得真理，又不能有所行动。所以他认为当务之急是从认识论的高度搞好革命党的"心理建设"也就是思想建设问题。

孙中山将人分为哪三类？

孙中山从超阶级的进化论出发，从认识的角度将人分为三类：先知先觉，后知后觉，不知不觉。先知先觉者是英雄豪杰，是支配者；后知后觉者是先知先觉的助手；不知不觉的广大人民群众却是"实行家"，只有在先知先觉者的指导之下，才能奋起"竭力乐成"。这明显就是资产阶级革命家所共有的唯心史观的表现，由于他们不承认人民群众是认识和改造社会的主体，所以必然无法在知行观中彻底贯彻唯物主义。

从行先知后的观点出发，孙中山正确提出了"以行而求知，因知以进行"，"知"和"行""进行不息"的观点，认为人类在"行"中获得科学知识，再将"知"用诸"行"，推进"行"的发展。在"行"的基础之上，人的知识随着宇宙的发展而发展，宇宙事物的发展没有止境，所以人的认识的进步也永无止境，知和行就是这样相生相长永不停息的。

人类的知行被孙中山划分为哪三个时期？

孙中山将人类的知行划分为三个时期：不知而行时期，行而后知时期，知而后行时期。这样做就能够将知和行的辩证统一关系机械地割裂开来，含有机械形而上学的因素。但是这三个时期是与人类进化三时期：由蒙昧进文明，由文明再进文明，进而达到科学昌明时代紧密相连的。在具体论证这个命题的时候，也兼顾了各个时期知与行的关系，在每一个时期并非只有行而无知，或只有知而无行，而是知

第六章 循着"中国走向何方"寻找光明的近代哲学

和行都进化到了一个较高的阶段,证明了人类的认识过程和人类文明进化的历史过程相一致。所以,孙中山这个理论之中包含了合理的内核。

在政治方面,孙中山提出了什么改善民生的措施?

在政治方面,孙中山主张独立自主,反对帝国主义侵略,保护民族经济发展。他说:"要民生问题能够解决得通,就便要先从政治上来着手,打破一切不平等的条约,收回外人管理的海关,我们才可以自由加税,实行保护政策。能够实行保护政策,外国货物不能侵入,本国的工业自然可以发达。"孙中山认为,这些措施就是民生主义的主要内容,实质"就是要人人有平等的地位去谋生活;人人有了平等的地位去谋生活,然后中国四万万人才可以享幸福"。

孙中山如何看待民生与人民政治上当家作主的问题?

孙中山指出,民生问题的解决同人民在政治上的当家作主是分不开的。他说:"人人的心理上都倾向共和,中国才再不发生皇帝,中国才可以富强。"他明确宣称:"现在的中华民国,就是大家的家产,大家都是这个家产的主人。"只有这样"以民为主",才能使广大民众在经济上享有平等的地位,真正将中国建设好。所以,他主张"唤起民众"、"扶助农工"。

孙中山的民生史观有什么重要意义?

孙中山的民生史观,试图从社会经济生活中寻找历史的根本动因,重视人民群众的基本物质利益,主张为中国人民谋幸福,希望建设一个民主而文明的现代中国,表现了他的伟大抱负。民生史观继承了中国古代的"天下为公"的民主思想,发展了中国近代以洪秀全、康有为为代表的空想社会主义思潮,也接受了马克思主义唯物史观的影响,进而对中国历史哲学发展作出了重要突破。

章太炎的思想可以分为哪两个时期?

从整体上来说,章太炎的哲学思想大致可分为前后两个时期。前期信奉科学的进化论,反对宗教神学的创世说。后期开始怀疑科学进化论,主张建立无神论新宗教。

章太炎为什么会反代议制思想?

清朝末年资产阶级革命之中,资产阶级改良派提出中国要走"君主立宪"的道路,而资产阶级革命派大都主张建立以西方代议制为楷模的共和政体。章太炎参加资产阶级革命运动之后,也曾经是代议制的倡导者。但是从1907年开始,章太炎对西方代议制产生了怀疑,对代议制做了全面系统的分析,并对代议制做了彻底的否定。

章太炎之所以在资产阶级改良派和资产阶级革命派都对代议制民主大加赞扬的时候提出反代议制思想,并不是他想要特立独行、出风头,而是从自己对中国国情的认真思考,以及对西方代议制民主弊端的认识得出的结论。他在《代议然否论》

之中对议员的选举及议院成立过程中出现的问题进行了揭露。他认为议员有种种特权，就会借着这个机会贪污、受贿，成为"议皇"，这种情况会使中国的民众更加得不到民主，这反映了章太炎强烈的民权思想。

章太炎从哪两个方面论证中国不适合民主代议制的观点的？

章太炎通过对西方代议制民主的批判，结合了对当时中国国情的思考，他认为中国的国情不适和实行西方的代议制民主。对于这个观点，他进行了进一步的论证：

第一，从中国与西欧、日本文化传统、社会结构的差异来论证。

第二，从当时中国的国情出发，来论证中国实行代议制民主缺乏可操作性。

章太炎认为认为中国和西方的文化差异传统很大，不适合实行代议制。代议制造成了议员和人民身分的不平等。他认为西欧式的领主庄园制，类似于我国西周时期的分封制。，西周的分封制在春秋战国是已土崩瓦解。所以他认为日本、西欧"去封建近"，建立代议制民主是恰当的，而中国却不适合。他甚至还认为代议制民主还不如君主专制。

章太炎为什么会反对中国实行议员选举？

章太炎认为，中国在选举议员的时候，如果实行普选的话，中国当时有人口4.2亿人，如果按照日本的选率十三万选择一个，那么就会有3200名议员，这样议员的人数就按太多了，而当时没有任何一个国家的议员超过700名，而如果只选700名议员，那么权利就会过于集中，因为贤良的名声很小，几乎没有选民知道他们，而当地的"土豪"在他的选区里很有势力，很多选民都知道他们。这样的话，大部分议员都由各地的"土豪"充任，而像章太炎这样的有才能、有知识的革命党人往往不能当选。用这种方法选出的国会只能代表各地富人的利益，是不能维护普通百姓的利益的。普选不可行，限制选民的参选资格是否可行呢？如果以是否识字作为有无选举权的标准的话也是行不通的，以纳税多寡作为获得选举权的标准的话，由于中国各地经济发展的极端不平衡，全国税收集中于江浙一带，会造成过于集中在江浙，而西北诸省无选权的情况。

章太炎的五权分立思想存在什么缺点？

在章太炎的五权分立之中，各个权力是相互独立的，"法司、学官与总统敌"，互不统属。立法权是一切权力的基础。司法权和教育权在独立于行政权的时候，还要受行政权的监督。在学官、司法官产生的时候要咨询政府，而且教育权"还享有会同立法权的学者们弹治司法权的权力"。这一五权分立与相互制衡的方案，吸收了西方三权分立思想，同时借鉴了中国古代的传统，是他的匠心独运之作。但是因为受到中国当时的国情的影响，以及其方案中有许多纸上谈兵无法实施的方案，所以根本就没有实施的可能。

第六章　循着"中国走向何方"寻找光明的近代哲学

为什么章太炎的地方政治思想会接二连三的发生转变？

章太炎的地方政治思想非常独特、复杂。他在援引西方宪政思想的时候，因为注重对传统的因袭，强调政治运作的效率与政治秩序的稳定，所以他的思想在清末民初政治的风云变幻中发生了多次变化。大体上可以将他的思想分为三个时期：早期、中期、晚期。

章太炎晚期持有的地方政治思想是什么？

晚期章太炎主张"联省自治"建立联邦制国家。晚年目睹民国初年军阀连年混战，国家动荡不休的时候，他又提出了联邦制的构想。他提出了废除招致战争的"三蠹"，并实行"联省自治"的主张，表明他抛弃了民国初年提出的"道县制"，又将中央集权改为"联省自治"。章太炎这一构想大约在1920年6月提出之后，迅速获得了各方面的响应。其中西南地方军阀反响最为强烈，并且先后宣布实行"自治"。他们宣布"自治"显然是为了割据的需要，而不是章太炎所希望的停止战争、保护民权。

211